新日本語文法選書 3

副詞的表現の諸相

仁 田 義 雄

くろしお出版 2002

妻まゆきに

目　次

はしがき v

第1章　はじめに
1　本書の目的 1
2　分節化の多重性 3

第2章　文の成分概観
1　はじめに 9
　1.1　本書で取り出す文の成分とは 9
　1.2　モダリティ修飾成分 11
　1.3　接続成分 11
　1.4　独立成分 13
　1.5　規定成分 14
　1.6　並列成分 15
2　述語成分 16
3　共演成分 18
4　状況成分 24
　4.1　時の状況成分 24
　4.2　所の状況成分 27
　4.3　原因の状況成分など 29
5　命題内修飾成分 31

第3章　副詞的修飾成分の概要
1　はじめに 33
2　副詞的成分の下位的タイプ 33
　2.1　結果の副詞 35
　2.2　様態の副詞 36
　2.3　程度量の副詞 37
　2.4　時間関係の副詞 39

		2.5 頻度の副詞 40

第4章　結果の副詞

1. はじめに 43
2. 結果の副詞とは 45
3. 結果の副詞を取る動詞 53
4. 結果の副詞を取りにくい変化動詞 59
   - 4.1 姿勢変化動詞 60
   - 4.2 位置変化動詞 63
   - 4.3 「死ヌ、結婚スル」の類—ありようの多様性を持たない様変化— 66
5. 結果の副詞と様態の副詞とのつながり 68
   - 5.1 結果の副詞の特性と周辺的存在 68
   - 5.2 「光ル、輝ク」の類 71
6. 結果の副詞と共演成分とのつながり 72

第5章　様態の副詞とその周辺

1. はじめに 75
2. 様態の副詞とは 76
3. 様態の副詞のタイプとその周辺 80
4. 動き様態の副詞 84
   - 4.1 動きの勢い・強さを表すもの 84
   - 4.2 動きの早さを表すもの 101
   - 4.3 動きの質・様を表すもの 113
5. 評価的な捉え方をした動き様態の副詞 125
   - 5.1 評価的な捉え方をした動き様態の副詞とは 125
   - 5.2 動きの勢い・強さにつながる評価的な捉え方 128
6. 主体状態の副詞 131
   - 6.1 主体状態の副詞とは 131
   - 6.2 主体の意図性 132
   - 6.3 主体の心的状態 137
   - 6.4 主体の付帯的な様子 138

7　節的存在の様態の副詞 140
第6章　程度量の副詞
 1　はじめに 145
  1.1　程度副詞の概要 145
  1.2　程度性を持つ単語類 148
  1.3　形容詞への程度限定と様態限定 150
  1.4　副詞的成分への修飾・限定 155
 2　程度量の副詞の種々 156
  2.1　いわゆる程度副詞への移行・派生 156
  2.2　程度量の副詞の下位的タイプ 162
 3　純粋程度の副詞 169
  3.1　純粋程度の副詞の中心的用法 169
  3.2　動詞との共起 171
  3.3　共起する動詞のタイプ 172
 4　量程度の副詞 180
  4.1　量程度の副詞による程度限定 180
  4.2　量程度の副詞による数量限定 184
  4.3　量程度の副詞の形態的特徴 188
 5　量の副詞 191
 6　概略・概括的な程度量の副詞 196
第7章　時間関係の副詞とその周辺
 1　はじめに 201
 2　時の表現の下位類 201
  2.1　下位類化に向けて 201
  2.2　時の表現の二種 203
 3　時の状況成分 207
  3.1　発話時を基準にする時の成分 207
  3.2　不定時を基準にする時の成分 218
  3.3　絶対的時点の時の成分 225
 4　時間関係の副詞 229

		4.1	事態存続の時間量を表す副詞 229
		4.2	時間の中における事態の進展 241
		4.3	起動への時間量 246

第8章　頻度の副詞とその周辺

1　はじめに 259
2　頻度の副詞類のタイプ 262
3　頻度の副詞とは 263
　3.1　頻度の副詞のタイプ 263
　3.2　「イツモ」「常ニ」の類 264
　3.3　高頻度を表す副詞 267
　3.4　中頻度を表す副詞 268
　3.5　低頻度を表す副詞 271
　3.6　状態性の事態と「シキリ｛ニ／ト｝」 273
4　度数の副詞 277
　4.1　絶対数の不定の度数の副詞 277
　4.2　絶対数指示の度数の副詞 279
　4.3　状態性の事態と度数の副詞の表す複数生起 281
　4.4　「周期性期間＋度数の副詞」 283
5　「｛スル／シタ｝コトガ＋頻度の副詞類＋アル」 284
6　頻度の副詞類への程度限定 288
7　再発を表す副詞 290
8　繰り返し期間の副詞 291
9　頻度の副詞類と文の時間的特性 292
　9.1　頻度の副詞の場合 292
　9.2　度数の副詞の場合 295
　9.3　再発を表す副詞・繰り返し期間の副詞の場合 296

参考文献 299
あとがき 301
索　　引 303

はしがき

　近年、外国人に対する日本語教育が高まりを見せ、また、言語学や日本語以外の個別言語学を専攻とする研究者の間にも、日本語の研究に関心を持ったり、日本語との対照研究を行ったりする人達が増えてきている。さらに、自然言語処理など言語研究プロパーでない人達からの日本語文法に対する発言・研究も増えつつある。その結果、分析・記述のための新しい理論や枠組みの呈示が試みられるとともに、具体的な文法現象への細かい観察が、多方面にわたって現れ蓄積され始めた。理論や枠組みは、文法事実に対する豊富な分析・記述により支えられることによって、その妥当性を高め、逆に、具体的な個々の観察は、組織的・体系的に位置付けられ把握されることによって、よりその精度を高めることになる。

　このような状況の中にあって、従来の日本語文法研究は、受け継ぐ所少なしとはしないものの、やはり、一つの転換期を迎えている、と言わなければならない。そういった認識のもとに『新日本語文法選書』を刊行する。

　文法研究の生命は、まずもって、文法事実の豊かな掘り起こしにある。広範な文法事実が捉えられていなければならない。さらに、より良い文法分析・文法記述であるためには、掘り起こされた豊かな文法事実が、きめ細かくかつ明示的で一貫性を持ったあり方で分析・記述されていることが要請される。分析・記述の明示性・一貫性を高める努力は、精度と包括性のより高い分析・記述理論の開発を促し招来することになろう。

　説明されなければならない事柄がなるたけ明示的で一貫性を持って説明してある、きめの細かい文法分析・文法記述の書として、『新日本語文法選書』を世に送る。『新日本語文法選書』は、良質の記述文法の書を目指している。

　本選書の特徴の一つとして、一巻全体を一人、ないしはごく少数の人間が緊密に協力しあいながら記述するといったことが挙げられる。これは、本選書が単なる概説書ではなく、一つの研究書であることを目指していることによる。各人が興味を持って研究している最前線を、なるたけ分かりやすい形で提供してもらおうというのが、本選書である。

　本選書は、その巻数、さほど多くはないというものの、日本語文法として分析・記述すべき主要なトピックを含んでいるものとして編むように心がけた。

　上掲の文章は、選書の第一回配本(1996年秋)、第二回配本(1997年春)の折

りに記したものである。少しばかり時間が経過し、学問を取り巻く状況も変わりつつあるが、理念は基本的に変わっていない。上述したような姿勢での研究も着実に増えつつある。2000年の冬、日本語文法学会が誕生した。ただ、日本語研究を含む人文科学を取り巻く環境は厳しさを増してきた。研究を行いその成果を世に問うことがだんだん難しい状況になりつつある。そうであればこそ、基礎的な研究成果を世に問う本選書のような刊行物の出版の意味は、決して小さくない。

『副詞的表現の諸相』と題された本書は、従来さほど組織的に考察されることの多くはなかった副詞的修飾成分へのくわ入れである。語彙性が高く多様な副詞的修飾成分を、結果の副詞・様態の副詞・程度量の副詞・時間関係の副詞・頻度の副詞に分かち、その多様性を差し出しながらも、なるたけ組織的な分析・記述を試みた。その試みがいかほど成功しているかは心もとないが。

本書ならびに本選書が、新しい日本語文法研究にささやかな一石を投ずることができれば、編者ならびに執筆者これに過ぎたる喜びはない。

2002年　早春
仁田　義雄

第1章　はじめに

1　本書の目的

　副詞は、かつて単語のごみ箱的存在であった。そのこともあって、従来、副詞的修飾成分への文法的研究は、組織化と体系性に欠けるところが、少なくなかった。現在にあっても、いくつかの優れた研究は存しはするものの、全体として、副詞的修飾成分への分析・記述は、述語成分などに対する研究に比べて、かなり立ち遅れていると言えよう。もっとも、モダリティ(言表態度)に関わる副詞的修飾成分については、モダリティそのものに対する関心の高さ・研究の進展もあって、かなりの程度に体系化した包括的な研究が、既に出はじめている。それに対して、命題(言表事態)の内部で働く副詞的修飾成分については、研究の立ち遅れが未だかなり大きい。副詞からまず陳述副詞を分離し、残ったものを情態副詞と程度副詞とに分ける、といったものに類する、あるいは、それを拡張させたたぐいの、副詞的修飾成分の取り出しでは、当然ながら不十分である。命題の内部で働く副詞的修飾成分については、そのタイプにどのようなものがあるのか、といった基本的なところから、腰を据えて分析・記述や再考を行う必要があろう。

　副詞的修飾成分の分析・記述が立ち遅れている原因の一端は、副詞的修飾成分の統語的な機能が、形態的なあり方・異なりにすぐさま現れてこないこと、言い換えれば、副詞的修飾成分の外形的な現れ・異なりを手がかりにして、副詞的修飾成分を下位類化したり、副詞的修飾成分の機能を分析・記述したりすることが、難しいことにあろう。つまり、副詞的修飾成分は、述語

成分などと異なって、形態論的な変化形式を持たない。それとともに、副詞的修飾成分の関与する現象の広さが、分析・記述を困難にしている点も少なくない。副詞的修飾成分への十全な分析・記述は、文全体の意味=統語構造についての見通しなくしては不可能であろうし、述語、特に動詞(述語)の語彙的意味のあり方についての、十分な分析が必要になってこよう。

　従来の副詞的修飾成分への研究が、文法研究と称しながらも、個別的な語彙論的色彩の強いものに傾くことが少なくなかったということは、副詞的修飾成分の文法研究としての立ち遅れの現れでもあるが、また、副詞的修飾成分の性格から来るものでもあった。やはり、副詞的修飾成分は、雑多であり、語彙的な側面の強いものである。そういったものを、文法研究として、いかに体系的に分析・記述し組織化していくかが、今後の重要な課題となろう。

　さらに、文法研究は、骨組みや枠組みだけを提示していれば良い、という、ある意味では幸せな時代では、もはやなくなってしまっている。分析・記述の枠組みとともに、個別的な言語現象の異なりを具体的に分析・記述していくことが、分析・記述の内実を高める上で、不可欠になってきている。個別現象の具体的な解明と枠組みの提示とを、二つながらに満足させ調和させながら行う、ということは、より良い研究の基本ではあるものの、なかなか困難なことである。副詞的修飾成分のように、組織化・体系性が脆弱であり、語彙的性格の高い研究領域にあっては、このことは、困難ではあるものの、あるいは困難であるがゆえに、より一層重要になってこよう。

　本書は、研究の立ち遅れが大きかった、命題(言表事態)の内部で働く副詞的修飾成分への分析・記述を試みるものである。特に、動詞文を中心に取り、副詞的修飾成分が様々に下位類化されうることを示し、その意味や統語的な機能を、文の意味=統語構造と関連させながら、分析・記述することを試みる。いかほど本書がその目的に叶うものになっているかは心もとないものの、分析・記述にあたっては、なるたけ組織化に努めたい。

　本書は、単語類としての副詞の研究ではない。文の成分(構成要素)として

の副詞的修飾成分への考察である。副詞的修飾成分という用語が長くわずらわしいこともあり、本書では、「副詞」という用語を、副詞的修飾成分の代わりに使うことが、以後多くなろう。たとえば、「結果の副詞」は「結果の副詞的修飾成分」の意味で使われている。

2　分節化の多重性

　文の成分とは、文を分割していき取り出された、文を直接的に構成する最小の構成要素である。文の成分(構成要素)については、次章で取り扱うが、その前に少しばかり触れておかなければならないことがある。
　我々は、現実の関わりの中で、言語を利用することによって、考えや感じを明確にしたり、考えたことや感じたことや意志や要求を相手に伝えたりする、という言語活動を行っている。言語活動の所産は、談話や文章、いわゆるテキストとして立ち現れてくる。文は、言語活動の所産であるテキストの基本的単位であり、したがって、言語活動の基本的単位でもある。このことを受け、文には、事柄的な意味以上・以外の、多様な意味が含まれている。その多様な意味を担い表しながら、文の表現形式は存在している。したがって、表層の表現形式を分割していき、分節部分(下位的構成要素)を取り出せば、その分節部分にも、当然、事柄的意味以上のものが含まれてくる。
　たとえば、
　　（1）　洋平が亮太を叱った。
　　（2）　亮太が洋平に叱られた。
　　（3）　洋平は亮太を叱った。
　　（4）　亮太は洋平が叱った。
を、下位的構成要素に分割してみよう。これらからは、「洋平ガ」「亮太ヲ」「亮太ガ」「洋平ニ」「洋平ハ」「亮太ハ」「叱ッタ」「叱ラレタ」という種類の構成要素が取り出される。これらの文は、当の文を組み立てる構成要素の表層への実現のされ方が少しずつ異なりながら、あるレベルでは共通した意味を有

し、あるレベルでは、その異なりに応じて、担い表している意味が異なっている。

（1）から（4）の文は、その表現形式にしたがって切り出される分割要素が異なっているにも拘わらず、

　　　　［Ⅰ］　［洋平(動主)＋亮太(対象)＋叱ル(動き)］

といった、同じ意味的関係を有した文である。言い換えれば、（1）から（4）までの4文は、表層の表現形式の異なりにも拘わらず、あるレベルでは、［Ⅰ］のように分節化が可能である、ということである。このレベルを＜事柄的意味＞のレベルと仮称しておく。より正確には、［Ⅰ］が示しているものは、事柄的意味の中核に当たる部分である。

それに対して、（1）（2）の表層の表現形式をそのまま分節化すれば、

　　　　［Ⅱ］　［洋平(主語)＋亮太(補語)＋叱ッタ(述語)］
　　　　［Ⅱ'］　［亮太(主語)＋洋平(補語)＋叱ラレタ(述語)］

のようになる。通例、文の成分は、このレベルで取り出されるものである。上に挙げた主語・補語・述語という用語は、ほぼ一般的であると思われるものを、そのまま使用しただけであり、暫定的なものである。上で触れたように、［Ⅱ］［Ⅱ'］は、違った分節化を受けているにも拘わらず、同じ事態を表している。一つの統一体的全体としての事態そのものは、事態を形成する要素としての事態参画者が集まって形成されている。本来的に、要素としての参画者には役割の異なりはあるものの、主従の差はない。そういった事態が言語表現化されるとき、事態は、事態を構成する参画者(構成要素)の、どれかを中心にして、言語表現化されることになる。言語表現化された事態を、ここでは＜叙述事態＞と仮称し、［Ⅱ］［Ⅱ'］に示されたような分節化のレベルを、叙述事態のレベルと仮に呼んでおく。叙述事態とは、ある参画者を、事態の主体・体現者にして描き取った事態である。いわゆる＜主語＞とは、概略、事態参画者のうち、事態の主体・体現者として選び取られた存在であり、＜補語＞とは、事態参画者のうち、事態の主体・体現者への選び取りから外された存在である。

（1）「洋平ガ亮太ヲ叱ッタ」と（2）「亮太ガ洋平ニ叱ラレタ」は、事柄的意味のレベルでの分節と叙述事態のレベルでの分節とに、食い違いが生じているタイプである。もっとも、総ての文において、事柄的意味のレベルでの分節と叙述事態のレベルでの分節とに、食い違いが生じるわけではない。あるいは、この種の食い違い的現象が、常に文法現象・文法の問題として立ち現れてくるわけでもない。動詞文にあっても、一項動詞——たとえば、「枯レル、腐ル、曇ル、晴レル、死ヌ、休ム、割レル、…」など——では、二つのレベルでの食い違いは起こりようがない。また、二項動詞以上の動詞——たとえば、「男ガ壁ニモタレタ」「机ノ上ニ本ガ有ル」「息子ガ家ヲ出タ」「彼ハ係長カラ課長ニ昇進シタ」など——にあっても、二つのレベルでの食い違いの可能性の存しないものも、少なくない。形容詞文や名詞文でも、この二つのレベルで、分節の食い違いは起こらないし、また、文法の問題ではない。「神戸ハ大阪ニ近イ／大阪ハ神戸ニ近イ」や「太郎ハ次郎ト兄弟ダ／次郎ハ太郎ト兄弟ダ」は、文法的手段による食い違いではない——また、「洋平ハ亮太カラ本ヲ買ッタ／亮太ハ洋平ニ本ヲ売ッタ」も、文法的な手段による食い違いではない——。さらに言えば、二つのレベルでの分節が問題になる文は、そう多くない。多くはないものの、この二つのレベルで、分節に食い違いの生じる文があることによって、事柄的意味のレベルと叙述事態のレベルとを分けておく必要がある。

　文は、ある発話・伝達的機能を帯びた存在である。さらに言えば、単語連鎖は、発話・伝達的機能を帯びることによって文になる。文の帯びている発話・伝達的機能が向けられる存在・内実が、この叙述事態である。たとえば、
　（5）「クラス委員に、しっかり叱られなさい、ヒロキ君」

(剣持亘「シナリオ・さびしんぼ」)
　（6）「クラス委員、ヒロキ君をしっかり叱りなさい」
を見てみよう。（5）では、事柄的意味のレベルで＜対象＞であるものを、事態の主体・体現者に据えた事態に対して、命令という発話・伝達的機能が

向けられ働いている—つまり、[ヒロキ君ガクラス委員ニ叱ラレル]ということが、命令の内実であるということである—。それに対して、(6)では、事柄的意味のレベルで＜動作主＞であるものを、事態の主体・体現者に据えた事態に対して、命令が加わっている—[クラス委員ガヒロキ君ヲ叱ル]ということが、命令の内実であるということである—。つまり、叙述事態は、発話・伝達の対象である。

　また、事柄的意味のレベルや叙述事態のレベルで切り出された構成要素の総てにおいて、両者での分節化の異なりが、問題になるわけではない。もっと言えば、分節化のレベルが問題になる構成要素は、文の意味—統語構造を形成する中心的要素ではあるものの、そのタイプは限られている。事態の中核を形成する、共演成分（格成分）—これについては次章で触れる—の、ある部分である。たとえば、＜動作主＞や＜対象＞などは、例文(1)(2)で見たように、レベルによって、分節化が異なってくるが、＜ありか＞や＜行き先＞などでは、食い違いは起こらないし、＜状況成分＞や＜副詞的修飾成分＞—これについても次章で触れる—も、食い違いの対象にならない。したがって、これらでは、既述の二つのレベルが、実質的に問題にならない。

　ただ、副詞的修飾成分の中には

　　(7)　洋平は亮太を嫌々叱った。

　　(8)　亮太は洋平に嫌々叱られた。

の「嫌々」のように、事柄的意味のレベルとは違って、叙述事態のレベルで働くものがある。したがって、このタイプの把握には、事柄的意味とは違ったレベルである叙述事態のレベルを取り出しておく必要がある。

　本書では、上で見たように、叙述事態のレベルと事柄的意味のレベルでの、異なりが顕在化する文や構成要素が、実際にはさほど多くないことを認めた上で、やはり、事柄的意味のレベルとは違ったレベルである叙述事態のレベルを取り出しておく。

　続いて、(3)「洋平は亮太を叱った。」、(4)「亮太は洋平が叱った。」について考えてみよう。これらの文に対しては、

［Ⅲ］　［洋平(題目)＋亮太ヲ叱ッタ(解説)］
　　［Ⅲ′］　［亮太(題目)＋洋平ガ叱ッタ(解説)］
といった分節化が可能である。(3)の文は、「洋平」のことが話題になっており、その洋平に対して、「亮太ヲ叱ッタ」という解説を施している。それに対して、(4)では、「亮太」が話題になっており、それについて、「洋平ガ叱ッタ」と解説づけている。文は、通例、テキストの中にあり、(他の文がない場合をも含めて)テキストの中の他の文との関係を取り結びながら、情報通達の単位として機能している。情報の通達・やりとりは、通例、まず新規の情報を談話や文章に導入し、その中からある部分を話題として取り上げ、それに対して新しい解説・説明を施す(求める)、あるいは、既に前提になっていると想定されるものを話題に据え、それに対して解説・説明を施す(求める)、さらに、それらを繰り返す、このようにしながら進んでいく。こういった情報通達の機能の点から、文を、［Ⅲ］［Ⅲ′］のように分節化することができる。情報通達の機能のあり方からした分節のレベルを、ここでは、＜通達機能＞のレベルと仮称しておく。また、(1)「洋平が亮太を叱った。」の文は、通達機能のレベルでは、［ϕ(題目)＋洋平ガ亮太ヲ叱ッタ(解説)］のようになろう。つまり、文全体が新規導入の解説部分になる。

　通達機能と叙述事態とが異なったレベルの存在であることは、
　　(9)　洋平は亮太を叱れ。
　　(10)　亮太は洋平が叱れ。
が、両者ともに［題目＋解説］という分節を示しながら、命じられている事態が違うことによって分かろう。

　また、総ての構成要素が、通達機能のレベルにおいて、事柄的意味や叙述事態とは異なった分節化を受けるわけではない。通達機能のレベルにおける分節化の変容に、最も敏感に感応するのは、動作主や主語といった中心的な要素である。周辺的な構成要素である副詞的修飾成分は、通例、通達機能のレベルにおける分節化の変容を受けることはない。そのようなことを認めた上で、本書では、通達機能のレベルを取り出しておく。

事柄的意味は、表現形式化を受けてしか表層に現れることはないし、表層の表現形式の中に読み取られるものの、表層の表現形式を分節化することから、直ちに得られるものではない。たとえば、「彼ハ本ヲ読ンダ」「本ハ彼ガ読ンダ」の、「彼ハ読ンダ」「本ハ読ンダ」の部分は、表層の表現形式にしたがって分節化すれば、同じようになるが、事柄的意味は異なっている―事柄的意味の形成・解析には、単語の語彙的意味や結合能力が深く関わっている。このあたりのことについては、仁田(1980)を参照―。それに対して、表層の表現形式を線条的に分節化していけば、主語・補語や題目という、叙述事態や通達機能に行き着く。言い換えれば、叙述事態や通達機能は、融合したあり方で線条化を受け、表層の表現形式を形作っている。

　もっとも、既に触れたように、表層の表現形式と事柄的意味との分節に、大きく食い違いの生じるのは、事柄的意味を形成する構成要素の総てではなく、事柄的意味の中核をなす共演成分においてであった。

第2章　文の成分概観
● ● ●

1　はじめに

1.1　本書で取り出す文の成分とは

　ここでは、本書が扱う副詞的修飾成分というものが、どういった成分であるのかを概観する。既に触れたように、通例、文の成分として取り出されるのは、表層の表現形式を分割して得られる分節要素である。本書で言う叙述事態のレベルの分節で切り出されるのが、いわゆる文の成分である。そういったものとして、本書でも、述語(成分)・主語(成分)・補語(成分)・状況成分・命題内修飾成分・モダリティ修飾成分・接続成分・独立成分・規定成分・並列成分といったタイプを暫定的に認める。用語そのものには、いくぶん異なりがあるものの、これくらいの種別は、他の文法書でも行われており、さほど目新しいものではない。常識的ですらある。

　既に触れたように、事柄的意味のレベルと叙述事態のレベルと通達機能のレベルでの分節化の食い違いが、主に問題になるのは、主語・補語といった、中核的な文の成分―これは、また事柄的意味にあっても中核をなす存在―であり、周辺的・付加的な成分は、三つのレベルでの分節の異なりが、あまり問題にならない。関連し近接する成分や現象への目配りは行うものの、本書で主に考察する対象は、レベルでの分節化に異なりがあまり生じない、付加的な命題内修飾成分である。そのこともあり、また、動詞文を中心に分析・記述することもあって、本書では、文の成分(構成要素)を、事柄的意味の形成に重点を置き、取り出し、かつ特徴づけていく。具体的には、主語・

補語というレベルでの取り出しを行わず―当然、本書の考察対象にとって必要になる箇所では、このレベルでの取り出しも行う―、これらの成分を、共演成分と名づけて取り出し、考察を加える。

共演成分が名詞句によって形成された成分であるのに対して、命題内修飾成分もモダリティ修飾成分も、副詞を中心に作られた成分である。したがって、これらの両修飾成分を、成分形成の観点から、副詞的修飾成分と呼ぶ。本書が分析・記述の対象にするのは、副詞的修飾成分のうちの、主に命題内修飾成分である。したがって、本書で副詞的修飾成分という用語を使う時は、基本的に命題内修飾成分を指して使っている。

上述したように、本章で粗々見ていく文の成分は、事柄的意味の形成に重点を置いた取り出しであり、具体的には、述語成分・共演成分・状況成分・命題内修飾成分・モダリティ修飾成分・接続成分・独立成分・規定成分・並列成分である。

独立成分を核にして出来上がっている独立語文に対して、述語成分を核に形成されている文を述語文と呼ぶ。述語文では、述語成分が文をまとめ上げる成分である。文をまとめ上げている述語成分に直接的に結びついていく成分を、＜直接成分＞と呼び、直接的な関係を取り結ばない成分を＜間接成分＞と言う。間接成分には、規定成分と並列成分がある。

本書が考察の対象にするのは、動詞文を中心に取り出された命題内修飾成分である。命題内修飾成分は、命題内で働き、事柄的意味の形成に関わる。そのこともあり、また、事柄的意味の形成を捉えるという目的もあって、事柄的意味を形成し命題を構成する成分である、述語成分と共演成分と状況成分については、少しばかり詳しく見ていく―規定成分と並列成分も、命題内で働く成分ではあるが、事柄的意味の形成に対して、二次的な関係を取り結ぶ成分でしかない―。

はじめに、モダリティ修飾成分・接続成分・独立成分・規定成分・並列成分について、一通り簡単に見ておく。

1.2 モダリティ修飾成分

まず、モダリティ修飾成分についてごく簡単に見ておく。＜モダリティ修飾成分＞とは、命題の担い表している事態の内容の増減に関与せず、事態に対する話し手の評価的な態度や認識的な捉え方の程度性や伝え方を表したものである。この成分は、モダリティ(言表態度)の層で働き、文や節のモダリティ的側面と関わり合う。たとえば、

（1）　おもしろいことに、この御仁も失格なのさ。
(佐木隆三「ジャンケンポン協定」)
（2）　李先生はおそらくキッチリ描かれた絵しか受けつけないのだろう。
(富士正晴「愛想のない話」)
（3）　どうぞ、いらっしゃって下さい。　　(安倍公房「飢えた皮膚」)
（4）　ねえ、慎はあの人たちと別れることって出来ないでしょう。
(瀬戸内晴美「夏の終り」)

などの下線部が、モダリティ修飾成分である。(1)は評価的な態度を表したものであり、(2)は程度性を伴った推し量りといった言表事態に対する捉え方を表したものである。さらに、(3)(4)は、聞き手への促し・注意喚起といった話し手の伝達的態度のあり方を表したものである。また、これら以外にも、

（5）　たった催涙弾一発でこのまま引き下がるのか。
(佐木隆三「ジャンケンポン協定」)

のように、命題を形成する構成要素に対する捉え方を表したものも、このモダリティ修飾成分に属するものである。

1.3 接続成分

次に、接続成分について瞥見する。＜接続成分＞は、言表事態の内容的増減に関与せず、前置する文と、接続成分を除いた当の文や当の節とのつながり方を示すものである。言い換えれば、接続成分は、文の有する連文的機能・連文情報を担う成分である。たとえば、

（6）　信じられないことでしょう。しかし、事実なのです。

（安倍公房「飢えた皮膚」）

（7）　「太陽系にはいるとロケット自体のメカニズムと運行状況は、常に電波で自動的に中継所へおくられ、点検されています。だからロケットを実際に故障させなければ…つまりロケット自身が警報を発しなければ、基地の出動命令は出ないのかも知れません」

（小松左京「お茶漬の味」）

（8）　「お茶でもお飲みになる？それとも、すぐに行く？」

（多岐川恭「許された日々」）

などの下線部が、接続成分である。文と文とをつなぐものは、文の表す事態に拠りながらも、基本的に話し手の立場からした関係認定である。文と文とのつながりの内実である関係のあり方には、話し手の立場からした関係づけが、大きな位置を占めるものもあれば、事態と事態との間に存在する関係のあり方に、大きく依拠しているものもある。

（9）　早期がんの中には切りすぎているものがずいぶんある。北岡さんらは、そう確信した。そして蓄積された臨床データから、リンパ節を残し、胃を小さく切るだけで治せるがんを類型化し、局所切除手術に踏み切った。　　　　　　　　　　　　（アエラ・1993.5.25）

は、前二文の内容を、話し手が、次の文の表す事態成立の理由・きっかけとして捉えて、前文（群）と後文とをつないでいるものである。それに対して、

（10）　まもなく、学者がやってきた。そして、おれにわからないことはない、といった顔つきで穴の方にむかった。

（星新一「ボッコちゃん」）

では、前文と後文は、事態の時間的な前後関係によって結びついている。したがって、(10)は、「学者ガヤッテキタ。ソレカラ……穴ノ方ニムカッタ。」のように、「ソレカラ」でつないでも、つながりに大きな異なりは生じない。また、「洋平ハ『一般言語学講義』ヲ読ミ終エタ。ソシテ、『言語史原理』ニ取リ掛カッタ。」などでは、「洋平ハ『一般言語学講義』ヲ読ミ終エタ。次ニ／引

キ続キ」、『言語史原理』ニ取リ掛カッタ。」につながっていき、さらに、「洋平ハ『一般言語学講義』ヲ読ミ終エタ。|直チニ／スグニ|、『言語史原理』ニ取リ掛カッタ。」とも、それなりのつながりを有している。そして、さらに＜取り掛かりの早さ＞を表す命題内修飾成分へとつながっていく。

1.4 独立成分

引き続き、独立成分を簡単に見ておく。＜独立成分＞とは、単独で使われれば、独立語文を形成するもので、述語成分との結びつきが遊離的であり、後に続く語句の先触れ的な役割などを果たすものである。たとえば、

　　(11)　松下君、君の書いているものには、かねがね敬服しているのだがね。
　　　　　　　　　　　　　　　　　　　　　　　　　　（高木彬光「妖婦の宿」）
　　(12)　「D病院、D病院って、港の傍の病院でしょう」「うん、どうして
　　　　知っているんだ」　　　　　　　　　　　　（黒岩重吾「湿地帯」）
　　(13)　あら、お発ちですか?　　　　　　　　　　（松本清張「溺れ谷」）

の下線部などがそれである。(11)のように、呼びかけを表すものや、(12)のように、応答を表すもの、(13)のように、感嘆を表すものなどがある。応答を表すものは、文と文とのつながりの表示機能を有している。

もっとも、呼びかけを表す独立成分とハダカ格の主語(成分)とは、つながっていくところを有している。(11)の「松下君、君の書いているものには、かねがね敬服しているのだがね」は、「私」といった主語が存する―この例では文の表現形式には顕在していないが―ことによって、呼びかけでしかなく、それに対して、「小野寺、口から流れ出した血を手でぬぐいながら、(橋本忍「シナリオ・日本沈没」)」は、ハダカ格の主語であるが、命令などを表す「アナタ、コチラニ座ッテクダサイ」のような文では、呼びかけ的でもありハダカ格的でもある、といった中間的な存在であろう。

さらに、述語成分とのつながり方において遊離的であるといったことで、とりあえず独立成分に入れておくものの、

　　(14)　本格派の新人、松下研三氏が全会員に挑戦して、…

(高木彬光「妖婦の宿」)

のようなものは、同格関係を形成し、そのことで意味的には規定成分的でもある遊離的な成分である。

1.5 規定成分

続いて、規定成分を瞥見しておく。＜規定成分＞とは、名詞に係り、その語彙的意味に対して、修飾限定したり説明を加えたりするものである。述語との結び付きにおいて間接的な成分である。

(15) 「<u>この</u>学生は初めてじゃないだろう」　　　(戸川昌子「円卓」)
(16) <u>喪主の</u>岡部におくやみをいったが、…　　(黒岩重吾「湿地帯」)
(17) <u>やわらかい</u>樹幹に<u>深い</u>穴ができていて、<u>火薬らしい</u>臭いが、まつわりついていたからだ。　　　　　　　(佐賀潜「早船洲崎行き」)
(18) 朝、江見が出社すると、<u>見知らぬ</u>女から電話が掛かって来た。

(黒岩重吾「湿地帯」)

などの下線部などが、規定成分である。また、「<u>旅先カラノ</u>手紙」「<u>ズット</u>昔」「<u>探偵小説に対する</u>造詣(高木彬光「妖婦の宿」)」などの下線部も、これである。さらに、

(19) めずらしく<u>スモッグに汚されていない</u>秋空だった。

(生島治郎「死者たちの祭り」)
(20) 「<u>キラ・コーズケの首を討ちとった</u>ローニンは何人ですか」

(筒井康隆「マイ・ホーム」)
(21) 「<u>昔、軽いショックが起こったという</u>患者は誰ですか、名前をいって下さい」　　　　　　　　　　　　　(黒岩重吾「湿地帯」)

などの下線部は、節(clause)が規定成分になったものである。規定成分の中には、述語成分が含まれて、さらに共演成分なども存している。これらでは、節が成分として使われている。ランク・シフトが生じている。規定成分の中には、節であるものが少なくない。また、

(22) <u>そうやってやっとたどり着いた</u>鹿児島のお墓というのは、どこか

河原に近いところにあったような気がする。

(尾辻克彦「父が消えた」)

の下線部は、これ以前に上げた規定成分と異なって、名詞の語義に限定を施し、名詞の表している指示対象を下位類化したものではなく、名詞の指示対象に説明を加えたものである。いわゆる非制限的な用法と言われるものである。

1.6 並列成分

最後に並列成分を瞥見する。＜並列成分＞とは、後続する成分に意味─統語関係の実現・表示をまかせ、後続する成分と同一の資格で結び付いていくもので、述語成分との結び付きにおいて間接的である。

（23） <u>情熱と 栄華と</u>勢力を加えていき、…　　(高木彬光「妖婦の宿」)

（24） <u>中国やインド</u>とは、たいへんちがうようだ…

(梅棹忠夫「文明の生態史観」)

（25） <u>伊豆か</u>箱根に行こう。

などの下線部が、並列成分である。また、並列成分の中には、「<u>青鬼、</u>赤鬼を叩き伏せ…(高木彬光「妖婦の宿」)」のように、並列関係を表示する形式を持たないものも存在する。

2　述語成分

以上瞥見した諸成分は、いずれも、文の担い表す事柄的意味の形成にとって二次的であったり、事柄的意味の外側、たとえばモダリティ的意味や連文情報の形成として働いたりするものであった。ここからは、事柄的意味の形成に関与する成分について、少しばかり詳しく見ていく。具体的には、述語成分・共演成分・状況成分・命題内修飾成分について説明する。

まず、述語成分から見ていく。述語成分は、成分を形成する品詞のタイプによって、動詞述語・形容詞述語・名詞述語に分かたれる。この分類自体は

きわめて常識的なものである。＜述語成分＞は、文―複文の場合、その構成要素であるそれぞれの節―の中核成分であり、文の土台である。述語成分は、動きや状態や属性といった語彙的意味を担い、自らに依存・従属してくる他の諸成分をまとめ上げ、文（節）を形成するところの、第一次的な支配要素である。述語成分によって、文（節）の内部構造の骨格・基本が決まる。このことは、動詞述語文にあって、特に明確であり、重要である。また、述語成分は、形態的な変化によって、文を形成するために、＜肯否＞＜テンス＞＜丁寧さ＞＜モダリティ＞などの文法カテゴリを担い、活用形などによって、種々の断続関係を表し、様々なタイプの節の述語成分になる。

共演成分、さらに状況成分や命題内修飾成分などが豊かに出現するのが、動詞述語である。最初に、動詞述語の実例から見ていく。

（１）　私の頭は混乱してきた。　　　　　　　（木山捷平「耳学問」）
（２）　「また、金魚が死んでいる」　　　　（吉行淳之介「食卓の風景」）
（３）　アメーバ赤痢はなおらないそうだ。　　（田中小実昌「魚撃ち」）
（４）　「その人は、何処にいます？」　　　　（黒岩重吾「湿地帯」）
（５）　退館時刻はノートに書き込まれ、閲覧申込用紙は受付の手許に残る。
　　　　　　　　　　　　　　　　　　　　　（斎藤栄「江の島悲歌」）
（６）　本気で怒った夏子を、男は嘲るように見返して、コップに焼酎二
　　　　杯分の百円玉をほうりこむなり、ジャンパーの背をむけた。
　　　　　　　　　　　　　　　　　　　　　（中薗英助「霧鐘」）

などの下線部が、動詞述語である。（５）の「書キ込マレ」や、（６）の「見返シテ」「ホウリコムナリ」は、従属節の述語成分として立ち現れている。また、既に触れたように、（６）の「怒ッタ」は述語成分として働きながら、節全体を規定成分に変えている。動詞述語には、形容詞述語や名詞述語には生じない＜ヴォイス＞や＜アスペクト＞という文法カテゴリが出現する。（５）の「書キ込マレ」は、ヴォイスのメンバーである＜まともの受動（直接受動）＞を表す形態であり、（２）の「死ンデイル」は、アスペクトを形成する一員である＜持続相＞を担う形態である。

次に、形容詞述語の例を挙げる。
- （7） 夕方の船宿はいそがしい。　　　　　（佐賀潜「早船洲崎行き」）
- （8） だが、江見の決心は固かった。　　　　（黒岩重吾「湿地帯」）
- （9） 「この店のソバは旨いだろう」　　　（吉行淳之介「食卓の光景」）
- （10） 自殺のキメ手になるのは遺書の存在だが、アキコに遺書を書かせることは不可能だ。　　　　　　　　　　　　（斎藤栄「江の島悲歌」）
- （11） 尋ねあてた家は、実に質素でした。　（朝日新聞「窓」1993,4,16）

の下線部が、形容詞述語である。（7）の「イソガシイ」、（8）の「固カッタ」、（9）の「旨イダロウ」は、イ形容詞—形容詞と通常呼ばれるもの—からなっているものであり、（10）の「不可能ダ」、（11）の「質素デシタ」は、ナ形容詞—いわゆる形容動詞と呼ばれるもの—からなっている類である。

最後に、名詞述語の実例を少しばかり挙げておく。
- （12） 「女はアケミだったな」　　　　　　（結城昌治「残酷な夕日」）
- （13） 子供は即死であった。　　　　　　　（黒岩重吾「湿地帯」）
- （14） そのとき、一茶は二十五歳でした。（松原哲明「新訳・般若心経」）
- （15） 父は漢文の教師で、熱心な軍国主義者でした。

　　　　　　　　　　　　　　　　　　　　　　（井上ひさし「闇に咲く花」）
- （16） 八丁堀は水の町。　　　　　　　　　（佐賀潜「早船洲崎行き」）
- （17） 「むろん俺たちの部屋さ」と肩をゆすって答えたのは、二十貫以上もあろうかと思われる、たくましい一番年かさの子供でした。

　　　　　　　　　　　　　　　　　　　　　　　　（安倍公房「闖入者」）

の下線部が、名詞述語の例である。名詞述語は、名詞と判定詞から形成されている。判定詞とは、「ダ／デス」「ダロウ」「カモシレナイ」「ミタイダ」「ラシイ」など、名詞を述語成分にする、単語なみの存在である。判定詞は、認識のモダリティの表示者であり、肯否・テンス・丁寧さを担い表し分ける存在である。もっとも、（16）の「水の町」のように、判定詞を伴わないで述語成分になる場合がないわけではない。この場合、当然のことながら、肯否・テンス・丁寧さを表しわける担い手が存しないことによって、有標のタイプ、つ

まり、否定・過去・丁寧を表すことはない―テンスに関しては、「百年前こ
こは水の都。」のような例がないわけではない―。また、名詞述語にあって
は、(12)「アケミダッタナ」、(13)「即死デアッタ」、(14)「二十五歳デアッタ」
のように、名詞だけで名詞述語が出来上がっていることは、むしろ稀であ
る。(15)の「漢文ノ教師デ」や「熱心ナ軍国主義者デシタ」のように、規定成分
を伴うことが多い。(17)の「二十貫以上モアロウカト思ワレル、タクマシイ
一番年カサノ子供デシタ」のように、長い規定成分を伴うものも珍しくな
い。これも、既によく知られているところではあるが、

(18)　何かおそろしいことの到来を告げる音でした。

（吉田知子「無明長夜」）

(19)　誰もかれも大真面目な顔でした。　　　　（吉田知子「無明長夜」）

(20)　「おい薬屋、君も辛い立場じゃな」　　　　（黒岩重吾「湿地帯」）

(21)　「しかし、先生だっていい人じゃないですか」

（黒岩重吾「湿地帯」）

(22)　鯉は驚くほどの大きさでした。　　　（吉田知子「無明長夜」）

などの名詞は、上掲のような構文環境にあっては、規定成分なしでは、名詞
述語を形成しない。

3　共演成分

　次に、共演成分について見ていく。主語や補語という用語での分析・記述
と共演成分という捉え方での分析・記述とで、文の表している事柄的意味の
分析・記述への、有用性にかなりの差が生じるのは、動詞文であり、形容詞
文や名詞文では、実際にはさほど差がない、ということを認めた上で、本書
では、動詞文を中心に考察を行うこともあり、共演成分という捉え方を取
る。以下、主に動詞述語を頭において説明する。＜共演成分＞とは、述語成
分が文を形成するにあたって、述語成分を形成する単語の語彙的意味が表し
ている動き・状態・属性を実現・完成するために、述語成分が必須的・選択

的に要求する成分である。共演成分は、その文中での生起を、基本的に―他の(共演)成分の存在によって共起のありように変容の生じる場合がないわけではないが―述語成分を形成する単語に、あらかじめ選択的に指定されている。しかしながら、その名詞句が共演成分であるのか否か、どれだけ共演成分があるのか、また、共演成分の表す関係的意味にどのようなタイプがあるのか、などといったことは、明確な基準でもって決定することが、決して容易なことではない。本書では、共演成分が考察の対象でないこともあって、この種の問題には立ち入らない。

　まず、動詞を述語成分とする場合について見ていく。

　（１）　からだが一層やせこけた。　　　　　　　（島尾敏雄「家の中」）
　（２）　「咽喉(のど)がかわいたわ」　　　　　　　　　（斎藤栄「江の島悲歌」）
　（３）　すぐ容疑は解けた。　　　　　　　　　（川辺豊三「公開捜査林道」）
　（４）　私はまもなく眠ったが、…　　　　　　　　（高井有一「仙石原」）
　（５）　真紅のモウセンゴケが咲いていた。　　　（水上勉「赤い毒の花」）
　（６）　老妻も児童もよく働いた。　　　（正宗白鳥「戦災者の悲しみ」）

などの下線部が、共演成分の例である。これらは、意味的には、状態変化の担い手であったり、動作主であったりする。通例、他の共演成分の存在を必要としないタイプである。いわゆる一項述語に要求される共演成分である。

　さらに、共演成分には、

　（７）　「隣の主婦が豆を煮ていたんです」　　　（鮎川哲也「急行出雲」）
　（８）　娘さんは、…それでもって私の肩をとんとん叩いた。
　　　　　　　　　　　　　　　　　　　　　　　　　（太宰治「富嶽百景」）
　（９）　私は松田さんの顔を見ました。　　　（遠藤周作「男と九官鳥」）
　（10）　未亡人は今でもそのブロンズ像をかわいがっているにちがいない。
　　　　　　　　　　　　　　　　　　　　　　（上林暁「ブロンズの首」）
　（11）　伊波は研究室の連中や、博士の眼にこうして小夜子と話しているのを見とがめられることを恐れていたので、（水上勉「赤い毒の花」）

などの、下線部のようなものがある。これらでは、二種の共演成分が要求さ

れて出現している。動作主や態度・感情の担い手などである存在と、動作を受ける対象や態度・感情の向けられる対象などである存在との、二種である。動作を受ける対象は、動作の内実の異なりによって、自らの状態に変化を被るもの（7）や、物理的な働きかけを被るものの、変化の招来までには至らないもの（8）や、さらに、何らかの作用が目指す先ではあるものの、物理的な働きかけを被るとは言えないもの（9）、など、多様である。また、

(12) 私の行かない限り、決してやって来ないと私は信じているのである。　　　　　　　　　　　　　　　　　　　　　（大岡昇平「歩哨の眼について」）

のように、思考作用によって生み出される思考内容などを表す共演成分では、[節＋ト] の形式で出現する場合がある。

　さらに、共演成分、あるいはその組み合わせの様々には、次のようなものが、挙げられる。

(13) 喬子は…八時四十分ごろ宿に戻る。　　　　　　（大坪砂男「天狗」）
(14) 芝田順や若林たけ子たちは、当夜自宅にいて、…
　　　　　　　　　　　　　　　　　　　　　　（鮎川哲也「急行出雲」）
(15) 九官鳥は我々の物音に驚いて…　　　　（遠藤周作「男と九官鳥」）
(16) キリスト自身も最後には血にまみれ、…　　（藤枝静男「私々小説」）
(17) 洋服のポケットからは、何も出てこなかった。
　　　　　　　　　　　　　　　　　　　　　　　　（木山捷平「耳学問」）
(18) ぼくだけが二等兵から一等兵にならなかった。
　　　　　　　　　　　　　　　　　　　　　　　（田中小実昌「魚撃ち」）
(19) 空知は…証人たちとはげしく対立し、…　（鮎川哲也「急行出雲」）
(20) 町で眼についた若竹いろの帯締めを、私は悠子に贈ったりした。
　　　　　　　　　　　　　　　　　　　　　　　（和田芳恵「接木の台」）
(21) 女は私の手からそれらの写真を奪いとった。（近松秋江「黒髪」）
(22) 老人は…鳥籠を病室からベランダに運びます。
　　　　　　　　　　　　　　　　　　　　　　（遠藤周作「男と九官鳥」）
(23) 私は…女中に鍵を持ってくるように命じた。

(高木彬光「妖婦の宿」)

などの下線部は、いずれも共演成分である。(13)(14)(15)(16)は、いずれも［Nガ，Nニ］という共演成分の組み合わせを取っている。これらの「Nガ」は、動作や感情あるいは状態変化を担い手といったものであり、「Nニ」は、(13)が＜ゆく先＞、(14)が＜ありか＞、(15)が＜基因＞、(16)が＜手段的な基因＞といったものである。(17)は、［Nガ，Nカラ］の共演成分の組み合わせを取っている。「Nカラ」は＜出どころ＞といったものである。(18)は、「Nガ」と、出どころの「Nカラ」と、ゆく先の「Nニ」を取る。(19)は、［Nガ，Nト］の共演成分の組み合わせを取っており、「Nト」は＜相手＞といった存在である。(20)(21)は、ともに三項を共演成分として取る。動作主・対象・相手といった存在である。相手を表す共演成分は、ゆく先という副次的意味関係を有している(20)が「Nニ」という形式を取り、出どころという副次的意味関係を帯びる(21)が「Nカラ」という形式を取っている。(22)は、［Nガ，Nヲ，Nカラ，Nニ］の四項を共演成分として取っている。それらは、動作主・対象・出どころ・ゆく先である。「私ハ女中ニ<u>鍵ヲ持ッテクルコトヲ</u>命ジタ」という文からも分かるように、対象である命令内容が、(23)では、「ヨウニ」節を取って実現されている。

また、

(24) 周秀尚が<u>神戸を</u>出発し、… （川辺豊三「公開捜査林道」）
(25) 私は<u>人通りの少ない旧商店街を</u>通りながら、…
　　　　　　　　　　　　　　　　　　　（和田芳恵「接木の台」）

などは、［Nガ，Nヲ］という共演成分の組み合わせを取るものの、「Nヲ」は、対象ではない。(24)の「Nヲ」は出どころであるし、(25)の「Nヲ」は移動動作が目標とし実現する空間である＜経過域＞を表している。

以上見たように、共演成分が豊かに展開するのは動詞文であった。言い換えれば、動詞文の担い表す事柄的意味の分析・記述には、主語・補語のレベルでの分析ではなく、共演成分のレベルでの分析の方が有効である。それに対して、形容詞文や名詞文では、「<u>夕方の船宿は</u>いそがしい」「<u>女は</u>アケミ

だったな」のように、通例、主語—あるいは題目—として立ち現れる共演成分が現れるだけで、他に共演成分が現れることは稀である。もっとも、形容詞述語にも名詞述語にも、他の共演成分が全く現れないわけではない。以下、形容詞文・名詞文において、主語(題目)として実現する共演成分以外の共演成分が現れる場合について、実例を挙げて見ておく。

まず、形容詞文から見ていく。

(26) 「なるほど…きみは外国の歴史にくわしいんだね」

(戸川昌子「円卓」)

(27) そもそものむかしから日本人は国語について勝手気儘なもので、共同のたてまえを尊重する思想に乏しかった。

(司馬遼太郎「街道をゆく１」)

(28) 「森さんはフランス語に熱心でした」

(松本清張「或る『小倉日記』伝」)

(29) 当時、この病気への対策は無に等しかった。

(アエラ・1993.5.25)

(30) 「その人は、佐川君と親しかったんですか」

(唐十郎「佐川君からの手紙」)

(31) 「すこしも迷いなんかしなかったわよ。ここが駅から遠かっただけなのよ」　(古井由吉「杳子」)

(32) 周囲には女が多いし、…　(笹沢左保「女を見て死ね」)

(33) 宇佐見は早く、志奈子の身体が欲しかった。

(笹沢左保「女を見て死ね」)

(34) 私はその鱗粉をまぶしつけたような乾いた色が嫌いでした。

(吉田知子「無明長夜」)

などが、その例である。(26)(27)(28)は、いずれも［Ｎガ，Ｎニ］という共演成分の組み合わせを取っている。もっとも、実際には、「Ｎガ」は、題目として実現し「Ｎハ」で現れるのが、通例である。(29)は、［Ｎガ，Ｎニ］を取っているが、「Ｎト等シカッタ」も可能で、(30)のように、「Ｎガ，Ｎト」の組み合

わせとしても実現する。また、［Nガ，Nカラ］の組み合わせを取っているのが、(31)である。(32)は、存在表現の一種であり、［Nニ，Nガ］の組み合わせを取る。(33)(34)は、［Nガ，Nガ］とでも標記できるところの、共演成分の組み合わせを取るものである。

引き続き、名詞文の場合を見てみる。

(35) 五年のときは<u>私</u>は<u>玉枝</u>と同じ組で……　　（吉田知子「無明長夜」）
(36) <u>自分</u>は十二年間も<u>健太郎くん</u>と一緒でした。
　　　　　　　　　　　　　　　　　　　　（井上ひさし「闇に咲く花」）
(37) <u>その美しい心臓</u>は「<u>人生</u>」とも人間の悲しみや喜びとも無縁でした。
　　　　　　　　　　　　　　　　　　　　（吉田知子「無明長夜」）
(38) <u>私の家</u>は、<u>あの部屋</u>にそっくりでした。　（吉田知子「無明長夜」）
(39) <u>そのホーム</u>は<u>多数の女性</u>でいっぱいでした。
　　　　　　　　　　　　　　　　　　　　（松原哲明「新訳・般若心経」）

などでは、二種の共演成分が現れている。言い換えれば、これらの名詞述語にあっては、主語（題目）として実現する共演成分だけでは、名詞述語が表す属性や関係が完成しないということである。(35)(36)では、［Nガ，Nト］という共演成分の組み合わせが要求されている。このような名詞述語には、「友人ダ、仲間ダ、親戚ダ、同類ダ」などがある。(37)は、ここでは［Nガ，Nト］を取って現れているが、［Nガ，Nニ］としても実現可能なものであり、(38)は、逆に［Nガ，Nニ］で現れているが、［Nガ，Nト］としても実現可能なものである。そして、(39)は、［Nガ，Nデ］という共演成分を取るものである。さらに、

(40) <u>これ</u>は<u>人々</u>にとって恐怖のまとでした。
　　　　　　　　　　　　　　　　　　　　（安倍公房「ノアの方舟」）

の「Nニトッテ」も、共演成分相当の力価を持つもの―副次的共演成分―として位置づけられるだろう。

このことは、動詞文にあっては、特に明確であり重要なことであるが、述

語成分と共演成分によって、文の基本部分・骨格が出来上がり、その事柄的意味の中核が形成される。述語成分と共演成分によって形成された事柄的意味の中核は、状況成分や命題内修飾成分を付け加えていくことによって、拡大され限定されていくことになる。

共演成分は、述語成分を形成する単語の語彙的意味の部分によって、その生起が基本的に指定されていた。文の骨格、事柄的意味の中核は、状況成分・命題内修飾成分などを付加することによって拡大していくとともに、述語成分が担う文法カテゴリの展開によって拡大していき、言語活動の基本的単位である文に成長する。

4　状況成分

次に、状況成分について見ていく。＜状況成分＞とは、述語成分や共演成分さらに命題内修飾成分によって形作られた事態の成り立つ時や所や原因といった、事態成立の外的背景や状況を表したものである。たとえば、

（1）　<u>1910年10月30日</u>、<u>美しい湖にのぞんだハイデンで</u>アンリー・デュナンは、82歳の生涯を閉じた。　　　　　（光村「小学国語」5上）

の下線部が、状況成分である。「1910年10月30日」が＜時の状況成分＞であり、「美シイ湖ニノゾンダハイデンデ」が＜所の状況成分＞である。この二種が状況成分の中心であり、特に、時の状況成分は状況成分の代表である。

4.1　時の状況成分

まず、時の状況成分の実例をいくつか挙げておく。

（2）　弓子は、<u>十一日の朝</u>、会社に一時間遅刻する旨を連絡し、<u>午前九時十分</u>、Q市のM銀行支店のドアを押した。

（石沢英太郎「噂を集め過ぎた男」）

（3）　林の方も、<u>今日</u>は<u>午前八時三十分</u>に出社したといった。

（山村美紗「恐怖の賀状」）

（4） <u>朝早く出かけ</u>、わざわざ、郵便局があくのを待つというのは、あまりにも不自然である。　　　　　　　　　（山村美紗「恐怖の賀状」）
（5） 祖父は、<u>大東亜戦争の始まった翌々年の春に</u>死んだ。

（高井有一「仙石原」）
（6） <u>午前十時</u>、サンダー・ルージュは基本のダイヤモンド隊形を組んで同時に離陸した。　　　　　　　　　（森村誠一「紺碧からの音信」）

などの下線部が、時の状況成分の例である。時の状況成分は、述語成分の表す事態の生起時を表すものである。したがって、文を構成する節が複数あれば、（2）のように、それぞれの節に時の状況成分が現れうる。また、（3）の「今日ハ」「午前八時三十分ニ」のように、時間幅の異なりに応じて、複数現れることもある。時の状況成分は、（4）の「朝早ク」のように、埋め込まれた節の中に小さく収まることもあるが、（6）の「午前十時」のように、文頭に現れ、文全体に大きく係ることが多い。文頭に来る（6）の「午前十時」と、（5）の文中の「大東亜戦争ノ始マッタ翌々年ノ春ニ」とでは、次のような異なりがある。文頭に時の状況成分を持つ（6）では、「時」を設定枠として、その中に題目を含め文が語られていくのに対して、（5）では、文は題目をめぐって展開していき、時は解説部分の中の要素である。

　時の状況成分は、文頭に現れ、事態の時間枠として働くことが少なくなかった。そのことを受け、時の状況成分は、意味的に、いくつかの文に対して、展開していく事態群全体の時間枠として働く、時の表現として立ち現れることがある。たとえば、

（7）　寛永六年（1853）六月三日——
　　　梅雨の季節もすぎ、江戸湾の湾口に突き出た三浦半島をおおう樹木の緑は、日を追って濃さを増していた。
　　　朝のうちは曇天であったが、次第に青空がひろがった。雲がかかっていた富士山もくっきりとみえ、眩ゆい陽光が海上を明るく輝かせていた。
　　　半島の突端にある城ヶ島では、朝から四人の男が岩礁で鮑とりを

つづけていた。赤い褌をつけたかれらは、腰のあたりまで海に踏み込んで水に顔を突き入れ、時にはもぐったりして、岩にはりつく鮑を掻きとっていた。　　　　　　　　　　　（吉村昭「黒船」）

の下線部は、独立成分ないしは独立語文といった存在であるが、以下に続く文群が表している事態全体の時間枠になっている。同趣のことは、「寛永六年(1853)六月三日、梅雨の季節もすぎ、……」のように、次の文の文頭に置き、時の状況成分として実現しても、意味的には可能である。また、

（8）　或日の事でございます。御釈迦様は極楽の蓮池のふちを、独りでぶらぶら御歩きになつてゐらしやいました。池の中に咲いてゐる蓮の花は、みんな玉のやうにまつ白で、そのまん中にある蕊からは、何とも云へない好い匂が絶間なくあたりへ溢れて居ります。極楽は丁度朝なのでございませう。

　　………………。

　　…。その玉のやうな白い花は、御釈迦様の御足のまはりに、ゆらゆら萼を動かして、そのまん中にある金色の蕊からは、何とも云へない好い匂が、絶間なくあたりへ溢れて居ります。極楽も午に近くなつたのでございませう。　　　　　（芥川龍之介「蜘蛛の糸」）

の下線部は、物語の冒頭であるが、時の状況成分相当を文として表現したものである。物語全体が「或日」の出来事を表している。言い換えれば、以下の総ての文の表す事態は、「或日」という時間枠の中にある。これも、「或日、御釈迦様は極楽の蓮池のふちを、独りでぶらぶら御歩きになつてゐらしやいました。……」のように表現しても、意味的には可能である。

　時の状況成分は、事態の生起時を表したものであった。したがって、活発に出現するのは、時間の中で発生・消滅する動的事態を表す文─動詞文の大多数がこれ─においてである。もっとも、名詞文や形容詞文にも、多くないものの、現れないわけではない。

（9）　そのとき、私は八歳でした。　　　　　　　　（吉田知子「無明長夜」）
（10）　「コロがし方はあとで相談だ」　　　　　　　　（三好徹「蕩す」）

の下線部は、名詞文に出現している時の状況成分である―形容詞文での出現はさらに少なくなる―。

4.2 所の状況成分

次に、所の状況成分について見ておく。

(11) 「坂口光子は、直ちに食事の用意を始め、野上の方は別室で転がってテレビを見ていました」　　　　　（佐野洋「証拠なし」）
(12) 「早めに行って、ホテルのレストランで腹ごしらえをしようと思ったのです」　　　　　　　　　（海渡英祐「死の国のアリス」）
(13) モスクワの別荘で、おいらはよく旦那と話しした。
　　　　　　　　　　　　　　　　　　（草野唯雄「トルストイ爺さん」）

などの下線部が、典型的な所の状況成分である。所の状況成分は、述語成分の表す事態が生起する場所を表すものである。

また、

(14) （高木は）内心で、笠原以外に犯人はいないと考えていた。
　　　　　　　　　　　　　　　　　　　　（山村美紗「恐怖の賀状」）

の下線部は、動作主が心的活動を行っている外的な空間ではなく、心的活動そのものの生じている内的空間を、所の状況成分として取っている。内的空間は、外化された観察可能な場所でないことによって、典型的な所の状況成分からずれていく。「｛内心デ／心ノ中デ｝…考エテイタ→ヒソカニ…考エテイタ」のように、付加的な（命題内）副詞的修飾成分に近づいていく。もっとも、心的活動が外的空間を所の状況成分として取れないわけではない―たとえば「彼ハ自分ノ部屋デソノ事件ニツイテ一生懸命考エテイタ」―。

また、

(15) 往きの車中で、思いがけなく、雅楽がこんな話をした。
　　　　　　　　　　　　　　　　　　（戸坂康二「グリーン車の子供」）

の下線部は、所の状況成分であるが、規定成分の影響で、「時」の意味合いが現れる。「往キニ、…雅楽ガコンナ話ヲシタ」につながる所が出てくる。

さらに、所の状況成分は、時の状況成分に比して、事態の内的要素に近い、あるいは、つながっていく性格を有している。特に移動運動や存在に関わる事態にとっては、場所は、事態の内的構成要素、つまり共演成分である。「机ノ上ニ本ガ有ル」や「列車ガ鉄橋ヲ渡ッタ」の下線部などは、共演成分そのものである。また、

　　(16)　首のまわりを虻がとんでいた。（赤江瀑「八月は魑魅と戯れて」）

の下線部も、共演成分であるが、副次的存在ということもあり、「首ノマワリデ虻ガトンデイタ」という所の状況成分に近いものである。

　また、所の状況成分が密接に関与するのも、時の状況成分と同様に、動的事態であった。運動とでも呼べばよいような、具体的な動きは、その現れに空間を必要とし、それが存在する空間を抜いては考えられないが、動きが抽象化していくと、所の状況成分の必要度が減じていく。たとえば、「走ル」や「相談スル」のような、具体的な動きが所の状況成分を必要とする度合いと、「株価ガ上昇シタ」「小ジワガ増エタ」のような動きが、所の状況成分を必要とする度合いとを比べてみれば、このことは明らかであろう。したがって、属性や関係といった静的事態にあっては、存在空間は、通例、問題にならない。形容詞文や名詞文に所の状況成分が出現することが、きわめて稀なのは、このことに拠っている。もっとも、

　　(17)　部屋では、一家車座になって、食事の最中でした。
　　　　　　　　　　　　　　　　　　　　　　　　（安倍公房「闖入者」）

のように、名詞文にあっても、述語成分が動作性名詞から成っている場合には、所の状況成分は出現する。また、

　　(18)　彼女は職場ではおとなしい。
　　(19)　彼は学校ではよい子でした。

のように、形容詞文や名詞文においても、所の状況成分に類する存在が出現しないわけではない。ただ、典型的な所の状況成分というよりは、属性や関係が現れる「場面」といったものである。また、属性や関係にしても、もはや、時間から解放された属性や関係といったものではなく、「一時的な状態」

化している。一時的な状態を表す「昨日、学校デオ腹ガトテモ痛カッタ」が、時の状況成分とともに、所の状況成分を容易に取るのに対して、本来、時間から解放された関係を表す名詞述語は、「彼ハ職場デハ私ノ兄ダ」が示すように、所の状況成分を取るとき、一時的な状態を表すものになっている。

　所の状況成分が、時の状況成分に比して、事態の内的要素として立ち現れやすいのも、所の状況成分が、時の状況成分より、その出現に事態の性格からの影響を受けやすいのも、根は一つである。「時」の方が抽象的な存在・カテゴリであるのに対して、「所」の方が具体的な存在であることが関わっている。

4.3　原因の状況成分など

　時の状況成分や所の状況成分以外に、どのような状況成分が存在するのかという問題は、そんなに簡単な問題ではない。上掲の二種の状況成分以外のものとして、まず、原因の状況成分が挙げられる。

　　(20)　カルジンは災難で死んだ。　　　　（草野唯雄「トルストイ爺さん」）
　　(21)　笠原は、二千三百万で勝負したが、また株で損をした。
　　　　　　　　　　　　　　　　　　　　　　（山村美紗「恐怖の賀状」）
　　(22)　衝撃で、手にしたコーヒーカップをあやうく落としそうになった。
　　　　　　　　　　　　　　　　　　　　　　（小林久三「赤い落差」）
　　(23)　森刑事は、埃でよごれた手を叩きながら、「……」と、きいた。
　　　　　　　　　　　　　　　　　　　　　　（山村美紗「恐怖の賀状」）
　　(24)　知子はひきこんでいた風邪がこじれて、発熱した。
　　　　　　　　　　　　　　　　　　　　　　（瀬戸内晴美「夏の終り」）

などの下線部が、原因の状況成分である。原因の状況成分は、事態の生起の原因的背景を表している。文に表されている事態が生じる原因となる事や物を表している。原因は事的である。それが、(23)のように、物的な名詞で表されるにしたがって、原因から、事態を発生したり構成したりする材料・要素や手段に近づいていく。「爆風デ割レタ窓ガラス」と「バットデ割レタ窓ガ

ラス」や「噴火デ出来タ岩山」と「花崗岩デ出来タ岩山」を比べれば、前者が原因であるのに対して、後者が手段・材料的であることに、気づくだろう。(24)は、節が原因の状況成分相当として使われているものである。

　また、原因の状況成分にも、事態の内的構成要素、したがって共演成分につながっていくものがある。

　　(25)　腹のなかは、怒りで煮えくり返っていた。(小林久三「赤い落差」)
の下線部は、「怒リニ」で表現でき、述語成分も心的動作化しており、心的動作の基因といった共演成分に近づいている。「男ハ生活苦｛ニ／デ｝苦シンデイル」や「彼ハ娘ノ優シイ言葉｛ニ／デ｝感激シタ」などの下線部は、こういった、共演成分と原因の状況成分の近さを示す例である。

　また、
　　(26)　あの頃の私たちは、ずっと鎖国でしたでしょう、戦争で。
　　　　　　　　　　　　　　　　　　　　　　　　　（「向田邦子対談集」）
は、名詞述語に現れている原因の状況成分の例である。また、「前日ノ雪デ富士山ハトテモ美シカッタ」は、形容詞述語に出現している原因の状況成分である。

　原因以外の状況成分は存在しないのか、あるいは設定する必要はないのか、といったことは、共演成分や命題内修飾成分などの他の成分との関係をどのように認定するのか、そして、そのことによって、状況成分の内実をいかに明確化していくのかに関わっている。たとえば、

　　(27)　伊波は食事を終えて、午後一時に御茶の水を出る千葉ゆきに乗るつもりで、大学を出た。　　　　　　　　　（水上勉「赤い毒の花」）
のような下線部は、「大学ヲ出タ」という事態を起こすにあたっての「もくろみ」を表している。もくろみは、事態生起の背景である。その意味では、もくろみを表す表現は、状況成分として位置づけられるのではないだろうか。

5　命題内修飾成分

　命題内(副詞的)修飾成分については、次章以下で本格的に扱う本書の考察対象である。したがって、ここでは、他の成分との関係に主眼を置いて、簡単に触れるに止める。
　たとえば、
　　（１）　この川は飴色に濁ってるところもあったが、…
　　　　　　　　　　　　　　　　　　　　　　　　　（田中小実昌「魚撃ち」）
　　（２）　ゆっくりと鬼貫は手帳をとじた。　　（鮎川哲也「急行出雲」）
　　（３）　小肥りの男は大きくうなずいた。　（筒井康隆「その情報は暗号」）
　　（４）　女は幾分やせて、顔色が悪かった。　　（安倍公房「飢えた皮膚」）
　　（５）　布巾が…病院のガーゼみたいにたくさん干してあった。
　　　　　　　　　　　　　　　　　　　　　　　　　　　（幸田文「流れる」）
などの下線部が、命題内修飾成分の例である。共演成分が、述語成分の表す動き・状態・属性を実現・完成させる参画者といった存在であり、状況成分が、事態の成り立つ時や所や原因という外的背景・状況を表したのに対して、事態の広い意味での成り立ちを、様々な観点・側面から修飾・限定した付加的な成分が、〈命題内修飾成分〉である。上掲の例文の下線部は、いずれも、広い意味で、事態の成り立ち方を修飾・限定する情報を表している。

　モダリティ修飾成分・接続成分・独立成分は、いずれも事柄的意味の外側で働いていたし、規定成分・並列成分は、事柄的意味の形成にとって二次的存在であった。それに対して、述語成分・共演成分・状況成分・命題内修飾成分が、事柄的意味を形成する。事柄的意味の形成に関与するということは、また、文の表す事柄的意味のタイプから影響を受けるということでもある。事実、既に触れたように、共演成分・状況成分は、動詞文には活発・多彩に現れるが、形容詞文・名詞文では不活発であった。命題内修飾成分については、以下の章で詳しく見ていくが、やはり出現・活動舞台の中心は動詞文である。

第3章　副詞的修飾成分の概要

1　はじめに

　ここでは、本書で取り扱う付加的成分である副詞的修飾成分について、その概要を粗々と見ておくことにする。

　その前に、文、特に動詞文の構造の概要を瞥見しておく。まず、文は、大きく＜命題(言表事態)＞と＜モダリティ(言表態度)＞の部分に分かたれる。後者が前者を包み込むといった層的構造をしている。モダリティには、＜認識(判断)のモダリティ＞と＜発話・伝達のモダリティ＞とがあり、後者が、前者の出現を規定し前者を包み込んで存在する。命題のあり方は、文末の文法カテゴリを中心に描き出すとすれば、概略、次の図のような層状の構造をしている。

　　　　　[[[[[格―動詞]ヴォイス]アスペクト]肯否]テンス]

　テンスが命題とモダリティの分水嶺的存在である。本章では、上の図のような構造を持つ命題の中に作用する副詞的修飾成分の諸相について、どの層で作用しているかにも留意しながら、概観していく。

2　副詞的成分の下位的タイプ

　本書で類別する副詞的成分は、大きく、結果の副詞・様態の副詞・程度量

の副詞・時間関係の副詞・頻度の副詞に分かたれる。

　この中でまず、頻度の副詞が、事態—テンスを除いたものを想定—の外側から、事態生起の回数的あり方を限定し特徴づけるものとして、他から取り出される。さらに、時の状況成分—これは、副詞的な付加的成分ではなく状況成分である—が、「あの頃彼はしばしば我が家に出入りしていた」のように、頻度の副詞の外側したがって頻度の副詞を包み込んで、テンスの層で働くものとして、取り出される。

　動詞の有している語彙的意味のありように大きく関わりながら、立ち現れるのが、結果の副詞であり様態の副詞である。また、程度量の副詞の、特にその中心である程度の副詞—「彼はとても興奮していた」—は、形容詞や動詞の語彙的意味に存在する程度性という、いささか一般的なしたがっていささか抽象的な語彙的意味の側面に関わるものである。関係を取り結ぶものが、程度性という、いささか一般的で抽象的ではあるものの、程度の副詞も、その出現・存在を、動詞・形容詞の語彙的意味そのもののありように規定されて立ち現れる。結果の副詞・様態の副詞・程度量の副詞—特に程度の副詞—は、述語の表す語彙的意味そのものと関係を取り結びながら、事態の内側から事態の実現のされ方を限定し特徴づけている—これらは、あり方に関わる副詞としての共通性を有する—。ただ、結果の副詞・様態の副詞と程度の副詞とでは、関係を取り結ぶ事態の類型の基本が異なっている。結果の副詞・様態の副詞が係っていく事態は、変化を含む動きであり、程度の副詞が関係を取り結ぶ事態は、状態や特性といった静的事態が中心である。

　結果の副詞—「上着がボロボロに破れた」—と様態の副詞—「上着がビリッと破れた」—では、限定対象として取り出される局面が異なっている。結果の副詞は、動きの結果の局面を取り上げ、動きが実現した結果の、主体や対象の状態のありように言及することによって、事態の実現のされ方を限定し特徴づけている。それに対して、様態の副詞は、動きの展開過程の局面を取り上げ、それに内属する諸側面のありように言及することによって、事態の実現のされ方を限定し特徴づけたものである。

結果の副詞・様態の副詞・程度の副詞は、述語の表す語彙的意味そのものと関係を取り結びながら、事態の実現のされ方を限定し特徴づけていた。それに対して、「彼は<u>しばらく</u>部屋で本を読んでいた」「<u>急に</u>雨が激しくなった」のように、時間関係の副詞は、述語や事態の文法的な個性・タイプに影響を与えるところのカテゴリカルな語彙的意味、具体的にはアスペクトを中心とする、時間の中での事態の出現・存在・展開のありようという、事態の内的な時間的特性と関係を取り結びながら、事態の内側から事態の実現のされ方を限定し特徴づけている。

2.1　結果の副詞

　以下、上掲の副詞の下位的タイプについて、ごく簡単に触れていく。

　まず、結果の副詞を取り上げる。既述したように、〈結果の副詞〉とは、動きの結果の局面を取り上げ、動きが実現した結果の、主体や対象の状態のありように言及することによって、事態の実現のされ方を限定し特徴づけたものである。たとえば、

（1）　私は赤ん坊の<u>まるまる</u>太った腕に何か、くっついているのをみつけた。　　　　　　　　　　　　　　　　（田辺聖子「クワタサンとマリ」）

（2）　赤いノースリーブのワンピースをきた髪を<u>赤く</u>そめた女が二人、炎天下にしゃがみこんで、…　（栗本薫「真夜中の切裂きジャック」）

などの下線部が、結果の副詞である。(1)の「<u>マルマル</u>太ッタ腕」は、腕が太った結果、腕がまるまるとした状態になっているのであり、(2)の「髪ヲ<u>赤ク</u>ソメタ」は、髪をそめた結果、髪が赤くなっている、ということである。これらは、腕がまるまるになるようなあり方で、「太ル」という動きが実現され、髪が赤くなるようなあり方で、「ソメル」という動きが実現されていることを示している。つまり、動きが実現した結果の、主体—(1)の場合—や、対象—(2)の場合—の状態のありように言及することによって、事態の実現のされ方を限定し特徴づけているのである。これが結果の副詞である。結果の副詞が生起するためには、動詞の表す動きは、新しい結果状態を招来す

るもの、基本的に、主体や対象の様に変化が生じるものでなければならない。

2.2 様態の副詞

次に、様態の副詞を瞥見しておく。様態の副詞は、語彙性が高く雑多な存在である。ごみ箱的感のある副詞の中でも、最もその感が強い。本書でも、典型的な様態の副詞―典型的な存在ですら雑多―のみならず、周辺的な存在をも、広い意味で様態の副詞として扱っておく。

広義の様態の副詞を、典型的な様態の副詞―これを＜動き様態の副詞＞と仮称―と、＜主体状態の副詞＞に分かっておく。たとえば、

 (1) 刑事は軽く彼の両肩に手をかけ、…

(佐木隆三「ジャンケンポン協定」)

 (2) ヤンマー船に乗り、清水河をゆっくり下っていった。

(伊藤桂一「螢の河」)

などが、動き様態の副詞である。これは、動きの展開過程の局面を取り上げ、それに内属する諸側面―(1)では動きの勢い・強さ、(2)では動きの早さ―のありように言及することによって、事態の実現のされ方を限定し特徴づけているものである。これが、典型的で代表的な様態の副詞である。

それに対して、

 (3)「それで…わざとあんたは掴まる気か」(北杜夫「クイーン牢獄」)
 (4)「…ありがとう」と私はよろこんでいった、…

(田辺聖子「クワタサンとマリ」)

などの下線部「ワザト」「ヨロコンデ」は、「掴マル」「イウ」という動きの行い方を表している点で、様態からの事態実現の限定化・特徴づけであると言えよう。ただ、それ以上に、動きの展開・実現とともに、ないしはそれに伴って現れる主体の(心的・態度的な)状態である。これらは、動きの展開・実現とともに、ないしはそれに伴って現れる主体の状態のありように言及することによって、事態の実現のされ方を限定し特徴づけているものである。これを、動き様態の副詞から分かって、主体状態の副詞として取り出しておく。

さらに、動き様態の副詞が、[「太郎ガ次郎ヲ激シク叩イタ」＝「次郎ガ太郎ニ激シク叩カレタ」]という関係を有しているのに対して、主体状態の副詞では、[「太郎ガワザト次郎ヲ叩イタ」≠「次郎ガワザト太郎ニ叩カレタ」]という関係になる。これは、主体状態の副詞が、

［太郎ガワザト[次郎ヲTatak]u］／［次郎ガワザト[太郎ニTatak]areru］

のように、主語めあてとして、言い換えればヴォイスの層で働いていることによるものである。

また、動き様態の副詞と主体状態の副詞が、共通性を有するものの、下位的な異なりを有した存在であることは、

（６） 彼はわざとゆっくりと戸を閉めた。

などのように、主体状態の副詞「ワザト」と動き様態の副詞「ユックリト」とが、一つの文に共存していることからも分かろう。

さらに、結果の副詞と様態の副詞が生起する事態の意味的類型を同じくし、下位的タイプの違う存在であることは、

（７） 塀がガラガラとこなごなに崩れた。

などのように、様態の副詞「ガラガラト」と結果の副詞「コナゴナニ」が両立していることからも分かるだろう。

2.3 程度量の副詞

引き続き、程度量の副詞について触れておく。程度量の副詞は、大きく程度の副詞と量の副詞に分かれる。

（１） 「ちょっと痛いわよ」　　　（庄司薫「赤頭巾ちゃん気をつけて」）
（２） 作業長はひどく慌てて、周囲を気にした。

（佐木隆三「ジャンケンポン協定」）

などが、程度の副詞である。＜程度の副詞＞の基本は、事態に存在する程度性に対して、その度合いに言及することによって、事態の実現のされ方を限

定し特徴づけることにある。

それに対して、＜量の副詞＞の代表的な用法は、

（３）　「それでさえ高すぎて買えない人が<u>いっぱい</u>いる」

(朝日新聞・1988.2.27)

（４）　食糧そのものは獣医が<u>たっぷり</u>運んでおいたので、当分こと欠かないが、…

(田久保英夫「深い河」)

などのように、主体や対象の数量規定である。

ただ、程度の副詞にも、

（５）　<u>だいぶ</u>酒を飲んでいるようなので別の日にしてくれという。

(山口瞳「酒呑みの自己弁護」)

のように、主体や対象の数量規定—（５）は対象の数量規定—を行い、量の副詞につながっていく。また、程度の副詞にも量の副詞にも

（６）　彼は私の二の腕をつまんで<u>少し</u>笑い、…

(田辺聖子「坂の家の奥さん」)

（７）　昔のようにゆでて、<u>たっぷり</u>水にさらす必要はないし生でも食べられる。

(朝日新聞・1985.11.14)

のように、動き量の限定として働くものがある。両者のつながりを示す現象でもあろう。

　主に静的事態に係り、その程度性の限定を行う程度の副詞と、動きの展開の局面を取り出し、そのありように言及する様態の副詞とでは、生起する事態の類型が異なることによって、同一の文において、並列的に共起することはない。共起するとすれば、[とても[ゆっくり[喋った]]]のように、階層的共起である。ただ、程度の副詞が動き量の規定として使われている場合は、様態の副詞と程度の副詞が関係を取り結ぶ事態が、ともに動きであることによって、

（８）　彼の肩に{<u>多少 軽く</u>／<u>軽く 多少</u>}触れた。

のように、共存可能であろう。程度の副詞「多少」は、様態の副詞「軽ク」の程度限定を行っているのではない。並列的に共起しているのである—両者の語

順は交換可能—。

2.4　時間関係の副詞

引き続き、本書で時間関係の副詞と仮称するものについて触れておく。＜時間関係の副詞＞とは、時間の中での事態の出現や存在や展開のありようという、事態の内的な時間的特性に言及することによって、事態の実現のされ方を限定し特徴づけたものである。また、時間関係の副詞にもいくつかのタイプがある。時間関係の副詞の代表的なものは、

　　（１）　小太りの男は<u>しばらく</u>痩せた男の様子を観察していたが、…
　　　　　　　　　　　　　　　　　　　　　　　（筒井康隆「その情報は暗号」）
　　（２）　その二人の男性が私に心を惹かれているのに、わたしは<u>すぐ</u>気が
　　　　　ついた。　　　　　　　　　　　　　　（北原武夫「男を喰う人妻」）

などのように、当該事態がいかほどの時間量を占めて存在・持続するのか—（１）の場合—や、事態がいかほどの時間量を要して起動・実現するのか—（２）の場合—、といったことを表すものである。また、

　　（３）　両棲類の方は、<u>次第に</u>身体を大きくしていった…
　　　　　　　　　　　　　　　　　　　　　　　（今西錦二「生物の世界」）

などのように、時間の経過にともなう事態—変化—の進展を表すものも、やはり、時間の中での事態の展開のありよう、という事態の内的な時間的特性に言及したものであろう。また、「両棲類ノ方ハ、<u>年々</u>身体ヲ大キクシテイッタ」のように、「年々」なども、この類であろう。

時間関係の副詞の生起には、事態の時間的特性が深く関わっている。たとえば、「シバラク」のような存続時間量を表す副詞が生起する事態は、持続性のある事態でなければならない。したがって、「僕はしばらく部屋で本を<u>読んでいる</u>」「僕はもうしばらく<u>学生です</u>」は可能だが、「*彼はしばらく新薬を<u>発見した</u>」のようなものは逸脱性を有している。また、「スグ」などの起動時間に関わる副詞も、共起する事態は、起動・実現が問題にできるもの、したがって、時間的な限定性を持ち、その出現が時間の中でそれなりの明確さで

もって捉えられる事態でなければならない。「彼はすぐ来る」「彼はもうすぐ社会人だ」は可能だが、「*彼はもうすぐ喉が痛い」「*彼はすぐ背が高い」「*彼はもうすぐ日本生まれだ」は逸脱性を有している。さらに、「次第ニ」のような、時間の中での事態の展開のありようを表すものに至っては、進展性を持つ変化である、というふうに、共起事態に対する明確な限定を有している。

時間関係の副詞が、結果の副詞・様態の副詞・程度量の副詞の外側で働く存在であることは、

（4） 彼はしばらくゆっくり故郷に滞在する予定だ。
（5） しばらくはとても故郷に帰りたかった。
（6） 柿の実はすぐ真っ赤に熟すだろう。

などからも分かろう。時間関係の副詞「シバラク」は、様態の副詞「ユックリ」や程度の副詞「トテモ」を包んで現れているし、時間関係の副詞「スグ」は、結果の副詞「真ッ赤ニ」を包み込んで使われている。

2.5 頻度の副詞

最後に、頻度の副詞について触れておく。頻度の副詞につながるものに、度数の副詞がある。

頻度の副詞とは、たとえば、

（1） 校長は日本語を李先生に反訳することをしばしば忘れる。
　　　　　　　　　　　　　　　　　　　　（富士正晴「愛想のない話」）
（2） わたしはめったに笑わなくなり、…　　（倉橋由美子「パルタイ」）

などの下線部がそれである。また、度数の副詞とは、

（3） 何度も何度も宮本は笑った。　　　　　　（アエラ・1993.5.25）
（4） 「ヘッセは若いころ、二度ほど自殺を考えたことがあるんです」
　　　　　　　　　　　　　　　　　　　　（天声人語・1990.11.29）

などがそうである。

上掲のように、頻度の副詞や度数の副詞は、事態の内部から事態の実現のされ方を指し示したものではない。事態の外側から、事態生起の回数的あり

方を限定し特徴づけたものである。たとえば、(4)を「ヘッセは若いころ自殺を考えたことが二度ほどある」に変えても文意は変わらない。したがって、頻度の副詞は、基本的に、既に見た、結果の副詞・様態の副詞・程度量の副詞・時間関係の副詞のいずれに対しても、その外側にあり、それらを包み込む形で働いている。たとえば、

　（5）　あの頃は、私はしばしば私だけの場所でしばしのんびりと自分の
　　　　疲れを癒した。

などのようにである。時の状況成分「アノ頃」が一番外にあり、引き続き頻度の副詞「シバシバ」、その次に時間関係の副詞「シバシ」、さらに様態の副詞「ノンビリト」が出現している。これらは、

[時の状況成分[頻度の副詞[時間関係の副詞[様態の副詞]]]]

の図のような層状構造を取って出現・存在している。

　以下、上述の副詞類について、各論として少しばかり詳しく見ていくことにする。

第4章 結果の副詞

1 はじめに

　この章では、副詞的修飾成分の各論のはじめとして、結果の副詞と仮称したタイプを取り上げ、それがどのような特徴を持った副詞的修飾成分なのか、結果の副詞の出現と動詞の下位類との相関関係が、いかようなものなのか、などといったことを、少しばかり詳しく見ていくことにする。

　副詞的修飾成分は、品詞論や文の成分論のごみ箱的存在であるが、いわゆる情態(状態)副詞成分は、特にその感が強い。程度副詞・陳述副詞以外のものは、総て情態副詞に組み入れられる、といったことを受けて、情態副詞成分は、まとまりを欠いた雑多なものになってしまっている。

　結果の副詞がどのようなタイプの副詞的修飾成分であるのかを、理解するために、まず、次の二群の副詞的成分を比べてみる。これら二群は、情態副詞・程度副詞・陳述副詞という副詞の三分類説では、ともに情態副詞として一括されていたものである―もっとも、例文(7)の「ヒドク」は、情態副詞ではなく程度副詞である―。最初の一群は、

（1）　「曾根の弟の義雄さんは、<u>しょっちゅう</u>お金を借りに来ていたみたいですわ」　　　　　　　　　（海渡英祐「死の国のアリス」）
（2）　コロンブスの卵のたとえもあるとおり、真に正しい解答とは、<u>しばしば</u>馬鹿らしいほど単純なものである。　　（安倍公房「砂の女」）
（3）　<u>時々</u>目をあけて、二つ前の通路の向うの席を見ると、…
　　　　　　　　　　　　　　　　　　　（戸板康二「グリーン車の子供」）

（4）　「三度ばかり十字を切ってから家に飛びこみ、急いで寝床へもぐ
　　　り込んだってわけよ」　　　　（草野唯雄「トルストイ爺さん」）

の下線部のようなタイプである。これら「ショッチュウ、シバシバ、時々、三度バカリ」は、いずれも、動作や変化さらに状態といった事態そのもののありよう・行われ方を、特徴づけたり付け加えたりしているものではない。事態そのものの内部に分け入ることなく、事態成立の頻度的・回数的なあり方を限定し特徴づけたものである。前章「副詞的修飾成分の概要」で触れたように、事態成立の頻度的・回数的なあり方を限定し特徴づけた副詞的成分は、＜頻度の副詞＞と呼ばれるもの、およびそれに近接するものである。頻度の副詞が、多様なタイプを雑多に取り込んだ、いわゆる情態副詞成分から、まず取り出される。

　それに対して、次の一群、たとえば、
　（5）　黄色い小花を多数つけ、10月に果実が紫黒色に熟す。
　　　　　　　　　　　　　　　　　　　　　　　　（「家庭の園芸百科」）
　（6）　次の瞬間に、僕等は固く抱き合って、頽れるようにその場に倒れ
　　　ていた。　　　　　　　　　　　　　　　　（福永武彦「草の花」）
　（7）　とりわけ大井信達などは、…、移住することをひどくいやがった。
　　　　　　　　　　　　　　　　　　　　　　　（花田清輝「群猿図」）

などの下線部は、それぞれに異なりながらも類をなし、上で見た頻度の副詞とは違ったタイプを形成する。これらは、いずれも、事態そのものがどのようなありよう・実現のされ方で成立しているのかを、表したものであり、「副詞的修飾成分の概要」の章で あり方に関わる副詞 として括ったものである。つまり、（5）（6）（7）の「紫黒色ニ、固ク、ヒドク」といった副詞的修飾成分は、それぞれ、「熟ス、抱キ合ウ、イヤガル」といった動詞の表す動作や変化などが、どういったあり方で行われ成立しているのかを、述べたものである。動作や変化などが成り立った時、言い表されているか否かに拘わらず、それらは、常に、何らかのあり方を含んで成り立っているのである。たとえば、「抱キ合ウ」という動作は、「固ク抱キ合ウ」「軽ク抱キ合ウ」「激シク

抱キ合ウ」「優シク抱キ合ウ」「スバヤク抱キ合ウ」などといったふうに、何らかの「抱キ合ウ」という動作の実現のされ方を含んで成り立っているのである。そういった、動作や変化などが成り立つにあたってのあり方、といったものを特徴づけ付け加える、という働きを持ったタイプは、あり方に関わる副詞として一類化されうる。あり方に関わる副詞は、動作や変化そのものの内部に関わって、その成立のあり方を限定し特徴づける副詞的修飾成分である。

　もっとも、上に上げた「紫黒色ニ熟ス」「固ク抱キ合ッテ」「ヒドクイヤガッタ」の下線部が、全く同じ種類の副詞的修飾成分であると言っているのではない。あり方に関わる副詞としての共通性を有しながら、それぞれに異なっている。あり方に関わる副詞も、また多様な存在である。結論から言えば、それぞれ下線部は、あり方に関わる副詞としての共通性を有しながら、「紫黒色ニ熟ス」が結果の副詞であり、「固ク抱キ合ッテ」が様態の副詞であり、「ヒドクイヤガッタ」が程度の副詞である、というふうに異なっている。本章で扱う結果の副詞は、あり方に関わる副詞の一タイプである。

2　結果の副詞とは

　上で見たように、本章で取り上げる結果の副詞は、あり方に関わる副詞の一種として、事態の内実をなす動きそのものの行われ方・実現の仕方に言及することによって、事態が成り立つにあたってのあり方を限定し特徴づける、という働きを持ったものである。結果の副詞が言及しているものも、動きそのものが有している側面のありようであることによって、結果の副詞は、様態の副詞と仮称したタイプと近いところにある。ここでは、様態の副詞と比較することによって、結果の副詞の特徴を描き出していくことにする。

　まず、本書では、どのようなものを、結果の副詞に属させているのかを、実例を挙げながら見ていくことにする。

　　（1）「この死体はがりがりに痩せています」死体を調べながら助手が

　　　　いった。　　　　　　　　　　　　　　　　　　　（筒井康隆「逆流」）
（２）　手斧で一撃また一撃、みるまに頑丈な部屋の扉も木端微塵に砕け
　　　　散る。　　　　　　　　　　　　　　　　　　（高木淋光「妖婦の宿」）
（３）　この川は飴色に濁っているところもあったが、…
　　　　　　　　　　　　　　　　　　　　　　　　（田中小実昌「魚撃ち」）
（４）　今度のは、丸々と肥えた、いっそう大きな奴だ、…
　　　　　　　　　　　　　　　　　　　　　　　　（尾崎一雄「虫のいろいろ」）
（５）　＜ぐでんぐでんに酔っていた女が…なぜあの窓から身をおどらせ
　　　　たのか＞　　　　　　　　　　　　　　　　　（小林久三「赤い落差」）
（６）　「これで面白いのは、かちんかちんに凍った羊の脚で後頭部をぶ
　　　　んなぐる話よ」　　　　　　　　　　（小泉喜美子「冷たいのがお好き」）
（７）　カワラナデシコのからからに乾燥した黒い種子を煎じて飲むと、
　　　　むくみのときの利尿の効果がある。　　　　　　（「家庭の園芸百科」）
（８）　「あら、この写真、お化粧まで泣いたみたいにびしょびしょにぬ
　　　　れているわ」　　　　　　　　　　（剣持亘他「シナリオ・さびしんぼ」）
（９）　水面のあちこちが、でこぼこに盛りあがったり、くぼんだりして
　　　　いる気のする池でした。　　　　　　　　　　（吉田知子「無明長夜」）
（10）　東西両陣営間のデタント（緊張緩和）はこなごなに壊れ、世界中に
　　　　緊張がはりつめた。　　　　　　　　　（朝日新聞・社説・1988.4.10）
などの下線部が、結果の副詞の代表的で典型的な例である。これらは、いずれも、自動詞に係っているものであるが、当然、結果の副詞が生起するのは自動詞だけではない。たとえば、
　　（11）　薄明は…、遠くに連なる丘や山の肌を乳色に染めた。
　　　　　　　　　　　　　　　　　　　　　　　（大岡昇平「歩哨の眼について」）
　　（12）　銀灰色にぬられた石油タンク車もある。　　（鮎川哲也「急行出雲」）
　　（13）　あるときは、目を細めて、粘土を小さくちぎっては、塑像にくっ
　　　　つけた。　　　　　　　　　　　　　　　　（上林暁「ブロンズの首」）
　　（14）　写真立てを思い出した。男性側の体の部分を二つに引き裂き、再

びはり合わせてあった。　　　　　　　　（小林健治「赤い証言」）
(15)　青いすり餌を水に溶かし、<u>小指ほどの大きさに</u>丸めました。
　　　　　　　　　　　　　　　　　　　　（遠藤周作「男と九官鳥」）
(16)　この個体は、体を<u>二つに</u>割ったり、体の一部から芽を出したりして、自分と瓜二つの個体を、自分のまわりにどんどん生みだしていく。　　　　　　　　　　　（本川達雄「ゾウの時間、ネズミの時間」）
(17)　木元は口を<u>への字に</u>曲げた。　　（山村直樹+中町信「旅行けば」）
(18)　脚を<u>X形に</u>組んで立っていて、大胆なポオズであった。
　　　　　　　　　　　　　　　　　　　　　（太宰治「富嶽百景」）

などの下線部は、他動詞に係っている結果の副詞の実例である。

　それに対して、様態の副詞とは、たとえば、

(19)　刑事は<u>軽く</u>彼の両肩に手をかけ、…、<u>トンと</u>背中を突いた。
　　　　　　　　　　　　　　　　　　　（佐木隆三「ジャンケンポン協定」）
(20)　「血は<u>ドクドク</u>ふき出すわ、傷口は手がつけられぬくらい大きいわで、…」　　　　　　　　　　　　（草野唯雄「トルストイ爺さん」）
(21)　その奥にあるキッチンに向って、私は<u>ゆっくりと</u>リヴィング・ルームを横切っていった。　　　　　　（北原武夫「男を喰う人妻」）
(22)　<u>まっすぐ</u>近づいてくる彼女を、椅子から立って中津は迎えた。
　　　　　　　　　　　　　　　　　　　　（阿部牧郎「やけぼっくい」）
(23)　昔からのお菓子屋さんがあって、おまんじゅうの中に五色のあんこがうず巻いているのがある。<u>パッと</u>割ったときとてもカラフルでおもしろいんだ。　　　　　　　　　（向田邦子「向田邦子対談集」）
(24)　女の子は私のほうを<u>チラッと</u>見て、首をすくめ、また窓際に戻った。　　　　　　　　　　　　　　（戸板康二「グリーン車の子供」）
(25)　金具に指を入れて、<u>グイと</u>開ける。　　（夏樹静子「特急夕月」）

などの下線部のようなものが、そうである—様態の副詞については、次章「様態の副詞」で少しばかり詳しく扱う—。

　以下、結果の副詞と様態の副詞がどのように異なり、結果の副詞がどのよ

うなものであるのかを見ていく。まず、(16)「この個体は、体を二つに割ったり」と(23)「(おまんじゅうを)パッと割ったとき」とを比べてみよう。(16)が結果の副詞の例であり、(23)が様態の副詞の例である。「二ツニ割ル」は、「二ツニ」というあり方で、「割ル」という動きが成り立ったことを示し、「パット割ル」は、「パット」と表現できるあり方で、「割ル」という動きが実現したことを表している。したがって、結果の副詞にしても、様態の副詞にしても、いずれも、事態の内実をなす動きそのものの行われ方・実現の仕方に言及することによって、事態が成り立つにあたってのあり方を限定し特徴づけたものである、ということができる。

もっとも、上述のように、結果の副詞と様態の副詞とは、あり方に関わる副詞としての共通性を有してはいるものの、以下に述べるように、意味─統語的に異なったところを有している存在である。

まず、様態の副詞から見ていこう。「パット割ル」中の、様態の副詞「パット」は、「割ル」という動きの展開過程の局面に内属する諸側面の一つ(主に動きの早さといったもの)を取り上げ、それがいかなる様子のものであるかを示すことによって、実現された動きが含んでいるところの実現のされ方の表現としたものである。様態の副詞が、動きの展開過程の局面に内属する側面のありように言及することによる、動きの実現のされ方の特徴づけである、ということを、もう少し説明しておこう。(20)の「血はドクドクふき出す」は、主に、「フキ出ス」という動きが、その展開過程において呈する＜動きの強さ・烈しさ＞とでも言えばよい側面を取り上げ、それが「ドクドク」というありようをしている─つまり「ピュッピュット」や「ドバット」というありようではない─ことを示すことによって、動きの実現のされ方を限定し特徴づけたものである。同様に、(21)の「ゆっくりとリヴィング・ルームを横切っていった」の「ユックリト」は、「横切ル」という動きの展開過程に存する＜動きの早さ＞という側面を取り上げ、そのありように言及することによって、動きの実現のされ方を限定したものである。さらに、他の例「軽ク手ヲカケル」「トント突ク」「マッスグ近ヅイテクル」「チラット見ル」「グイト開ケル」につい

ても、同様のことが言える。いずれも、様態の副詞として、動きの展開過程に内属する側面のありように言及することによって、動きの実現のされ方を限定し特徴づけている。

次に、結果の副詞について見ていこう。結果の副詞も、動きそのものが有する局面のありように言及することによって、動きの実現のされ方を表したものであるが、様態の副詞とは取り上げる局面が異なっている。様態の副詞が、動きの展開過程の局面に内属する側面のありようを取り上げたのに対して、結果の副詞は、動きが実現した結果の局面を取り上げ、動きが実現した結果の、主体や対象の状態のありようについて言及したものである。たとえば、「パット割ル」との比較で取り上げた「体ヲ二ツニ割ル」について見てみよう。「割ル」という動きは、動きの行われた結果、対象に変化を与える、といったものである。言い換えれば、「割ル」は、展開過程の局面と結果の局面を有した動きである。「体ヲ二ツニ割ル」は、結果の局面を取り上げ、割れた結果、体が二つになっていることを述べることによって、動きの実現のされ方を限定し特徴づけたものである。

結果の副詞について、具体的にもう少し見ておく。(3)の「この川は飴色に濁っている」や(6)「かちんかちんに凍った羊の脚」は、濁った結果、川が飴色であり、凍った結果、羊の脚がかちんかちんになっていると、動きが実現した結果の、主体の状態のありように言及したものである。また、(13)の「粘土を小さくちぎって」や(17)の「口をへの字に曲げた」は、ちぎった結果、粘土が小さくなっており、曲げた結果、口の形がへの字であると、動きが実現した結果の、対象の状態のありように言及したものである。以上から明らかなように、〈結果の副詞〉は、動きが実現した結果の局面を取り上げ、動きが実現した結果の、主体や対象の状態のありようについて言及することによって、動きの実現のされ方を限定し特徴づけたものである。

動きが実現した結果、問題になる状態が、主体の状態であるのか対象の状態であるのかは、動詞が自動詞であるのか他動詞であるのかによっている。(1)から(10)までは、いずれも自動詞の例であり、結果の副詞は主体の状態

に言及している。それに対して、(11)から(18)までは、いずれも他動詞の例であり、対象の状態が言及されている—再帰用法を取る場合にあっても、他動詞であることによって、対象の状態が問題になり、主体の状態に直接言及が及ぶことはない。たとえば(17)「木元は口をへの字に曲げた」は、やはり「口」の状態が「ヘノ字」であることを言っているのであり、「木元」の状態が直接言及されているわけではない—。

それに対して、

(26) 夕闇に聳える恵那山は<u>真っ白に</u>雪を被っていた。

(葉山嘉樹「セメント樽の中の手紙」)

は、特殊な例である。ヲ格を取る動詞したがって他動詞でありながら、「真ッ白ニ」は、雪を被うという動きの結果生じた主体「恵那山」の状態を表している。「被ル」は、ニ格を、動詞の語義の中に含み込んでいて、表層の表現形式に出現させることのきわめて稀な、着脱動作を表す再帰動詞である。「男は服を<u>ぶくぶくに</u>着込んだ」の「ブクブクニ」も、この類であろう。

動きの結果の主体や対象の状態への言及である、という、結果の副詞の特徴は、

(27) 城壁はいたるところ<u>ぼろぼろに</u>壊れ、ノアの息子たちも、その手下の兵士達も、どこにもその姿を見受けることはできませんでした。

(安倍公房「ノアの方舟」)

(28) 壁はくずれて<u>ぼろぼろに</u>なり、割目が海草のように全体を覆っている。

(安倍公房「水中都市」)

を比べて見ることによって、よく分かろう。(27)の「ボロボロニ」は、「壊レル」の結果の副詞であり、(28)の「ボロボロニ」は、「クズレル」という動きによって招来された(動きを起因とした)、主体の到達状態(〈ゆく先〉格)を形成している。両者の、主体と「ボロボロニ」との関係は、統語的には異なりながら、意味的に近いあり方をしている。ということは、結果の副詞が変化後の状態の表現相当であることを表している。

結果の副詞が、動きが実現した結果、主体や対象に生じた状態に言及した

ものであることを受け、その副詞が結果の副詞であることを、確認する一つの方法として、次のような、言い換えの可否が上げられる。

「N{ガ/ヲ}＋結果の副詞＋V」→
「Vシタ結果、Nハ＋結果の副詞+{ダ/ニナッタ}」

たとえば、結果の副詞「車体ヲ青ク塗ッタ」は、副詞の意味的な働き方を変えず、「塗ッタ結果、車体ハ{青ダ／青クナッタ}」に言い換えることができる。それに対して、様態の副詞「車体ヲ丁寧ニ塗ッタ」を、「*塗ッタ結果、車体ハ{丁寧ダ／丁寧ニナッタ}」に言い換えることはできない。

以上、様態の副詞と結果の副詞が、あり方に関わる副詞としての共通性を有してはいるものの、それぞれ、意味—統語的に異なった存在であることを示した。様態の副詞と結果の副詞とが異なった存在である、ということは、次に上げるように、両者が極めて容易に同一構文中に共存できる、ということからも、明らかであろう。「枝ヲポキット折ッタ」の「ポキット」は様態の副詞であり、「枝ヲ真ッ二ツニ折ッタ」の「真ッ二ツニ」は結果の副詞である。この二種の副詞は、

(29) 彼は枝をポキッと真っ二つに折った。

のように、容易に共存しうる。様態の副詞は、動きの展開過程の局面に働いており、結果の副詞は、動きの結果の局面を取り出しそれに言及している。言い換えれば、「ポキット」というあり方で「折ル」という動きが行われていても、動きが実現しきって結果が生じるまでは、枝が「真ッ二ツ」になるのか「三ツ」になるのかは、決まりきらない。(29)は他動詞構文であるが、自動詞構文であっても、

(30) 枝がポキッと真っ二つに折れた。

のように、事は同じである―もっとも、動きが、主体からの対象への働きかけと対象の変化から成っている他動詞の方が、様態の副詞と結果の副詞との共存は、起こりやすい―。

(31)　彼は丁寧にきれいに字を書いた。

も、様態の副詞と結果の副詞が共存している例である。「丁寧ニ」は様態の副詞である。「丁寧ニ」が様態の副詞であることは、「丁寧ニ書イタ」からといって、書かれた文字が良い出来ばえであるとは限らないことからも分かろう。それに対して、「キレイニ」は、書かれて出現した「字」の状態を示している。このケースにおける「キレイニ」は、結果の副詞である。

【ニ格対象の結果状態】

　結果の副詞は、自動詞の場合、主体の状態を表し、他動詞の場合、対象の状態を表した。そのことからすれば、

　　(32)　机の灰皿にまるめて棄てのこされた懐紙に、広正の血が赤く滲んでいた。　　　　　　　　　　　（大河内常平「安房国住広正」）

の「赤ク」は特例である。「赤ク」は、滲みた結果の、ニ格対象「懐紙」の状態を表している、と解釈できる──もっとも、主体「血」そのものが赤いし、それが、ニ格対象の結果状態を引き起こす前提ではあるが──。また、

　　(33)　小麦粉が白く床に散らばっている。

　　　　　　　　　　　　　　　　　（鎌田敏夫「金曜日の妻たちへ(下)」）

の「白ク」も、同じくニ格対象「床」の状態であると解しうる。また、

　　(34)　男は壁にペンキを赤く塗った。

では、「赤ク」は、塗るという動きの結果の、ニ格対象「壁」の状態に言及していると解釈できる。

　これらは、いずれも＜引っ付き動詞＞や＜引っ付け動詞＞である。引っ付き動詞や引っ付け動詞において、まずもって、変化(位置変化)を被るものは、引っ付く主体や対象である。もっとも、主体や対象が引っ付くことによって、引っ付けられた相手は、様を変えたと捉えられる場合がないわけではない。上の例は、いずれもこの種のケースである。

3　結果の副詞を取る動詞

　次に、結果の副詞を取る動詞が、どういった動詞なのかについて考えてみよう。結果の副詞を取る動詞がどういった動詞なのか、という問題設定には、既に、副詞を取る動詞には明確な類型や制限の存することが、想定されている。事実、結果の副詞を取りうる動詞には明確な制限が存する。また、筆者が、結果の副詞を様態の副詞から特立する主要な要件や理由も、結果の副詞を取りうる動詞には明確な制限が存在する、というところにある。以下、結果の副詞を取りうる動詞がどのようなものであり、取りえない動詞がどのようなものであるかを見ていく。

　他動詞と自動詞とに分けて、結果の副詞を取る動詞のタイプについて考察する。その後、両者に存在する特性について見ておく。

　まず、他動詞から見ていく。他動詞の中には、対象への主体の働きかけが、対象の状態変化を引き起こし、それを対象に残す、といったあり方を取るものと、主体は対象に働きかけるが、その働きかけによって、対象は必ずしも状態を変化させることを必要としないものとがある―もっとも、「私は彼を知っている」のように、対象への働きかけがそもそも存するとは言いにくい他動詞もあるが、ここでの議論には直接関わってこない―。たとえば、「切リ裂ク」を例に取れば、主体の「切リ裂ク」という対象への働きかけは、対象を切り裂かれた状態に変化させてしまう。それに対して、「殴ル」の場合は、主体の対象への「殴ル」といった働きかけは、その結果として対象の状態変化を必ずしも引き起こすわけではない。言い換えれば、前者「切リ裂ク」は、主体の対象への働きかけという動きの展開過程の局面と、対象に変化が生じるという結果の局面との双方を、自らが表す動きの内実として有している動詞である。それに対して、後者「殴ル」は、主体の対象へ働きかけという動きの展開過程の局面だけを、自らの表す動きの内実として有している動詞である。「切リ裂ク」のように、動きの展開過程の局面と動きの結果の局面を持ち、対象の状態変化を引き起こす他動詞を、＜対象変化他動詞＞と名づけ

る。それに対して、「殴ル」のように、動きの展開過程の局面だけを持ち、対象の状態変化を引き起こすことを必要としない他動詞を、＜対象非変化他動詞＞と仮称しておく。

　前節で述べたように、結果の副詞は、動きが実現した結果の局面を取り上げ、動きが実現した結果の、主体や対象のありように言及することによって、動きの行われ方を特徴づける、といったものであった。したがって、「切リ裂ク」は、結果の局面を持つ対象変化他動詞であることによって、結果の副詞を取りうると考えられる。たとえば、

　　（１）　男は布をズタズタに切り裂いた。

といった例を取り上げてみよう。（１）には、「切リ裂カレテ、布ガズタズタニナッタ」という含意が存在する。これから分かるように、「ズタズタニ」は、直接的には動きの結果の対象の状態を示し、そのことによって、切り裂き方を表したものであり、結果の副詞である。以上から明らかなように、結果の副詞を取りうる他動詞は、対象変化他動詞である。

　それに対して、対象非変化他動詞ではどうなるかを見てみよう。

　　（２）　男が通行人を{激しく／ポカポカ／ボカボカに}殴っている。

のように、対象非変化他動詞「殴ル」に出現する副詞的修飾成分「激シク」「ポカポカ」「ボカボカニ」などは、いずれも、対象の状態について述べたものではない。この場合は、「*殴ラレタ通行人ハ激シクダ」「*殴ラレタ結果、通行人ハポカポカダ」「*殴ラレテ通行人ハボカボカニダ」など、といった関係は成立していない。「激シク」や「ポカポカ」や「ボカボカニ」は、「殴ル」といった動きの展開過程に内属している側面の様子に言及したものである。したがって、これらは様態の副詞である。「殴ル」のような、動きの結果の局面を、自らが表す動きの内実として持たない、対象非変化他動詞が、結果の副詞を取ることはない。

　結果の副詞を取る他動詞の例を、さらに少しばかり追加しよう。

　　（３）　細かく刻んだ季節の野菜をあしらったどこにでも見られる五目鮨に過ぎないが、…

　　　　　　　　　　　　　　　　　　　　　　　　　（高井有一「仙石原」）

（4）　上着をドロドロに汚してしまった。
（5）　テーブル掛けをミルクでベトベトに濡らしてしまった。
（6）　いつも彼女がきれいにみがきあげておく私の靴にとりすがって訴えても、もぎはなして外へ出て行った。　　　　（島尾敏雄「家の中」）
（7）　乱れていたベットはきちんと片付けられ、ベットカバーがかぶせられている。　　　　　　　　　　　（荒井晴彦「シナリオ・ひとひらの雪」）
（8）　まるく束ねた竹の籠を肩に、桶屋が顔の汗をふきながら、せかせか通りすぎる。　　　　　　　　　　　　　　（都築通夫「入道雲」）
（9）　ほそくえがいた眉がつり上がって、…　　（鮎川哲也「急行出雲」）

たとえば、（3）の「細かく刻んだ季節の野菜」を例に取れば、（3）は、「刻ンダ結果、季節ノ野菜ガ細カクナッタ」を含意している。以下同じことが言える。（3）から（9）の破線部分は、総て結果の副詞であり、したがって、下線部の動詞「刻ム、汚ス、濡ラス、ミガキアゲル、片付ケル、束ネル、エガク」は、結果の副詞を取る動詞である。

　結果の副詞を取る他動詞が対象変化他動詞であり、結果の副詞を取りえない他動詞が対象非変化他動詞であることは、次のような、テイル形のアスペクト的意味の現れ方を考えみることによっても、明らかになろう。

（10）　上着が汚されている。
（11）　花瓶が割られている。
（12）　男が殴られている。

既に見たように、（10）（11）の「汚ス」「割ル」は、結果の副詞を取りうる他動詞であり、それに対して、（12）の「殴ル」は、結果の副詞を取りえない他動詞であった。これらの他動詞は、能動形では、「男が花瓶を割っている」「警官が男を殴っている」が示すように、いずれも、そのテイル形は＜動きの最中＞を表した。ところが、受身化によって、対象が主体（主語）の位置に持ってこられた場合、テイル形の一次的な解釈（preferred reading）が異なってくる。（10）（11）が示すように、結果の副詞を取りうる他動詞の場合は、受身のテイル形は、＜結果状態の持続＞として解釈される傾向にある。それに対して、

4章● 3　結果の副詞を取る動詞　　55

(12)が示すように、結果の副詞を取りえない他動詞にあっては、受身化されようが、そのテイル形は、やはり動きの最中を表す。これは、受身化によって、結果の副詞を取りうる他動詞「汚ス」「割ル」が、＜主体変化＞の動詞相当に移行したのに対して、結果の副詞を取りえない他動詞「殴ル」では、このような移行が生じない、ということによっている。受身化という対象の主体化によって、主体変化の動詞相当に移行するということは、その他動詞が対象変化を内包しているからに外ならない。以上から、結果の副詞を取りうる他動詞が対象変化他動詞であり、結果の副詞を取りえない他動詞が対象非変化他動詞である、ことが分かろう。

　結果の副詞を取る他動詞には、

「温メル、編ム、荒ラス、彩ル、描ク、折ル、変エル、書ク、片付ケル、固メル、枯ラス、嗄ラス、乾カス、築ク、刻ム、切ル、崩ス、砕ク、組ム、削ル、凍ラス、焦ガス、壊ス、裂ク、冷マス、縛ル、湿ラス、育テル、染メル、剃ル、炊ク、畳ム、建テル、束ネル、千切ル、縮メル、チラカス、作ル、研グ、包ム、ツブス、溶カス、尖ラス、整エル、煮ル、濁ラセル、縫ウ、濡ラス、塗ル、破壊スル、腫ラス、冷ヤス、広ゲル、膨ラマス、太ラス、凹マス、ホグス、細メル、彫ル、曲ゲル、巻ク、丸メル、磨ク、乱ス、剥ク、蒸ス、焼ク、破ル、ユデル、緩メル、汚ス、沸ス、割ル、…」

などが挙げられる。これらは総て、主体の働きかけによって対象に状態変化が引き起こされる、といった結果の局面を持つ対象変化他動詞である。

　それに対して、「殴ル、叩ク、打ツ、モム、蹴ル、引ッ掻ク、揺ラス、振ル、回ス、動カス、投ゲル、吹ク、鳴ラス、押ス、引ク、食ベル、飲ム、吸ウ、カジル、カム、…」など、といった他動詞は、結果の副詞を取ることがない。これらは、いずれも、動きの展開過程の局面だけを持ち、主体の働きかけが対象の状態変化を引き起こす必要のない対象非変化他動詞である。

　続いて、結果の副詞を取る自動詞について考えてみよう。動きを表す自動詞にも、動きの展開過程の局面しか持たない自動詞と、動きの展開過程の局面と動きの結果の局面との双方を持つ自動詞がある——もっとも、「有ル」のよ

うに動きを持たない状態動詞も存在するが、ここでの議論には関わってこない─。たとえば、「崩レル」という動詞の表す動きは、主体の動きが実現した結果、主体は、崩れていなかった状態から崩れた状態へと、自らの状態を変化させる、といったものである─こういった動きは通例＜変化＞と呼ばれる。変化は＜動き＞の下位種であり、動きに対するものは、＜状態＞である─。それに対して、「遊ブ」では、主体の動きが実現・終了した後も、主体が自らの状態のありようを変える必要はない。言い換えれば、前者「崩レル」は、主体の動きの展開過程の局面と動きの結果の局面との双方を、自らが表す動きの内実として有している動詞であり、それに対して、後者「遊ブ」は、動きの展開過程の局面だけを、自らが表す動きの内実として有している動詞である─動きの展開過程に持続性があるか否かは、ここではとりあえず問題にしていない─。「崩レル」のように、動きの展開過程の局面と動きの結果の局面とが合わさって、一つの動きを作り、主体に変化を引き起こす動詞を、＜主体変化動詞＞と名づける。それに対して、「遊ブ」のように、動きの展開過程の局面だけを持ち、主体の状態変化を引き起こすことのない動詞を、＜主体運動（主体非変化）動詞＞と仮称しておく。

　既に述べたところから推測がつくように、結果の副詞を取りうる自動詞は、結果の局面を自らの動きの内実として有する、主体変化動詞であり、結果の局面を持たない主体運動動詞が、結果の副詞を取ることはない。たとえば、

　　(13)　家の壁がコナゴナに崩れた。

といった例を取り上げてみよう。上で見たように、「崩レル」は主体変化動詞であった。(13)は、「崩レタ結果、家ノ壁ガコナゴナダ」という関係を含意している。「コナゴナニ」は結果の副詞であり、主体変化動詞「崩レル」は、結果の副詞を取っている。それに対して、

　　(14)　子供が運動場で{元気に／うれしそうに／一生懸命}遊んでいる。

のように、主体運動動詞「遊ブ」に出現している「元気ニ」「ウレシソウニ」「一生懸命」といった副詞的修飾成分は、いずれも、様態の副詞であって、主体

運動動詞「遊ブ」が、結果の副詞を取ることはない。

　「崩レル」のような、結果の副詞を取りうる動詞が、主体変化動詞であり、「遊ブ」のような、結果の副詞を取りえない動詞が、主体に変化を引き起こさない主体運動動詞である、ということは、次のことからも明らかであろう。

　(15)　子供が運動場で遊んでいる。
　(16)　家の壁が崩れている。

(15)が示すように、結果の局面を持たず、主体の状態変化を引き起こすことのない「遊ブ」のテイル形は、結果状態の持続を表さず、通例、＜動きの最中＞を表す。それに対して、(16)が示すように、結果の副詞を取りうる「崩レル」のテイル形は、なによりもまず、＜結果状態の持続＞を表す。これは、「崩レル」の動きの内実が、結果の局面を持ち、動きが実現・終了した後、主体の状態に変化が生じる、といったものであることによっている。

　結果の副詞を取りうる主体変化の自動詞の例を、少しばかり付け加える。

　(17)　人を掻き分けて見ると、朱に染まった男が血の海の中に倒れている。　　　　　　　　　　　　　　　（泡坂妻夫「鬼女の鱗」）
　(18)　お茶会を前にしているというのに、女房の顔はまっ黒に雪焼けしているのだ。　　　　　　　　　　（向井万起夫「君について行こう」）
　(19)　彼の鼻は石膏細工のように硬化したようだ。
　　　　　　　　　　　　　　　　（葉山嘉樹「セメント樽の中の手紙」）
　(20)　水平線のあたりは乳白色にかすんで、空にとけ入っていた。
　　　　　　　　　　　　　　　　　　　　　　　（城山三郎「輸出」）
　(21)　彼はここ二三年で頭がツルツルにはげてしまった。
　(22)　「もともと地球はこんなふうなチリの大きな集まりで…あらゆる物質は放射熱を持っているから、内部は熱くなってドロドロに溶けてしまう」　　　　　　　　　　　　（橋本忍「シナリオ・日本沈没」）

(17)から(22)の破線部は、いずれも結果の副詞である。また、結果の副詞を取っている、それぞれの下線部の動詞「染マル、雪焼ケスル、硬化スル、カスム、ハゲル、溶ケル」は、いずれも主体変化を表す自動詞である。

結果の副詞を取る自動詞には、

「温マル、荒レル、色付ク、膿ム、熟レル、衰エル、折レル、角張ル、カスム、片付ク、固マル、枯レル、嗄レル、乾ク、変ワル、乾燥スル、切レル、腐ル、崩レル、砕ケル、曇ル、削レル、肥エル、凍ル、焦ゲル、壊レル、裂ケル、錆ビル、サビレル、冷メル、シオレル、シナビル、シボム、湿ル、熟ス、澄ム、育ツ、染マル、千切レル、縮ム、潰レル、溶ケル、尖ル、煮エル、濁ル、濡レル、ハゲル、脹レル、冷エル、広ガル、膨ラム、太ル、変化スル、変質スル、変色スル、ホグレル、ホコロビル、細ル、曲ガル、乱レル、剥ケル、焼ケル、ヤセル、ヤツレル、破レル、緩ム、汚レル、分カレル、沸ク、割レル、…」

などが挙げられる。これらは総て、動きが実現した結果、主体に状態の変化が引き起こされる、といった結果の局面を持つ主体変化動詞である。

ここで、結果の副詞を取ることはない自動詞の例を少しばかり挙げておく。「遊ブ、走ル、飛ブ、泳グ、踊ル、舞ウ、歩ク、ハウ、ウロツク、サマヨウ、泣ク、笑ウ、叫ブ、ウナル、騒グ、暴レル、モガク、動ク、働ク、休ム、黙ル、降ル、吹ク、光ル、…」などがこれである。これらは、いずれも、結果の局面を持たない主体運動といった動きを表す動詞である。

以上、既に述べたところから明らかなように、他動詞にしろ自動詞にしろ、結果の副詞を取りうる動詞は、動きが実現・終了した後に、—他動詞であれば対象に、自動詞であれば主体に—変化が生じる、という結果の局面を有する動詞であった。さらに、結果の副詞を取る動詞として既に挙げた動詞の中心は、また、いわゆる＜telic(限界的)＞と呼ばれる動詞でもある。

4　結果の副詞を取りにくい変化動詞

もっとも、変化を含み結果の局面を持てば、総ての動詞が同じように結果の副詞を取る、というわけではない。変化を含み結果の局面を有しているにも拘わらず、既に挙げたような、典型的な結果の副詞を取らなかったり、結

果の副詞を取りにくい動詞がある。これは、また、結果の副詞にも、既述してきたような、典型的なものだけでなく、周辺的な性格を有するものが存在するということでもある。

変化を含み結果の局面を有しながら、結果の副詞を取りにくかったり、取っても周辺的な結果の副詞である、といった動詞として、まず、姿勢変化動詞と位置変化動詞を取り上げる。

4.1 姿勢変化動詞

最初に、姿勢変化動詞から見ていこう。姿勢変化動詞とは、「起キル、カガム、転ガル、シャガム、座ル、倒レル、立ツ、寝ル、寝転ブ、ヒックリ返ル、横タワル」などのような、主体の姿勢や立ち居に関わる変化を表したものである。これらが、変化を含み結果の局面を有する動詞であることは、「子供ガ椅子ニ座ッテイル」「男ハ床ニ倒レテイル」などのように、そのテイル形が結果状態の持続を表すことからも、明らかであろう。

いま「倒レル」という動詞を取り上げて、副詞的修飾成分の現れのありようを見てみる。

（１）　男がうつぶせに倒れていた。　　　　　　　（小林健治「赤い証言」）
（２）　（横綱は）わきの下に左肩をねじ込むようにして、体を預けられた。仰向けに倒れる。　　　　　　　　　　（朝日新聞・2000.5.20)

の「ウツブセニ」や「仰向ケニ」は、結果の副詞である。これらは、「倒レタ結果、男ハウツブセニナッタ」「倒レタ結果、横綱ハ仰向ケニナッタ」という関係が成り立つことから分かるように、姿勢変化という動きの結果生じた、主体の姿勢のありよう—この場合であれば、倒れることによって生じる主体の姿勢のあり様—を表している。それに対して、

（３）　畳の上をよちよち歩いているその子供がばったり倒れると、…

　　　　　　　　　　　　　　　　　　　　　　　　（横光利一「機械」）
（４）　男は{もんどりうって／勢いよく}倒れた。

の「バッタリ」「モンドリウッテ」「勢イヨク」は、様態の副詞である。動きの結

果の、主体の状態を表してはいない。この種の様態の副詞は、姿勢変化という動きの展開過程の局面に内属する側面のありように言及したものである。その意味で、既に述べた、同一の動詞が、様態の副詞と結果の副詞の双方を取るケースと変わるところがない。

　姿勢変化動詞にあっては、それが意志動詞の場合、姿勢変化の動きのみならず、変化後の姿勢維持をも、その動詞の表す動きとして差し出す傾向にある。言い換えれば、姿勢変化の動きだけではなく、変化後の姿勢維持をも、結果の局面としてではなく、動きの展開過程の局面として差し出している、ということである。「座る」を例に取れば、座っていない状態から座った状態へと、姿勢を変化させることが動きの展開過程の局面であるとともに、座っているという姿勢状態の持続が、姿勢の維持として、結果の局面ではなく、動きの展開過程の局面として捉えられることになる。姿勢の変化とともに姿勢の維持が、動きの展開過程の局面として捉えられる傾向にあるということは、「男ハ、先ホドカラズット座ッテイルノニ、席ヲ譲ロウトハシナイ」のテイル形が、動きの最中として解釈されやすいということに現れている。

　ところで、結果の副詞は、動きの展開過程の局面ではなく、結果の局面に働くものであった。したがって、姿勢変化動詞にあっては、姿勢変化後の姿勢の維持が動きの展開過程の局面として捉えられる、その程度に応じて、姿勢変化の側面に働く様態の副詞を取るだけでなく、姿勢変化後の姿勢の維持の側面に働く副詞的修飾成分を、様態の副詞として取ることになる。

　（5）　男はそーっと椅子に座った。
　（6）　男はゆったりと椅子に座っている。

の(5)「ソーット」は、姿勢変化の側面に働く様態の副詞であり、(6)の「ユッタリト」は、姿勢維持の側面に働く様態の副詞である。(6)の「ユッタリト」は、「座ル」という姿勢変化から直接的に生じる、あり様でないことによって、結果の副詞としては捉えられない。もっとも、姿勢の維持を動きの展開過程の局面として差し出す傾向の高い環境にあっても、副詞的修飾成分が、

　（7）　彼は横向きに座りつづけた。

の「横向キニ」のように、姿勢変化の動きと密接に結び付いた姿勢のありようである場合、その副詞的修飾成分は、一次的には結果の副詞としての性格を持つ。結果の副詞としての性格を持ちながら、動詞が姿勢の維持を動きの展開過程の局面として差し出す、その程度に応じて、様態の副詞としての傾きをも有することになる。ただ、副詞的修飾成分の表すあり様が、動詞の表している姿勢変化の結果生じた、主体の姿勢のありようであるのか、その姿勢変化とは直接的には結び付かないものなのかは、截然と分かたれ切るわけではない。

　（8）　男が銅像の前に<u>まっすぐ</u>立ちつづけた。
　（9）　男が銅像の前に<u>胸を反らせ</u>立ちつづけた。
　（10）　男が銅像の前に<u>誇らしげに</u>立ちつづけた。

（8）の「マッスグ」は、「立ツ」という姿勢変化から生じる主体の姿勢のありようであり、したがって、まずもって結果の副詞である。それに対して、（10）の「誇ラシゲニ」には、必ずしも「立ツ」という姿勢変化から生じるあり様ではない。したがって、様態の副詞として理解される。（9）の「胸ヲ反ラセテ」は、その中間的な存在であろう。

　以上見たように、姿勢変化動詞が取る結果の副詞は、それが表すあり様が、姿勢変化によって生じる主体（ないしは身体部分である対象）の姿勢のありようであっても、変化後の姿勢の維持を動きの展開過程の局面として捉えることによって、様態の副詞への傾きを帯びることになる。

　（11）　石上は水を飲み、ソファの上に、<u>長々と</u>寝そべった。
（斎藤栄「江の島悲歌」）
　（12）　龍子は<u>まっすぐに</u>身体を起こしていた。　（北杜夫「楡家の人々」）
　（13）　六十人の青年たちが六十人の机に<u>平たく</u>かがみこんでいる。
（石川達三「青春の蹉跌」）

などは、こういった特徴を持つ、姿勢変化動詞に出現している結果の副詞の例である。

4.2 位置変化動詞

　以上見てきた、変化を含み結果の局面を持つ動詞は、いずれも、主体や対象の形態や質が変化する、といったものであった。これを＜様変化＞－自動詞の場合を＜様変わり＞、他動詞の場合を＜様変え＞－と呼んでおく。変化を含み結果の局面を持つ動詞には、他に、動きの実現・終了によって、主体や対象の位置が変化するものが存する。これを＜位置変化＞－自動詞の場合を＜位置変わり＞、他動詞の場合を＜位置変え＞－と呼んでおく。以下、位置変化動詞について見ていく。

　結論から言えば、位置変化動詞は、様変化を表す動詞に比べて、格段に結果の副詞を取りにくい。位置変化動詞が結果の副詞を取りにくいのは、動きの結果生じる変化が、主体や対象の、あり様ではなく存在位置であることによる。位置変化における主体や対象の、動きの結果後の存在位置は、通例＜ゆく先＞という共演成分として出現する。たとえば、

　（１）　石宮は、麗水に行って見ることにした。　　　（麗羅「怨の複合」）
　（２）　風船はゆらゆらと揺れながら、空の上方へ遠ざかっていった。
　　　　　　　　　　　　　　　　　　　　　　　　（森村誠一「紺碧からの音信」）
　（３）　モモ子「あんた、その席誰か来るとイヤだから、荷物置いといて」
　　　　／助川「ほいきた」／網棚に上げた荷物の一つを座席に下ろした。
　　　　　　　　　　　　　　　　　　　　　　（丸山敏治「シナリオ・無能の人」）

の「麗水ニ」「空ノ上方ヘ」「網棚ニ」「座席ニ」のようにである。存在位置といった、動きの結果の、主体や対象の状態のありようは、共演成分として出現するのであるから、副詞的修飾成分として表すことは、もはや必要ではなくなる。位置変化動詞が結果の副詞を取りにくいことの基因が、ここにある。

　ただ、動きの結果後の、主体や対象のありよう・存在位置に該当するものが、副詞的成分としてまったく現れえないわけでない。たとえば、

　（４）　黒人兵は笛のような声で叫び、両手を祈るように高く上げた。
　　　　　　　　　　　　　　　　　　　　　　　　　（小松左京「地には平和を」）
　（５）　（茶店の老婆は）崖の端に立ってその写真を両手で高く掲示して、…

(太宰治「富嶽百景」)

（６）　「(蝶は)私がいくら逐(お)っても遠く行かないの……」

(円地文子「女坂」)

（７）　和子はすでに牛尾の気持ちが遠く離れてしまったことを悟った。

(小林健二「赤い証言」)

などの下線部のようなものは、位置変化動詞の取る結果の副詞といったものであろう。(5)を例に取れば、掲示した結果、写真が高い位置にあるということである。動きが実現した結果の、対象のありよう・存在位置に言及している、と捉えられることによって、「高ク」は結果の副詞であるということになる。ただ、位置変化動詞の場合、結果の副詞の表す、動き後の主体や対象の存在位置は、意味的に共演成分の表す＜ゆく先＞に相当するものであった。したがって、結果の副詞は、共演成分が不出現の場合、共演成分に接近し代替化していく。つまり、(5)「高ク掲示シテ」は「高イ所ニ掲示シテ」に、(6)の「遠ク行カナイノ」は「遠イ所ニ行カナイノ」に近づいている。一方では、位置変化動詞における結果の副詞は、位置変化という動きに内属する移動幅・空間幅の表現に近づいていく。たとえば、(7)の「牛尾ノ気持チガ遠ク離レテシマッタ」の「遠ク」は、離れた結果の「牛尾の気持」の存在位置を表してもいるが、離れ幅の表現とも解しうる。離れ幅の表現とも解しうる程度において、このタイプは、既に様態の副詞に近づいている－「痩せた男は椅子の上で大きくとびあがった。(筒井康隆「その情報は暗号」)」などは、まさに移動幅を表す様態の副詞である－。

結果の副詞が、＜ゆく先＞格の不出現により共演成分に接近する、ということは、逆に、位置変化動詞においては、＜ゆく先＞が出現していれば、位置変化後の主体や対象の存在位置は、＜ゆく先＞が表すことになり、結果の副詞の出現は、不必要かつ困難になる、ということでもある。事実、

（８）　快速艇が、ヘサキをいくらか斜めにして、ふき上げる波の上に高々ともち上げられている。　　　　　　　　(中薗英助「霧鐘」)

（９）　痩せた男は、アイス・ピックを自分の心臓に深ぶかと突き立てた。

(筒井康隆「その情報は暗号」)

などの「高々ト」「深ブカト」などは、まずもって、移動幅・空間幅を表す様態の副詞と理解される―（8）において「高ク」が用いられても同じであろう―。

つまり、位置変化動詞の取る結果の副詞は、一方では、ゆく先という共演成分と近い関係にあり、他方では、移動幅を表すという、位置変化という動きに内属する側面に言及している様態の副詞に近づいていく。つまり、位置変化動詞に現れる結果の副詞は、ゆく先という共演成分と移動幅を表す様態の副詞との間に、揺れ動いて存する存在である。

付け足しを一つ。動きに内属する移動幅・空間幅をも表しているという点で、位置変化動詞の取る結果の副詞と似たところを有するものに、

(10) …自分で言った冗談に自分でおかしくなって、金歯の目立つ口を<u>大きく</u>開いて笑い出した。　　　　（古井由吉「杳子」）

(11) 瞑っていた眼を<u>薄く</u>見開いた祖母は、…　（高井有一「仙石原」）

などの「大キク」や「薄ク」などがある。これらは、動きの結果の側面を取り上げ、対象である「口」「眼」の、動きの結果のありようを表していることから、まずもって結果の副詞である。ただ、これらは、「開ク」や「見開ク」が位置変化ではなく、様変化を表している点で、位置変化動詞の取る結果の副詞とは異なっている。(10)(11)の例にしても、位置変化動詞に出現する結果の副詞にしても、結果の副詞と様態の副詞とが、截然と分かたれ切るものではないことを示している―この問題に関しては5節で少し触れる―。

以上、位置変化動詞に出現する結果の副詞について見てきた。しかし、結果の副詞を取りうる位置変化動詞は多くない。また、結果の副詞そのものが多くない―「高ク」や「遠ク」が典型で、それ以外のものを指摘することは無理でないにしても、容易ではない―。位置変化動詞に出現する結果の副詞は、動きに内属する移動幅を、主体や対象の存在位置として差し出すことによって成ったものである。つまり、「上ガル、上ゲル、昇ル、離レル、遠ザカル」のような位置変化動詞は、「<u>徐々ニ</u>上ゲル／<u>ダンダン</u>離レル」のように、移動幅を引き出しながら、位置変化を問題にすることができる。そして、ある段

階までの移動幅を、「凧ヲ高ク上ゲル」のように、位置変化後の、主体や対象のありよう・存在位置として表したものである。したがって、「着ク、届ク、達スル、到着スル：出発スル、発スル」などのように、ある段階の移動幅を引き出すことのできない位置変化動詞は、結果の副詞を取りえない。

4.3 「死ヌ、結婚スル」の類―ありようの多様性を持たない様変化―

　結果の副詞は、動きが実現した結果の、主体や対象の状態のありように言及したものであった。ということは、動きの実現から生じたと捉えられている、主体や対象の状態のありように多様性が必要になる。多様な現れをするからこそ、それを限定することが可能になり必要になるのである。たとえば、

　　（１）　空が夕焼けて、…巻雲が真紅に染まって、いくつもいくつも立ち
　　　　　上がっている。　　　　　　　　　（大岡昇平「歩哨の眼について」）
　　（２）　屋内からの灯りでオレンジ・ジュースの色にそまった霧の中で、…
　　　　　　　　　　　　　　　　　　　　　　　（中薗英助「霧鐘」）
　　（３）　樫の大樹の葉がみな黄金色に染まり、…　（高木淋光「妖婦の宿」）
　　（４）　私は赤ん坊のまるまる太った腕に何か、くっついているのをみつ
　　　　　けた。　　　　　　　　　　　　　（田辺聖子「クワサンとマリ」）
　　（５）　かけよったのは、でっぷり肥った、中年の旅人姿の男だった。
　　　　　　　　　　　　　　　　　　　　　　　（小松左京「時の顔」）
　　（６）　「たまに来てみると、全員昼寝や魚釣ばかりやっておる。殻つぶ
　　　　　しの豚みてえにぶくぶく肥りやがって、それで物の用に立つか」
　　　　　　　　　　　　　　　　　　　　　　　（伊藤桂一「蛍の河」）

のようにである。染まれば、染まったものは、色彩などの、ある染まり方を帯びて自らの状態を実現している。（１）「真紅ニ」、（２）「オレンジ・ジュースノ色ニ」、（３）「黄金色ニ」のように、そのありように言及し限定を加えることによって成り立っているのが、結果の副詞である。同様に、（４）（５）（６）の「フトル」にあっても、太った結果は、程度性を持ったさまざまなあり

ようとして実現する。そのありように限定を加えているのが、(4)(5)(6)の「マルマル」「デップリ」「ブクブク」や「殻ツブシノ豚ミテエニ」である。

　結果の副詞が上述のようなものであるということは、変化という動きから生じたと捉えられている、主体や対象の状態に、さまざまなありようが想定しにくいものは、結果の副詞を取りにくい(あるいは取れない)ということでもある。たとえば、そういった様変化動詞として、「死ヌ、殺ス、生マレル、生ム、結婚スル、離婚スル、失業スル、就職スル、卒業スル」などが挙げられる。持続性を持っていない様変化動詞が、ほぼこのタイプの動詞に重なる。たとえば、

　　(7)　＊彼は{冷たく／固く}死んだ。

を見てみよう。(7)は逸脱性を有した文である。(7)と、結果の副詞を取る文、たとえば「空が真っ赤に染まった」とを比べてみよう。「死ンデ、彼ハ{冷タク／固ク}ナッタ」「染マッテ、空ガ真ッ赤ニナッタ」と言えることからすれば、彼の{冷たい／固い}状態も、空の真っ赤な状態も、ともに、「死ヌ」「染マル」という動きによって発生した状態のありようである。どこが違うのだろうか。結果の副詞の表す、主体の状態のありようは、染まるという動きの実現に随伴し含み込まれているありよう、つまり染まり方である。それに対して、「死ヌ」の場合の「冷タク／固ク」は、死ぬという動きの実現に随伴し含み込まれている主体のありよう、つまり死に方ではなく、「死ヌ」という動きの発生から引き続き生じる、変化によるありようである―死ぬことにより死後硬直が起こり、固くなる、といったものである―。つまり、結果の副詞は、動きの結果の局面を取り上げ、そのありように限定を加えたものであるのに対して、(7)の「死ヌ」の場合、副詞は、動きの実現を契機にして起こるありようではあるものの、動きの結果の局面に存在するありようではない。言い換えれば、「死ヌ」のような動詞においては、動きの結果の局面に生じるありようは、多様性の持ったものとしては捉えられていない。

　また、

　　(8)　子供は小さく生んで大きく育てるのがいい。

においても、「小サク」は「生ム」に対する結果の副詞ではない―「大きく」は、「育てる」にとって結果の副詞であるが―。子供は、生まれる前から、ある大きさにあったわけで、生まれた結果、子供が小さくなったわけではない。概略「子供ヲ<u>小サイ状態デ</u>生ム」と言い換えられる。こういったものは、主体や対象の＜付帯状態＞を表している。付帯状態を表す副詞を、様態の副詞の一種として位置づけておく。

さらに、

（９）　彼女は<u>幸せに</u>結婚した。

の「幸セニ」も、結果の副詞ではないと位置づける。付帯状態の一種だろう。配偶者ができる、という状態は、「結婚スル」という動きの結果生じる、主体の状態のありようではあるが、幸か不幸かという状態は、「結婚スル」という動きが直接招来する状態ではない。「結婚スル」も、動きの結果の局面に生じるありようが、多様性の持ったものとしては捉えられていない。

5　結果の副詞と様態の副詞とのつながり

　前節でも見たように、結果の副詞と様態の副詞は、常に截然と分かたれ切るものではない。ここでは、周辺的な結果の副詞や、結果の副詞か様態の副詞かの決定に迷うものについて、少しばかり見ておく。

5.1　結果の副詞の特性と周辺的存在

　当の副詞的修飾成分が結果の副詞であるか否かに関わる要因としては、密接に関わりながら、次の二つの点が取り出せる。一つは、動きの結果の局面を取り上げそこに働いている、という点である。もう一つは、動きの展開過程に内属する側面に言及するのではなく、主体や対象のありように言及するものである、という点である。

　まず、取り上げている局面が問題になるものから見ていこう。

（１）　彼はすぐに<ruby>屑籠<rt>くずかご</rt></ruby>をひきよせ、<ruby>鋏<rt>はさみ</rt></ruby>でテープを<u>ズタズタに</u>切り裂きな

がら、それを籠に投げこんでいった。　　　　　　（中薗英助「霧鐘」）

の「ズタズタニ」を取り上げる。「ズタズタニ」は結果の副詞にふさわしい形式である。ただ、（１）においては、「ズタズタニ」が係っていく動詞は、「切り裂キナガラ」のようにナガラ節を取っている。ナガラ節は、動きが遂行中であることを差し出す節である。したがって、「ズタズタニ」は、結果の局面を有する対象変化動詞に係りながら、その節が動きの遂行中を差し出していることによって、結果の局面から動きの展開過程の局面へと、働く局面を変えていく傾向にある。働く局面の変化の程度に応じて、「ズタズタニ」は、結果の副詞から様態の副詞へと揺れ動いていく。さらに、「テープをズタズタ切り裂きながら、」のように、「ズタズタニ」を、「ニ」を取った形「ズタズタ」と交替させれば、様態の副詞としての度合いは、いっそう高くなる。もっとも、副詞の形態がより重要な要因をなすということではない。「あのときのスカート見せましょうか？ビリビリひき裂けてるわよ。（赤江瀑「八月は魑魅と戯れ」）」のように、「ニ」のない形態であっても、明らかに結果の局面に働いていることによって、まぎれもなく結果の副詞である。問題は、副詞の取り上げている局面が、動きの展開過程の局面ではなく、結果の局面である、ということであり、それが明確である、ということである。また、

　　（２）　ぐつぐつ煮立ったチーズを、などということを考えただけで汗が
　　　　　　でますが、…　　　　　　　　（小泉喜美子「冷たいのがお好き」）

などの「グツグツ」も、動きの展開過程の局面に働いている、と捉えられる、その程度に応じて、様態の副詞へと傾いていく。さらに、

　　（３）　子供は真赤に怒って妻の胸のあたりをむちゃくちゃにかき…
　　　　　　　　　　　　　　　　　　　　　　　　（嘉村磯多「崖の下」）

の「真赤ニ」も、主体「子供」の状態のありようを表しているものの、怒るという動きの後の、主体の状態ではない。怒るという動きの展開過程に現れる、主体の状態のありようである。その意味で、既に結果の副詞ではなく、様態の副詞になっている。これには、「怒ル」が典型的な主体変化動詞ではない、ということが関わっている。

次に、副詞が言及し限定を加える先が何であるのか、という問題を取り上げる。たとえば、

　　（４）　彼は靴を<u>きれいに</u>磨いた。

の「キレイニ」は、磨いた結果、靴がきれいな状態であることを表していること、つまり、動きの結果の、主体の状態のありように言及していることによって、結果の副詞である。しかし、この「キレイニ」は、「丁寧ニ磨ク」に類似する意味で解釈できなくもない、その程度、つまり、磨くという動きの遂行の仕方に言及していると解釈できる、その程度に応じて、様態の副詞的である。結果の副詞として理解されるのか、それとも、様態の副詞として位置づけられるのかは、主体や対象の状態のありように言及している、と捉えられているのか、それとも、動きの展開過程の局面に内属する側面に言及している、と捉えられているのかに関わっている。言い換えれば、言及先・限定先に対する解釈が両義的であったり、揺れて捉えられる、その程度に応じて、副詞は、結果と様態の間を揺れ動くことになる。言及先・限定先に両義性や揺れを感じるものには、さらに、

　　（５）　「はい、手を<u>真っ直ぐ</u>伸ばして…パット開いて……老人クラブで
　　　　　教えて貰っただろ」　　　　　　（剣持亘他「シナリオ・さびしんぼ」）
　　（６）　<u>くねくね</u>曲がりながら登りかかるバイパスは、…
　　　　　　　　　　　　　　　　　　　（小泉喜美子「冷たいのがお好き」）
　　（７）　狭い部屋の一隅に<u>山のように</u>本が積み上げてあり、壁には広告の
　　　　　ビラが貼りつけてあった。　　　　　　　　（大仏次郎「帰郷」）

などが挙げられる。たとえば、（６）を例に取れば、「クネクネ」は、動きの結果の、主体「バイパス」の状態のありように言及したもの、したがって結果の副詞として捉えられるとともに、曲がるという動きに内属する、動きの軌跡に言及したもの、したがって様態の副詞としても捉えることができよう。「子供ガ<u>クネクネ</u>走ル」では、「走ル」は結果の局面を持たない非変化動詞、したがって、子供がくねくねである、という含意を持たないことから、「クネクネ」は、動きの軌跡を表す様態の副詞そのものである。ただ、「道ガ<u>クネク</u>

ネ走ッテイル」になると、本来、非変化動詞である「走ル」に係りながら、道がくねくねである、という含意も生じ、さらに微妙な存在になる。また、
　（8）　彼はむっつりとしながらも軟かに藁を打って熱心に手を動かした。
　　　　　　　　　　　　　　　　　　　　　　　　　　　　（長塚節「土」）
の「軟カニ」も、「打ツ」という対象非変化他動詞に係り、動きの強さ・烈しさを表している、と理解されることにおいて、まず様態の副詞である。しかし、対象である「ワラ」が、動きの結果としてやわらかくなったと解釈できる、その程度に応じて、結果の副詞として捉えられる。

5.2　「光ル、輝ク」の類

　結果の局面を取り上げるということは、動き後の主体や対象のありように言及するということであり、動きの展開過程の局面を取り上げるということは、動きに内属する側面に言及するということであった。ところが、この両者、取り上げられる局面と言及先とに、不一致の生じることがある。不一致による周辺的な存在が、
　（1）　いつもは白っぽく浮かぶ堤防の舗道が、雨に濡れて黒く光り、
　　　　まっすぐ伸びていた。　　　　　　（菊村到「雨の夜、誰かが死ぬ」）
　（2）　計器盤が蛍火のように緑色に輝いている。
　　　　　　　　　　　　　　　　　　　　　（橋本忍「シナリオ・日本沈没」）
　（3）　山頂が、まっしろに、光りかがやいていた。（太宰治「富嶽百景」）
　（4）　稲妻が窓から射し込んで、部屋の中を青白く照らした。
　　　　　　　　　　　　　　　　　　　　　　　　　　（和田芳恵「接木の台」）
などである。これらの「黒ク」「緑色ニ」「マッシロニ」「青白ク」は、「舗道」「計器盤」「山頂」という主体や、対象「部屋ノ中」のありように言及している。しかし、これらは、いずれも結果の局面を取り上げているものではない。「光ル」「輝ク」「照ラス」という動きの展開過程の局面を取り上げている。「黒ク」「緑色ニ」「マッシロニ」「青白ク」という、主体および対象のありようは、結果の副詞と異なって、動きの終了とともに無くなってしまう。これらは、主体

や対象のありように言及されてはいるものの、動きの展開過程の局面を取り上げていることによって、結果の副詞ではなく、様態の副詞として捉えるべきものであろう－「5.1」で取り上げた両義性・ゆらぎは、局面と言及先とが共に揺れ動くことによるものであった－。また、

　（5）　老人が死んだのに、空がこんなに青く晴れているのがふしぎでした。
　　　　　　　　　　　　　　　　　　　　　　　（遠藤周作「男と九官鳥」）

の「青ク」も、主体「空」のありように言及している。その点で、結果の副詞としての一方の要件を満たしている。（1）から（4）が、主体や対象のありように言及しているにも拘わらず、動きの展開過程の局面を取り上げていたのに対して、この例にあっては、「青ク」の働いている局面は、動きの展開過程の局面ではなく、結果の局面である、という解釈ができる。その解釈の可能性の程度に応じて、「青ク」は、まさに結果の副詞である、ということになる。

6　結果の副詞と共演成分とのつながり

　既に見たように、結果の副詞の出現・生起は、動詞のタイプによって指定しておくことが可能であった。その出現・生起を、動詞と関係づけて指定できる、ということは、結果の副詞は、共演成分－共演成分は、その出現を動詞に指定された存在である－に近い、ということでもある。そこで、最後に、結果の副詞と＜ゆく先＞といった共演成分との関係・連続性の問題について少しばかり見ておく。ゆく先は、大きく＜空間的なゆく先＞と＜非空間的なゆく先＞に分かれる。空間的なゆく先については、位置変化動詞の項で触れたので、ここでは、非空間的なゆく先について見ておく。たとえば、

　まず、共演成分である＜ゆく先＞について触れておく。
　（1）　次第に腹が熱くなった。　　　　　　　　　　　（水上勉「寺泊」）
　（2）　鳥の鳴声が我慢できぬほど気持ちわるくなりました。
　　　　　　　　　　　　　　　　　　　　　　　（遠藤周作「男と九官鳥」

などの「熱ク」「気持チワルク」は、典型的な＜非空間的なゆく先＞を表す共演

成分である。共演成分は、それが存在しなければ、動詞の表す動きや状態が実現・完成しない、といった存在である。言い換えれば、動詞の表す動きや状態の実現・完成に必須の存在である。上掲の「熱ク」「気持チワルク」は、まさにそういった存在である。それに対して、結果の副詞は、「池ガ(カチカチニ)凍ッテイル」「男ハ花瓶ヲ(コナゴナニ)割ッテシマッタ」のように、それが存しなくとも動詞の表す動きや状態が実現・完成する、といった付加的な存在である。必須的か付加的か、その程度に応じて、当の成分は、共演成分か結果の副詞かの間を揺れ動くことになる。

また、

（３）　平均株価でみると、ほぼ一年前の水準に逆戻りしていた。

(朝日新聞・2000.5.19)

（４）　総会屋のグループも九団体から六団体に減った。

(朝日新聞・2000.5.19)

などの「ホボ一年前ノ水準ニ」「六団体ニ」も、必須度の高い、したがって、共演成分として捉えられる度合いの高いものであろう。（４）では、「Nカラ」で表示されている＜出どころ＞格の出現が、ゆく先格の必要性を高めている。

また、

（５）　（研究は）ＥＳ細胞を神経細胞に変身させて、失われた働きを補おうというのだ。　　　　　　　　　　　　　(朝日新聞・2000.5.19)

（６）　（北村は）親譲りの旅館を八階建のホテルに建て替えたが、…

(川辺豊三「公開捜査林道」)

（７）　銀杏返しに結った頭髪を撫でもせず、…　　　(近松秋江「黒髪」)

になると、「親譲リノ旅館ヲ建テ替エタガ」にしても、意味的不充足感がさほどしなくなる。必須性はさほど高くはないが、出現することによって、ゆく先格として位置づけられることになる、といったものであろう―ゆく先格としての位置づけには、名詞句として出現しているということが当然関わっている―。さらに、

（８）　（私のおふくろは）鱸(すずき)を三枚におろしたりもするが、…

(三浦哲郎「拳銃」)

になると、ゆく先という共演成分から結果の副詞へと、大きく移り動いているものと思われる。

　また、ゆく先格を表す共演成分と結果の副詞の近さは、
　（９）　私は…、仕事に一途な悠子を<u>一人前の速記者に</u>育てようと思った。
(和田芳恵「接木の台」)
　（10）　自宅で茶道の先生をしながら、女手一つでお子さんを<u>立派に</u>育てあげていた。　　　　　　　　　(向井万起男「君について行こう」)

のような例によっても、十分分かろう。（９）の「一人前ノ速記者ニ」は、ゆく先格寄りである―つまり、（９）は「悠子ヲ一人前ノ速記者ニシタ」に近い―のに対して、（10）の「立派ニ」は、結果の副詞的である。同じ動詞が、極めて近い意味と用い方で、ゆく先格と結果の副詞とを共に出現させうるのは、ゆく先格を表す共演成分と結果の副詞が、近いところに位置しているからであろう。

第5章　様態の副詞とその周辺
●●●

1　はじめに

　前の章でも触れたが、この章では、命題内修飾成分の代表的な存在である、いわゆる＜様態の副詞＞と呼ばれるもの、およびその周辺に位置する副詞的修飾成分について少しばかり詳しく見ていく。語彙的な性質が高いためか、様態の副詞についての全体的でまとまった考察は、管見のかぎりでは、ほとんど存していない。本章で考察の対象とするのは、
　　（1）　彼は…、女房の肩を掴んで、はげしくゆさぶった。
　　　　　　　　　　　　　　　　　　　　　（草野唯雄「トルストイ爺さん」）
　　（2）　ゆっくりと鬼貫は手帳をとじた。　　（鮎川哲也「急行出雲」）
　　（3）　女士官は…、何がおかしいのか、にこっと笑って、…
　　　　　　　　　　　　　　　　　　　　　　　　　（木山捷平「耳学問」）
のような、様態の副詞の中心に位置するものだけでなく、
　　（4）　…、湖のほとりでは犬や鶏までが不気味に鳴き始める。
　　　　　　　　　　　　　　　　　　　　（橋本忍「シナリオ・日本沈没」）
のような、典型からやや外れる存在や、さらに、
　　（5）　「岩津は…喜んで彼の家へ遊びに行ったのだそうです」
　　　　　　　　　　　　　　　　　　　　　　　　　（佐野洋「証拠なし」）
　　（6）　（水槽を）うっかり蹴とばして、水を少しこぼしてしまった。
　　　　　　　　　　　　　　　　　　　　（庄野潤三「小えびの群れ」）
のように、狭い意味では様態の副詞から外れると思われる、周辺的なタイプ

75

についても取り扱う。また、
　（7）どぎついネオンの洪水は潮のひくように消え去り、…
　　　　　　　　　　　　　　　　　　　　　　　（鮎川哲也「急行出雲」）
　（8）酔うとアルは、…、全身を小きざみに震わせながら話す。
　　　　　　　　　　　　　　　　　　　　　（森村誠一「紺碧からの音信」）
のような、節的存在であるものについても見ておく。

　様態の副詞―本書では、単語の類別に対してではなく、文の成分のレベルに対する名づけとして使っている―は、＜程度量の副詞＞＜時間関係の副詞＞＜頻度の副詞＞などに較べて、語彙的な性質の高い存在である。さらに、＜結果の副詞＞に比しても、語彙的に雑多で多様な存在である。様態の副詞の語彙性の高さは、まず、様態の副詞に属する語彙の多さとして立ち現れる。また、語彙性の高さ―個別性が高く一般性に欠ける、という性質―は、これらに対して、統語的な下位類化を施すことを難しくしている。ここでは、こういった語彙的性質の強い様態の副詞に対して下位類化を試み、それらの意味―統語的な特徴について考えてみる。したがって、下位類化は、統語的な特徴づけの低い、意味的な性質の強いものになるだろう。また、いたるところに連続性が存し、截然とした下位類化にはならないであろう。そのようなことを認めた（覚悟した）上で、あまり個別的な類別にならないよう、なるたけ組織だった下位類化に努めることにする。下位類化が意味的な性質の強いものであれば、下位類化への努力は、また逆に、動詞の表す＜動き＞が、どういった意味的なあり方をしたものであるかを考えることにもつながっていく。

　さらに、本章の目的の一つは、実例を挙げつつ、雑多で多様な様態の副詞の、その多様さを示すことにある。

2　様態の副詞とは

　少しばかり繰り返しにもなるし、これからも触れることになるが、まず、

様態の副詞と他の副詞とが、どのような異なりと似かよいを有しているのかを、簡単に見ておくことにする。上掲の様態の副詞の類いと大きく異なるのが、頻度の副詞である。

（１）　昭和二十年春になると、空襲警報が<u>しばしば</u>鳴った。
（司馬遼太郎「街道をゆく１」）

（２）　人影なく、<u>たまに</u>車が通り道を走っている。
（松岡錠司「シナリオ・バタアシ金魚」）

などの下線部が、＜頻度の副詞＞の例である―頻度の副詞については、第８章「頻度の副詞とその周辺」でやや詳しく述べる―。頻度の副詞は、文の表している事態の内側から、言い換えれば、事態に内在している諸側面の一つを取り上げ、そのありように言及する、というものではない。たとえば、（１）を例に取れば、頻度の副詞は、概略［空襲警報ガ鳴ッタコトガ<u>シバシバ</u>｛ダ／アッタ｝］とでも表せる意味的関係を有している。つまり、事態生起の頻度的・回数的なありようといった、事態の外側から、事態に対して、事態の成立のあり方や成立状況を付加し特徴づけたものである。それに対して、上掲の、様態の副詞の類いは、「彼は肩を<u>はげしく</u>揺さぶった」「<u>ゆっくりと</u>鬼貫は手帳を閉じた」「女士官は<u>にこっと</u>笑って」などの、中核に位置するものも、「水槽を<u>うっかり</u>蹴とばして」などの、周辺に位置するものも含めて、事態の内側から、さらに言えば、事態の展開過程や実現の局面に存在したり伴ったりしている諸側面を取り上げ、そのありように言及することによって、事態の実現・成立のあり方を特徴づけたものである。たとえば、「彼は肩を<u>はげしく</u>揺さぶった」を例に取れば、「揺サブル」という、動きが有している＜動きの勢い・力の強さ＞といった側面のありようから、事態の実現・成立のあり方を特徴づけたものである。

また、
（４）　花村さんは凶行推定時間には、<u>ずっと</u>廊下で見張りをしていたのですから。
（高木淋光「妖婦の宿」）
（５）　ネズミは<u>たちまち</u>かみくだかれ、…　　（開高健「パニック」）

などが、本書で＜時間関係の副詞＞として取り扱うタイプの一部である—時間関係の副詞には、当然、上に挙げたものとは異なったタイプが存在する。時間関係の副詞についての、少しばかり詳しい説明は、第7章「時間関係の副詞」で行う—。上掲の時間関係の副詞は、頻度の副詞と異なって、事態の内部から、事態の成立のあり方や成立状況について限定や特徴づけを付加している。たとえば、「ずっと廊下で見張りをしていた」を例に取れば、「ズット」は、「見張リヲスル」という、動きの有している時間的な性格・ありように言及することによって、事態の実現・成立のあり方を限定し特徴づけている—(5)の「たちまちかみくだかれ」にしても、動きへの取り掛かりの時間的ありように言及しながら、動きの時間的なありようを差し出している—。副詞の限定を受けた「ハゲシク揺サブル」が事態そのものの内実であるとともに、同じく「ズット見張リヲスル」が事態そのものの内実である。言い換えれば「ハゲシク揺サブル」と「軽ク揺サブル」、「ズット見張リヲスル」と「シバラク見張リヲスル」とは、「シバシバ来ル」「タマニ来ル」と違って、事態の内的な中身そのものが異なっている。その点では、上掲の時間関係の副詞は、様態の副詞と同趣である。ただ、様態の副詞が、動きそのものが有している側面のありよう、という内属・内包的なものへの言及であったのに対して、時間関係の副詞は、事態がその中で存在するところの外枠である時間的なあり方、という外在・外延的なものへの言及である。様態の副詞は、動きに内属する諸側面の帯びるありようであることによって、動きの有する語彙的な類的異なり性に応じて多様である。したがって、語彙的な性質が高くなる。時間関係の副詞は、時間的存在のありようという、事態の外在的なあり方であることによって、その時間的ありようの類同性に応じて、類的である。

　さらに、

　（6）　そういって褒めたら非常に喜んでいた。　（丸谷才一「年の残り」）

などの下線部が、＜程度の副詞＞である—程度の副詞については、次章「程度量の副詞」で少しばかり詳しく述べる—。程度の副詞も、様態の副詞と同

じく、事態に内在する側面のありように言及することによって、事態の実現・成立のあり方を特徴づけたものである。ただ、その側面は、程度性という明確に定まったものである。言及していく側面が程度性という、明確に定まったものであることによって、程度の副詞は、文法的性質の高いものになっている。

また、
　　（7）　いつか見た赤く毛を染めた娼婦達の真似をして…
　　　　　　　　　　　　　　　（栗本薫「真夜中の切裂きジャック」）
の下線部のようなものが、＜結果の副詞＞であった—結果の副詞については、前章「結果の副詞」で、結果の副詞と様態の副詞との似かよいと異なりを含め、やや詳しく述べた—。結果・様態の両者は、ともに動きに内属する側面を取り出し、そのありように言及することによって、事態の実現・成立のあり方を限定し特徴づけたものであった。ただ、両者が取り上げる局面には異なりがある。結果の副詞が、動きの実現した結果の局面を取り上げ、主体や対象の結果状態のありようについて言及したものであったのに対して、様態の副詞は、動きの展開過程や実現の局面に存在したり伴ったりしている諸側面を取り上げ、そのありように言及したものである。主体や対象の結果状態、という限られた側面であることによって、結果の副詞は限定的なものであり、一つの動きから、展開過程の局面に存在するいくつかの側面を取り出しうることによって、様態の副詞は多様な存在になっている。

　ここで、様態の副詞の意味—統語的特徴についてまとめておく。様態の副詞は、［1］事態の内側から、事態の成立のあり方を限定し特徴づけたものである、［2］さらに言えば、事態—通例は動き—の展開過程や実現の局面に存在したり伴ったりする諸側面を取り上げ、そのありように言及したものであり、［3］典型的には、動きそのものの展開過程の局面に内属する諸側面を取り出したものである、といったものになろう。

3　様態の副詞のタイプとその周辺

　先に見た様態の副詞の意味—統語的特徴を踏まえ、ここでは、様態の副詞のタイプについて、少しばかり考えてみることにする。

　本書では、中心的な存在とその周辺に位置する様態の副詞の類いを、截然とは分かたれ切れず、連続していくところを有していると認めた上で、まず大きく、＜動き様態の副詞＞と＜主体状態の副詞＞とに分ける。ただ、狭義の意味で様態の副詞といえば、動き様態の副詞である。

　最初に、動き様態の副詞について瞥見しておく。たとえば、
（１）　彼は…、女房の肩を掴んで、<u>はげしく</u>ゆさぶった。
　　　　　　　　　　　　　　　　　　　　　　（草野唯雄「トルストイ爺さん」）
（２）　女の子が手を出して、…蓋を<u>軽く</u>おさえ、…
　　　　　　　　　　　　　　　　　　　　　　（戸板康二「グリーン車の子供」）
（３）　逆にその手首を<u>ぐっと</u>掴まれた。　　　（北杜夫「クイーン牢獄」）
（４）　<u>ゆっくりと</u>鬼貫は手帳をとじた。　　　（鮎川哲也「急行出雲」）
（５）　彼は（名刺を）<u>急いで</u>取り出すと、…　　（麗羅「怨の複合」）
（６）　私は…<u>スルスルと</u>着ているものを脱ぎ捨ててしまったからだ。
　　　　　　　　　　　　　　　　　　　　　　（北原武夫「男を喰う人妻」）
（７）　女士官は…、何がおかしいのか、<u>にこっと</u>笑って、…
　　　　　　　　　　　　　　　　　　　　　　（木山捷平「耳学問」）
（８）　彼女は<u>ペコンと</u>おじぎをしていった。　　（中薗英助「霧鐘」）
（９）　彼は三方の硝子窓を<u>からからと</u>押上げる。　（川端康成「玉台」）

などの下線部が、動き様態の副詞の中心的なものである。これらは、いずれも動詞の表す動きの展開過程の局面に内属する諸側面を取り上げ、そのありようを差し出したものである。そして、展開過程の局面に内属する側面、さらに、そのありようそのものは、動きそのものの意味的なあり方に応じて固有的である。言い換えれば、側面やあり方によって、側面やあり方の一般性・個別性に異なりはあるものの、そのありようが差し出されている側面や

あり方そのものは、動詞が表している動きそのものから引き出され、動きそのものに固有である。つまり、「ハゲシク揺サブル」や「ユックリト閉ジル」のように、「ハゲシク」「ユックリト」のような動き様態の副詞が生起しうるのは、「揺サブル」が力学的な勢い・強さを持つ動きであるからであり、「閉ジル」が展開の早さを持つ動きであるからである——これらは、動き様態の副詞の中では一般性の高いもの——。また、「ニコット笑ウ」「ペコントオ辞儀ヲスル」が「ニコット」「ペコント」を取るのは、「笑ウ」や「オ辞儀ヲスル」が顔の筋肉の動きや腰の屈曲変化を伴う動きであるからである。これら動き様態の副詞は、動きの内実そのものによって引き出され、動きそのものに固有なものである。したがって、「笑ウ」は、「ニコット笑ウ」「??ペコント笑ウ」のように、「ニコット」を取りうるが、「ペコント」は取らない——「??ペコント笑ウ」が意味的に逸脱性を有しているのに対して、「ニコットオ辞儀ヲスル」が成り立ちうるのは、この例では、「ニコット」が、「ペコント」と異なって、「オ辞儀ヲスル」という動きそのものに固有な側面に、直接的に結び付いているのではないからである。概略、「ニコット笑イナガラオ辞儀ヲスル」のように、併存する付帯動作というあり方で解釈されうるからである。これは、また、「ニコット」が、「笑ウ」という動きを強く予定するからである。言い換えれば、「ニコット」が、「笑ウ」という動きに、きわめて固有な側面であり、ありようであるからである——。つまり、中心的な＜動き様態の副詞＞は、動きそのものの展開過程の局面に固有に内在する諸側面を取り上げ、その側面に固有なありようを差し出すことで、事態の成立のあり方を限定し特徴づけているのである。

　上で見たものは、動きの展開過程に存在する側面を取り出し、そのありように言及するという、動き様態の副詞の中にあっても、中心に位置する典型的な動き様態の副詞であった。それに対して、動きの展開過程に存在する側面を取り出し、そのありように何らかのあり方で言及しながらも、上掲の中心的で典型的な動き様態の副詞とは、少しばかり趣を異にするものが存する。

(10) 大村、「キャーッ！」と、ハデに転倒する。

(剣持亘他「シナリオ・さびしんぼ」)

(11) 伴子が…自分を優しく見まもっているのを見た。

(大仏次郎「帰郷」)

(12) 「そんな女じゃないわよ」真弓がそっけなく言った。

(鎌田敏男「金曜日の妻たちへ(下)」)

(13) …、湖のほとりでは犬や鶏までが不気味に鳴き始める。

(橋本忍「シナリオ・日本沈没」)

(14) …祖母の腹は、頼りなく揺れ動いた。 (高井有一「仙石原」)

などの下線部が、この種のものである。これらは、いずれも動きの展開過程に存在し現れるありように言及したものである。つまり、動きの展開過程に内在する、動きの勢い・強さや早さや質・様、といった側面のありように言及したものである。その点は、既に触れた中心的で典型的な動き様態の副詞と同じである。ただ、典型的な動き様態の副詞の差し出すありようは、動きそのものの展開過程に内在する側面に固有で、それから自ずと引き出されたありようであった。それに対して、(10)から(14)のようなものは、動きの展開過程に内在する側面のありようを、話し手(述べ手)の主観的・評価的な受け取り方・捉え方によって、特徴づけ差し出したものである。たとえば、「ハデニ転倒スル」「頼リナク揺レ動ク」を例に取れば、「ハデニ」や「頼リナク」は、「転倒スル」や「揺レ動ク」という動きの、展開過程に内在する側面である質・様や勢い・強さや早さなどのありようを、側面から自ずと引き出される側面固有のあり方によってではなく、話し手の主観的・評価的な捉え方で名づけ差し出したものである——上のタイプと「勢イヨク転倒スル」「ユラユラト揺レ動ク」などを較べてみれば、つながり連続するところの存在を認めるにしても、その違いは明らかであろう——。このようなものを、＜評価的な捉え方をした動き様態の副詞＞と呼んで、動き様態の副詞の周辺に存するものとして位置づけておこう。評価的な捉え方をした動き様態の副詞は、動きの展開過程に内在する側面のありようを、話し手の主観的・評価的な捉え方で名

づけ差し出しながら、事態の成立のあり方を限定し特徴づけたものである。評価的な捉え方をした動き様態の副詞は、動きそのものの側面から自ずと引き出される、固有なありようを差し出したものでない分、適用される動きのタイプが広くなる。

　次に、広義様態の副詞の周辺的存在として位置づけた、主体状態の副詞について瞥見しておく。たとえば、

(15)　（水槽を）うっかり蹴とばして、水を少しこぼしてしまった。
　　　　　　　　　　　　　　　　　　　　（庄野潤三「小えびの群れ」）
(16)　育子はわざと冷淡に意地悪くいった。　（山村正夫「厄介な荷物」）
(17)　稔は、…何気なくその紙きれを開いてみた。
　　　　　　　　　　　　　　　　　　　　（赤江瀑「八月は魑魅と戯れ」）
(18)　「岩津は…喜んで彼の家へ遊びに行ったのだそうです」
　　　　　　　　　　　　　　　　　　　　（佐野洋「証拠なし」）
(19)　ユキミ、しおらしくお辞儀して、「初めまして…」
　　　　　　　　　　　　　　　　　　　（剣持亘他「シナリオ・さびしんぼ」）

などの下線部が、これである。これら＜主体状態の副詞＞は、事態の内側から事態の成立のあり方を限定し特徴づけてはいるものの、動きの展開過程の局面に内在する側面のありようを差し出した、というよりは、動き―さらに言えば事態―の展開・実現とともに、ないしはそれに伴って現れる主体の状態のあり様に言及することによって、事態の成立のあり方を限定し特徴づけているものである。たとえば、「育子ガワザト冷淡ニ言ッタ」「岩津ガ喜ンデ遊ビニ行ッタ」を例に取れば、「ワザト」や「喜ンデ」は、「言ウ」や「遊ビニ行ク」という動きそのものに内在する側面から、直接的に固有に引き出されたありようではなく、これらの動きの展開・実現とともに現れる主体の状態・態度といったものである。「ワザト」や「喜ンデ」は、「言ウ」「遊ビニ行ク」という動きが展開・実現する時の、主体の＜意図性＞のありようや＜心的状態＞のありようを差し出したものである。これらは、動きとともに現れる主体状態のありようであることによって、動きの実現のあり方―さらに言えば事

態の成立のあり方—を限定し特徴づけることになる。もっとも、主体状態の副詞が均質な存在というわけではない。(19)の「シオラシク」のような主体の態度的な状態を表したものは、心的な状態ではなく、態度といった、動作・振る舞いを評価的に捉えたものであることによって、評価的な捉え方をした動き様態の副詞につながり連続していく。さらに、

(20) その横で、久子が子供たちと大して変わらない姿でのびていた。
(鎌田敏男「金曜日の妻たちへ(下)」)

などの下線部のような、＜主体の付帯的な様子＞を表すものも、この主体状態の副詞の周辺の存在として位置づけておく。もっとも、この主体の付帯的な様子を表したものは、付帯的な様子と動きの内実との結び付きが、上掲の意図性や心的状態などからした主体状態の副詞に比して、より偶発的であり非固有的である。

4 動き様態の副詞

4.1 動きの勢い・強さを表すもの

既に述べたように、様態の副詞の中核的な存在である動き様態の副詞は、動詞の表す動きそのものの展開過程の局面に内属する諸側面を取り上げ、そのありようを差し出したものであった。様々な動き様態の副詞を、どういった側面からのものとしてまとめ上げるのか、また、そういった側面としていかほど組織立ったものを取り出すことができるのか、といったことは、語彙性の高い動き様態の副詞への考察を、少しでも文法的な考察にするために、ぜひ必要な点であろう。

ここでは、そういった動きの展開過程に内属する側面として、連続性・複合性を持つものが少なくないことを認めた上で、大きく、動きの有する力学的な勢い・強さの側面、動きの展開ならびに取り掛かりの時間的な早さの側面、視覚・聴覚・触覚等で捉えられた、動きの形態・様子的な側面を仮に取り出しておく。そして、これらの側面に対して、＜動きの勢い・強さ＞＜動き

の早さ＞＜動きの質・様＞という名前を仮に与えておく。動き様態の副詞の差し出す語彙的で個別性の高い側面の中にあっても、動きの勢い・強さの側面と動きの早さの側面は、比較的一般性の高い側面である。

　動きの質・様の側面に関わる動き様態の副詞の中には、質・様を表しながら、動きの勢い・強さや動きの早さを含み表すものが少なくない。動詞の表す動きにとって、＜動きの勢い・強さ＞と＜動きの早さ＞のどちらが、より基本で根底的な側面であるかは、にわかには決めかねるが、動きの早さを表すものの中には、動きの勢い・強さを含むものがそれなりに存することから―この現象をとらえ、逆の捉え方・述べ方もできるが―、本章では、まず、動きの勢い・強さから見ていくことにする。ここでは、＜動きの勢い・強さ＞をそれなりに抽象的なレベルで取り上げる。力学的なエネルギー量の多寡が目に見える形で現れているものだけでなく、動き遂行の完全性や動き実現の深度・程度性といったもの、さらに量性や回数性に関連するものも、基本的にエネルギー量に関わるものとして、動きの勢い・強さとして扱う。

【＜動きの勢い・強さ＞をより純粋に表すもの】
　動詞の展開過程の局面に内属する諸側面の一つである＜動きの勢い・強さ＞を表す動き様態の副詞を取り上げるにあたって、まず、動きの勢い・強さを比較的より純粋に表していると思われるものから見ていく。以下、雑多で多様な様態の副詞のその多様さを示す、という本章の、もう一つの目的にも留意して、実例を多めに挙げておく。

　動きの勢い・強さを比較的より純粋に表すということは、逆に、当の様態の副詞の有している語彙的意味が、比較的、一般的で抽象的であるということでもある。語彙的意味が一般的で抽象的である分、これらは、共起する動詞の数が多くなる。そういったものには、勢いの強さを表すものに、「激シク」「強ク」「固／堅ク」「厳シク」「キツク」「強硬ニ」「猛烈ニ」などがあり、勢いの弱さを表すものには、「軽ク」「軽ヤカニ」「柔ラカ｛ニ／ク｝」「ヤンワリト」「弱ク」「弱々シク」などがある―勢いの強さを表すものの方が、数が多く用例

も豊かである。さらに、勢いの弱さを表すものは、比較的より純粋に勢いを表すものの中にも、既にいくぶん動きの質・様への傾きを含むものが存する―。

　まず、＜勢いの強さ＞を表すものから見ていく。たとえば、
（１）　（小原は）かなり激しく顔を叩いた。　　　（川上宗薫「七色の女」）
（２）　（彼女は）…ロング・スカートを激しくわしづかみ、…
　　　　　　　　　　　　　　　　　　　　　（赤江瀑「八月は魑魅と戯れ」）
（３）　電話ボックスの中で、真弓は激しく泣いた。
　　　　　　　　　　　　　　　　　　　　（鎌田敏男「金曜日の妻たちへ(下)」）
（４）　すぐ縁の近くで蛙の声がはげしくきこえた。
　　　　　　　　　　　　　　　　　　　　　　　　　（水上勉「赤い毒の花」）
（５）　「…付き合いが深くなるにつれ、激しく憎むようになりました」
　　　　　　　　　　　　　　　　　　　　　（川辺豊三「公開捜査林道」）
（６）　「揺れは建物の上部ほどはげしくひびくので神棚の位置はひどく
　　　ゆらぎます」　　　　　　　　　　　　（大河内常平「安房国住広正」）

などの下線部が、勢いの強さを表す動き様態の副詞の代表である「激シク」の実例の一部である。「激シク」は、まさに語彙的意味として勢いの強さを表し、広く使われるこの種にあっても、使用範囲の広いものである―当然、総てにわたって使用可能である、というわけではない―。物理的な力の接触（１）（２）から、人の生理的な動き（３）や、知覚現象（４）や心理的な態度（５）、および抽象的な動き（６）に至るまで、多様な動詞―動き―に対して使われる。さらに、「激しく殴りかかる」「激しく戸を開けて」「茶碗を激しく投げた」「激しく接吻をする」「肩を激しくゆさぶった」「｛首／かぶり｝を激しく振る」「はげしく身をもがいて」「激しく体を逆に向けたり」「はげしくまばたきをした」「激しく嗚咽した」「涙を激しく流しはじめる」「激しく下痢をした」「馬車がはげしく揺れながら」「小屋中がはげしくゆらぎ」「激しく動いている」「はげしく空気が反っくりかえった」「激しく言い返していた」「証人たちとはげしく対立し」「激しく彼に当たり散らす」「はげしくせめぎあい」「激しく責め立てられ」

「はげしく愛しあった」「激しく魅きつけられた」等々、多様に使われている。
　また、

（７）　ヒロキ、切なくなり、タツコを強く抱く。
（剣持亘他「シナリオ・さびしんぼ」）
（８）　玉はひとゆすりからだを強くふるわせた…　（島尾敏雄「家の中」）
（９）　その眼が強く光った。　　　（鎌田敏男「金曜日の妻たちへ(下)」）
(10)　そしてそんな伊能に、稔は強く惹かれもした。
（赤江瀑「八月は魑魅と戯れ」）

などの下線部が、「強ク」の例である。「強ク」も、勢いの強さを表す動き様態の副詞の代表的なものの一つである。上掲以外にも、「強く私の手を握りしめ」「強く締めつけて」「唇をつよく押しあてる」「強くうしろへひき倒した」「強く動かす」「強く言いきって」「そんな世界に強く反発しながらも」「想像力を強く刺激し」「強く疑っていた」「私を強く惹きつける」「雨が強く降る」等々、様々な使われ方をする。「強ク」も、その語彙的意味が動きの勢い・強さそのものを表し、使用範囲の広いものである――もっとも、「｛?強ク／激シク｝泣イタ」「｛?強ク／激シク｝下痢ヲシタ」のように、生理的な動きの中には「激シク」は使えるが、「強ク」の使いづらいものがある――。

　次に、勢いの強さを比較的純粋に表すものとして、「｛固/堅｝ク」が上げられる。たとえば、

(11)　博物館の扉が固く閉ざされてから二時間にもなろうかと思われる。
（川端康成「夜店の微笑」）
(12)　あれだけ堅く口止めしておいたのに、つい口をすべらしたものとみえる。　　　　　　　　　　　　　　　（高木淋光「妖婦の宿」）
(13)　この習慣は固く守られていたはずだ。（川辺豊三「公開捜査林道」）

などの下線部が、この具体例である。さらに、「固く口を閉ざす」「心が固く封じられ」「眼をかたくとじ」「かたく手を握りしめる」「堅く申し渡された」「堅く約束した」なども、「｛固/堅｝ク」の使われ方を示すものである。「｛固/堅｝ク」も、勢いの強さを表す動き様態の副詞の代表的なものの一つではあるが、

「激シク」「強ク」に比して、勢いの強さという、語彙的意味の点で純粋さに低下が見られ、その分、使用範囲に限定と偏りが生じている。もっとも、「習慣ハ{固ク／?激シク}守ラレテイタ」「{固ク／?激シク}口ヲ閉ザス」のように、逆に、「{固/堅}ク」は使用可能であるが、「激シク」の使いづらい場合もある。

さらに、

(14) 払いがとどこおると、子分のチンピラを使って<u>きびしく</u>とりたてるのだった。　　　　　　　　　　　　（鮎川哲也「割れた電球」）

(15) 私は手を<u>きつく</u>握って…　　　　　　　（藤枝静男「私々小説」）

(16) つなぎ目は、…<u>厳重に</u>漆でかため、…

（大河内常平「安房国住広正」）

のような、「厳シク」「キツク」「厳重ニ」なども、勢いの強さを表す動き様態の副詞の例として挙げることができる。さらに、比較的純粋に勢いの強さを表すものには、「<u>猛烈に</u>打った」「<u>痛烈に</u>非難する」「<u>強硬に</u>反対した」「<u>頑強に</u>否定した」「<u>鋭く</u>{えぐる／見つめている／眼を光らせて／言い放つ／光った／感じ取った}」などがある。

次に、＜勢いの弱さ＞を表す動き様態の副詞に移る。勢いの弱さを表す動き様態の副詞の代表は、

(17) 彼は桂子の顔を<u>軽く</u>叩いてみた。　　　　（川上宗薫「七色の女」）

(18) 中町は…、<u>軽く</u>口許を歪めてみせた。

（山村直樹＋中町信「旅行けば」）

(19) 奥さんは、わたしに<u>軽く</u>一礼すると部屋をでていった。

（鮎川哲也「割れた電球」）

(20) 陽子さん、そんな正彦くんを<u>軽く</u>にらんで、…

（新井素子「正彦くんのお引っ越し」）

(21) 私は前を過ぎる度に<u>軽く</u>神経を痛めた。　（川端康成「弱き器」）

(22) 疲れて足が痛くなったのだろうと、<u>軽く</u>考えたのだ。

（斎藤栄「江の島悲歌」）

などの下線部に現れる「軽ク」である。比較的純粋に勢いの強さを表し、使用

範囲の広いものとして、「激シク」「強ク」「¦固／堅¦ク」などがあった。勢いの弱さを表す類で、「激シク」に対応するものはなさそうである。「強ク」「¦固／堅¦ク」に対応する「弱ク」「柔ラカニ」は、あることはあるが、この類の中心ではない。中心・代表は、上掲のように「軽ク」である―ただ、「軽ク」に対応する「重ク」は、勢いの強さを表す副詞としては通例使われない―。「軽ク」は、使用範囲が広く、物理的な力の接触(17)から、身体運動(18)(19)、態度的な動作(20)、生理的な動き(21)、心理活動(22)に至るまで、多様な動詞に共起しうる。ただ、生理的な動きや心理活動と共起する「軽ク」は、動きの勢い・強さから、それにつながるものの、少しばかり外れるところの、動きの程度性への傾きを有している。さらに、「軽くひっぱたく」「軽く打つ」「軽く愛撫する」「軽くからだをぶつけて」「軽く手を添えて」「かるくハンドルを握り」「軽く肩に触れる」「軽く肩に担いだ」「小石を軽く投げれば」「軽く封筒を受け取って」「軽く身動きして」「軽く頷く」「軽く咳ばらいをして」「かるく息をはずませている」「軽く言う」「軽く会釈する」「軽く目礼をすると」「軽く謝意を表して」「軽く跳りあがる心」等々、「軽ク」は、多様に使われている。

また、

(23) さっきから強く<u>弱く</u>生き物みたいに尖端を動かしている。

(斎藤綾子「小猫の舌」)

(24) 僕はゆるやかに、<u>柔らかに</u>胸をさすってやった。

(今東光「吉原拾遺」)

(25) 誰かが、<u>やんわりと</u>からだを押しつけてきた。

(和田芳恵「接木の台」)

なども、比較的純粋に勢いの弱さを表すものの例である。「弱ク」は、(23)から分かるように、勢いの強さを表す「強ク」に対応するものである―ただ「強ク」のように豊富には使われない―。「柔ラカニ」「ヤンワリト」は、語彙的に「¦固／堅¦ク」に対応するものである。また、(24)「ユルヤカニ、柔ラカニサスッタ」から、〈動きの勢い・強さ〉という側面とともに、〈動きの早さ〉という側面を取り出しうることが分かろう。

さらに、

(26) 橘百合子、…ヒロキの前を髪をなびかせて、軽やかにペダルを踏んで通り過ぎる。　　　　　　　（剣持亘他「シナリオ・さびしんぼ」）

(27) ナターリヤが、弱々しくうなずく。

（草野唯雄「トルストイ爺さん」）

などの、「軽ヤカニ」「弱々シク」なども、勢いの弱さを表す動き様態の副詞である。ただ、これらは、「軽ク」「弱ク」に較べて既に＜動きの質・様＞への含みを有している。

[「〜力」や「〜勢イ」などの形式を持つもの]

次に、「力」「勢イ」という、まさに勢い・強さを表す語を含んだ形式によって作られている＜動きの勢い・強さ＞を表す動き様態の副詞を取り上げる。

(28) 暴れる女の頬を力一杯殴りつけ、…

（菊村到「雨の夜、誰かが死ぬ」）

(29) 藤江田は、するどい力で茜の腕を引っ掴んだ。

（赤江瀑「雪華葬刺し」）

(30) 彼は力なく電話を切った。　（山村正夫「厄介な荷物」）

などの下線部が、「力」という語を含むタイプである。「力」を含むタイプには、さらに、「強い力で抱きすくめた」「力まかせにたたきつけた」「力をこめて賛意を表した」「全力で疾走した」などがある。また、

(31) …佳代を、神谷が激しい勢いで殴りつけた。

（鎌田敏男「金曜日の妻たちへ(下)」）

(32) 稔は勢いよくシャワーの水を噴出させて、…

（赤江瀑「八月は魑魅と戯れ」）

などの下線部が、「勢イ」という語を含むタイプである。「勢イ」という語を含むタイプには、さらに、「すごい勢いで怒鳴りつける」「物凄い勢いで突き飛ばした」「凄まじい勢いで通過し」などがある。これらは、いずれも、動きの勢い・強さを純粋に表したものである。

[明晰性・密着性に関わるもの]

引き続き、動きの勢い・強さを表す動き様態の副詞で、類をなしそうなものとして、明晰性・密着性に関わるものを取り上げる。明晰性・密着性に関わるものは、動きの勢い・強さを表すことが明確で中心ではあるものの、明晰性や密着性に関わったりそこから発したりしている分、勢い・強さの内に動きの質・様への関係をそれなりに含んでいる。

明晰性に関わるものには、「ハッキリ(ト)」「アリアリト」「クッキリ(ト)」「キッパリ(ト)」などがある。

(33) 捜査係長や医師の説明を聞いて、李は<u>はっきりと</u>否定した。
(麗羅「怨の複合」)
(34) その情景は今でも僕の瞼の裡に<u>ありありと</u>やきついている。
(梅崎春生「突堤にて」)
(35) …咽が、稔には<u>くっきりと</u>輪郭を描いて見えた。
(赤江瀑「八月は魑魅と戯れ」)
(36) 「……」山崎美代は<u>きっぱり</u>いった。　(山村美佐「恐怖の賀状」)

などの下線部が、これである。これらは、明らかであること明確であることを通して、動きの勢い・強さに関わっている。また、「そのとき、藤岡さんに<u>ちゃんと</u>説明すればよかったんでしょうけど、(海渡英祐「死の国のアリス」)」「事務所のなかも、いまは<u>きちんと</u>取り片づけられている。(鮎川哲也「割れた電球)」の「チャント」「キチント」などのようなものも、明快さ・正確さを表しながら、周辺的存在として、動きの勢い・強さに関わっている。

次に、密着性から発するものには、「シッカリ(ト)」「ピッタリ(ト)」などが上げられる。

(37) 久子は、信一に<u>しっかりと</u>しがみついていた。
(鎌田敏男「金曜日の妻たちへ(下)」)
(38) それを掌で<u>ぴったり</u>抑えながら、…　(川端康成「雀の媒酌」)

などの下線部が、密着性を色濃く出しながら、動きの勢い・強さに関わっているタイプであり、

(39) 「しっかり見て買ってらっしゃいよ」　　　　　（川端康成「蛇」）
(40) 　和尚が来ると孫はいつもぴたりと静まった。　（川端康成「合掌」）
などになると、既に密着性から距離を置き、動きの勢い・強さや程度性の表現になっているものである。

【＜質・様＞への言及を含みながらの＜勢い・強さ＞】
　前節では＜動きの勢い・強さ＞の側面を比較的純粋に差し出している動き様態の副詞を、なるたけ類型化しながら取り出すことに努めた。比較的純粋に動きの勢い・強さを表す動き様態の副詞が存在することが、また逆に、動きの展開過程の局面に動きの勢い・強さという側面を取り出すことの、根拠にもなっている。

　以下、動きの勢い・強さに深く関わりながら、また、動きの質・様をも含み込んでいるところの、動き様態の副詞を見ていく—当然、質・様の箇所で扱うことも可能である—。このタイプは、動きの質・様への言及を含んでいることによって、勢い・強さを比較的純粋に差し出すものに比して、その使用範囲は狭い。このタイプは、語彙的に雑多で多様である。該当するものを挙げつくすといったようなことは、とうてい不可能である。ここでも、代表的なものを例示するに止まる。たとえば、

（１）　田所、思わずジロッと見る。　　　　（橋本忍「シナリオ・日本沈没」）
（２）　調査団の人々、チラッとその田所を見るが、…

　　　　　　　　　　　　　　　　　　　　　（橋本忍「シナリオ・日本沈没」）
なども、この種のものであろう。これらは、「見ル」動きに関わり、「ジロット」が勢いの強さを担い、「チラット」が勢いの弱さに関わっている。

　さらに、

（３）　逆にその手首をぐっと掴まれた。　　　　（北杜夫「クイーン牢獄」）
のように、「グット／ゲイト／ゲイギイ」などの類も、力の接触場面に代表される勢い・強さを表しているものである—もっとも、「グット｜飲ミ干シタ／言葉ヲ押シ殺シタ｜」のような、吸引の動きの強さを表すものもある—。

また、
　（４）　その手で、ぎゅっと強く私の手を握りしめながら、…こう言ったのだ。　　　　　　　　　　　　　　　（北原武夫「男を喰う人妻」）
　（５）　あたかも若者をがっしりと抱き込んでいるかに見える構図になっていた。　　　　　　　　　　　　　　　（赤江瀑「雪華葬刺し」）
　（６）　僕は丁山を緊と抱きしめて接吻すると…　（今東光「吉原拾遺」）

の、「ギュット」「ガッシリ（ト）」「ヒシト」なども、動きの勢い・強さの典型である力の接触に密接に関わっている。

　また、
　（７）　射しこむ青白い満月の光は…燦々と部屋の中に降りそそいでいたのでした。　　　　　　　　　　　　　　（高木淋光「妖婦の宿」）

などの「サンサント」は、光量の多さから来る動きの勢い・強さに関わっているし、「眼を爛々と輝かせて（今東光「吉原拾遺」）」「轟々と燃えさかる火（橋本忍「シナリオ・日本沈没」）」なども、この種のタイプである。

　さらに、
　（８）　宏がマジマジと佳代を見た。　（鎌田敏男「金曜日の妻たちへ（下）」）
　（９）　電話の呼鈴がけたたましく鳴った。　　　（高木淋光「妖婦の宿」）
　（10）　河島は断りもなくズケズケと上がって来たことがある。
　　　　　　　　　　　　　　　　　　　（鎌田敏男「金曜日の妻たちへ（下）」）
　（11）　子爵はまざまざと先日の恐怖を甦らせ、…
　　　　　　　　　　　　　　　　　　　　　　　（大河内常平「安房国住広正」）

などの下線部は、「マジマジト」は視覚の強さ、「ケタタマシク」は音量の大きさ、「ズケズケト」は行為遂行への無遠慮さの高さ、「マザマザト」は鮮明度の高さ、というふうに、いずれも質・様性の高い動きの勢い・強さを表している。

　また、
　（12）　女もほほと、…静かに笑った。　　　　　　（近松秋江「黒髪」）
　（13）　悠子は、…たばこを静かに、燻らせていた。
　　　　　　　　　　　　　　　　　　　　　　　　　（和田芳恵「接木の台」）

(14) 青白い月光が…ハンスの姿を静かに照らしておりました。

(高木淋光「妖婦の宿」)

などの「静カニ」は、発生音・付随音・付帯の音響状況などから来る、動きの勢い・強さに密接に関わる、という質・様性の高い動きの勢い・強さを表しているものである。

　この種の、動きの質・様への言及を色濃く含み込みながら、動きの勢い・強さを表すものは、語彙性が高く、例示に止まらざるをえない。

【程度量性につながるもの】

　次に、動きの勢い・強さの一種である動きの程度量性について見ていく―ただ、程度の副詞による動きの程度性の限定については、この章では扱わない。次章で見る―。ここで見る程度量性は、動きが程度量的な広がりを有していて、副詞が、その程度量的な広がりのありようを差し出しているものである。動きの程度量的な広がりには、動きの進展に伴う物理的な量性もあれば、動きの徹底性とか深度とかの程度性―程度性については次章参照―に関わるものもある。たとえば、「ファインダーが、ドン、と大きく揺れた。(剣持亘他「シナリオ・さびしんぼ」)」「テレビドラマの脚本を安易に量産することに、つくづく嫌気がさしていた…(小林久三「赤い落差」)」などを例に説明すれば、前者は、揺れ幅とでも言えばよい物理的な量性の多寡に関わるものであり、後者は、嫌気の深度とでも言えるもので、「嫌気ガサス」という動きの程度性に関わるものである。ここで扱う動きの程度量性と、典型的な動きの勢い・強さの副詞との異なりは、「大キク揺レタ」と「激シク揺レタ」とを較べれば明らかであろう。ただ、動きの物理的な量性などが高くなるということは、結果として動きのエネルギーが大きいということでもある。また、ここで扱うものは、「ファインダーガ{大キク／カナリ}揺レタ」「{ツクヅク／トテモ}嫌気ガサシテイタ」のように、基本的に、意味のタイプを大きく変えず、程度の副詞に置き換えることができる。

　以下、このタイプの動き様態の副詞の代表的なものを例示的に挙げていく

ことにする。最初に、語の意味が、量・程度に密接に関わる大小・深浅・濃淡などを表しているものから見ていく。まず、「大キク」「小サク」を取り上げる。たとえば、

（１）　彼は、<u>大きく</u>眼を見開いて、…　　　（北原武夫「男を喰う人妻」）
（２）　町子は<u>小さく</u>手を振ってみせる。　　（阿部牧郎「やけぼっくい」）
（３）　エンジンレバーのわずかな操作ミスも、操縦に<u>大きく</u>影響し、…
　　　　　　　　　　　　　　　　　　　　　　　（森村誠一「紺碧からの音信」）
（４）　「駄目か」と、高木は<u>小さく</u>溜息をついた。
　　　　　　　　　　　　　　　　　　　　　　　　（山村美紗「恐怖の賀状」）

などの下線部がこれである。（１）（２）は、空間の広がり量や揺れ幅の大きさを表すことを通して動きの程度量性を表し、（３）（４）は、より直接的な動きの程度性の表現に移っているものである―この種の異なりには、動詞のタイプが関わっている―。

　次に、深浅に関わるものを見ておく。

（５）　彼はもう一度<u>深く</u>草むらに踏み込み、…　（斎藤栄「江の島悲歌」）
（６）　（恩田は）<u>浅く</u>腰かけただけで、膝に置いた手がいかにも落着かなげに、腕時計のベルトをこすっている。　（夏樹静子「特急夕月」）
（７）　保の様子が心配だから、<u>深く</u>注意しないで戻って行った。
　　　　　　　　　　　　　　　　　　　　　　　　（斎藤栄「江の島悲歌」）

などの下線部がこれである。（５）（６）は直接的には空間の広がり量を表すもので、（７）は既に動きの程度性に深く関わるものである。

　さらに、厚薄・濃淡に関わるものを見てみる。

（８）　それはまだ<u>あつく</u>垂れこめている夏の夜の山の霧なのです。
　　　　　　　　　　　　　　　　　　　　　　　（小泉喜美子「冷たいのがお好き」）
（９）　すぐに桂子は<u>薄く</u>眼を開けて、…　　（川上宗薫「七色の女」）
（10）　＜あるいは自殺か?＞の疑いが<u>うすく</u>拡がり始めたことを、光野は感じた。　　　　　　　　　　　　　　（石沢英太郎「噂を集め過ぎた男」）
（11）　赤い風船が、ひときわ<u>濃く</u>純男の瞼に灼きついた。

(森村誠一「紺碧からの音信」)
(12) 頬と唇に淡く紅をさすと… (藤枝静雄「私々小説」)

などの下線部が、これらの例である。これらは、残している(表している)量性の濃淡には、異なりはあるものの、いずれも、量性を表すことを通して動きの程度量性を表している。また、「重く河原の面(おも)に立ち罩めていた茜色を帯びた白い川霧が…(近松秋江「黒髪」)」なども、このタイプであろう。

引き続き個別性の高いものについて、用例提示を中心に瞥見しておく。語彙性が高く例示的にならざるをえない、つまり挙げつくすことはできない。

最初に、

(13) 石上は徹底的にシラをきった。 (斎藤栄「江の島悲歌」)
(14) 双眼にあふれたっていた水色の光の滴(しずく)は、夜がきれいに隠してくれた。 (赤江瀑「八月は魑魅と戯れ」)

を見てみよう。これは、動き実現の程度が、完全性とでも言えばよいようなレベルにあることを表しているものである。(14)の「キレイニ」も、この種の意味で使われているものであろう。

上掲の完全性につながり、それと同趣のものとして、

(15) 夜はすっかり明け放たれ、… (小泉喜美子「冷たいのがお好き」)
(16) 「そう解釈したときだけ、山に上がったことがすっきり納得できる」
(川辺豊三「公開捜査林道」)
(17) 何か外部に変化が起きるたびに、恩田はガラリと態度を変えた。
(夏樹静子「特急夕月」)
(18) 八雲は…みっちり地上教育をうけた後、…
(森村誠一「紺碧からの音信」)
(19) 彼の声が私の耳から離れた途端、もう彼のことはケロリと忘れてしまった。 (北原武夫「男を喰う人妻」)
(20) ハンスはぷつりと人形造りをやめてしまいました。
(高木淋光「妖婦の宿」)

などが挙げられる。これらは、いずれも、動きの程度量性が極めて高いこと

を表しているものである。また、「わたしはコテンパンにやられてしまい、グウの音もでなかった。(鮎川哲也「割れた電球」)」なども、質・様への言及度が高いものの、ここに入れることができよう。

引き続き、

(21) 長身の身体全体に、ひしひしと溢れている、一種名状のできない精悍な感じに、…気圧されていた。　　(北原武夫「男を喰う人妻」)

(22) 五勺の酒によい気持ちになってグッスリねたから、…
　　　　　　　　　　　　　　　　　　　　(坂口安吾「能面の秘密」)

などが挙げられる。これらは、動きの程度量性が高いことを表しているものである。

それに対して、

(23) わたしは女手でほそぼそと推理小説だの殺人小説だの書きつづけて…　　　　　　　　　　　(小泉喜美子「冷たいのがお好き」)

(24) 息子は…おぼろげに僕のことを知っていたかも知れません。
　　　　　　　　　　　　　　　　　　　　(上林暁「ブロンズの首」)

(25) 家の中がぼんやり浮かび上がった。(草野唯雄「トルストイ爺さん」)

(26) かすかに指が震えたが、…　　　　(夏樹静子「特急夕月」)

などの下線部は、いずれも、動きの程度量性が低かったり少なかったりすることを表しているものである。これらが、程度量性を表すことにおいて、程度の副詞につながっていくことについては、既に触れた。事実、(26)の「カスカニ」などは、動詞に係っていく例が多いにしても、「カスカニ{大キイ／甘イ／長イ}」のように、形容詞にも係りうる—次章で瞥見する—。

最後に、

(27) 農民たちがササの実でかろうじて飢えをしのいだという記録がのこされているくらいだ。　　　　(開高健「パニック」)

のような、動きさらに言えば事態の実現性が極めて低いことを表すものを、このタイプのきわめて周辺的な存在として位置づけ挙げておく。

【動きのエネルギー量としての主体・対象の数量性】

　引き続き、動きの勢い・強さの動き様態の副詞の周辺種として、主体や対象の数量性に関わるものを取り上げる。主体や対象の数量が多ければ、総体としての動きのエネルギー量は多くなるであろうし、逆に、少なければ、総体としての動きのエネルギー量は少なくなるだろう。つまり、基本的・原則的に、主体や対象の数量の多寡は、総体としての動きのエネルギー量の大小につながってくる。ここで問題になるのが、(数)量の副詞との異なりである。このタイプと量の副詞との異なりは、たとえば、「アパートの一室で、ひとりで、がぶがぶ酒をのんだ。(太宰治「富嶽百景」)」の「ガブガブ」を、「アパートノ一室デ、ヒトリデ、{タクサン／タップリ}酒ヲノンダ」の「タクサン」「タップリ」とを較べてみると、分かりやすいであろう。「タクサン」「タップリ」は、「{タクサン／タップリ}ノ酒」のように、主体・対象─この例では対象─の名詞を修飾して、対象の数量規定であることが明確である。したがって、これらは、量の副詞である。しかし、「ガブガブ」は、対象量に関わり、その多さを示すものの、「*ガブガブノ酒」のように、直接的に行うのではなく、動きの量が多い─したがって、総体としての動きのエネルギー量が多い─ことを示すことを通して、それを行っているものである。この「ガブガブ」のようなものが、ここで、主体や対象の数量性に関わることで、総体としての動きのエネルギー量を表すタイプとして取り上げるものである。

　このタイプには、さらに、
　（１）　前後の自動車から助手がばらばらと飛び出して、…
　　　　　　　　　　　　　　　　　　　　　　　(川端康成「霊柩車」)
　（２）　褐色の虫がぞろぞろ畳の方にはい出しているのを見た。
　　　　　　　　　　　　　　　　　　　　　　　(島尾敏雄「家の中」)
　（３）　たわわにみのったササの実は…　　　(開高健「パニック」)
　（４）　「血はドクドクふき出すわ、傷口は手がつけられぬくらい大きいわで、…」　　　　　　　　　　(草野唯雄「トルストイ爺さん」)
　（５）　…、鼻汁がたらたらと止め度なく垂れる。

(正宗白鳥「戦災者の悲しみ」)
　（6）　キネマ女優が薄暗がりで<u>ぽろぽろ</u>涙を流している。
(川端康成「敵」)

などの下線部が、このタイプの例である。（1）から（5）が主体の数量に関わり、（6）が対象の数量に関わるものである。これらは、主体や対象の数量性を通して、総体としての動きのエネルギー量に関わっているが、また、主体・対象が数量性を伴うことによって発生する、動きの質・様的ありようにも関わっている。したがって、動きの質・様の箇所で、主体・対象の数量性さらに動きの勢い・強さへの含みを有するものとして述べることもできよう――動きの勢い・強さの所で扱っているのは、動きの過程の局面にとっては、動きの勢い・強さの方が動きの質・様に比して本質的であると捉えているからである――。

　さらに、質・様性が優勢・あらわになったものとして、
　（7）　光子さん、<u>ばさっと</u>パンフレットの束をさしだす。
(新井素子「正彦くんのお引っ越し」)
　（8）　「痛うおっせ」と、そのとき<u>ぽつりと</u>経五郎は言った。
(赤江瀑「雪華葬刺し」)
　（9）　白煙が<u>もうもうと</u>たちこめ、…　　（大河内常平「安房国住広正」)

などが挙げられる。これらは、動きの質・様に深く関わりながら、主体・対象の数量にも関わり、そのことを通して、動きの勢い・強さへのつながりを指摘できるだろう。

　また、
　（10）　群衆は<u>口々に</u>叫び、…　　　　　　　（橋本忍「シナリオ・日本沈没」)
　（11）　男女生徒が、<u>三々五々</u>挨拶を交して帰って行く。
(剣持亘他「シナリオ・さびしんぼ」)
　（12）　数人の男女が、…喰い終って、<u>順々に</u>立ち去ってゆく。
(水上勉「寺泊」)

などの下線部に対しては、正確に位置づけを行いえないが、主体などの数量

性にも関わりながら、動きの多回性を示し、次に触れる動きの回数性につ
ながるものとして、ここで挙げておく。

【動きのエネルギーの総量としての回数性】
　動きの勢い・強さに関わるものの最後として、動きの回数性を示すことを
通して、総体としての動きのエネルギー量に関わってくるものを取り上げ
る。動きが多回的になれば、それに応じて、総体としての動きのエネルギー
量は多くなるであろうし、一回ないしは少数回であれば、総体としての動き
のエネルギー量は少なくなるであろう。その意味で、このタイプのものも、
動きの勢い・強さに関わる周辺種として扱っておく。また、このタイプは、
回数的あり方を含みながら、深く動きの質・様にも関わっている。さらに、
多回的であることから、繰り返しを表す頻度の副詞とのつながりもあるだろ
うし、動きの回数性ではなく、動きそのものが多回的な動きである場合、そ
の回数性は、動きの時間的あり方に関わり、＜動きの早さ＞の側面や、時間
関係の副詞につながっていく。
　たとえば、
　　（1）　石宮はじっと坐っていることができず、立ち上がって室内をぐる
　　　　ぐる歩き廻った。　　　　　　　　　　　　　（麗羅「怨の複合」）
　　（2）　それから今度は、くどくどとお詫びを言って、やっと電話を切った。
　　　　　　　　　　　　　　　　　　　　　　　（北原武夫「男を喰う人妻」）
　　（3）　丹那は相手の顔をまじまじとみた。　　（鮎川哲也「急行出雲」）
　　（4）　全身は…眼に見えてがたがたと震え出したのだ。
　　　　　　　　　　　　　　　　　　　　　　　（高木淋光「妖婦の宿」）
　　（5）　女中が私の部屋の扉をどんどん叩き、…　（高木淋光「妖婦の宿」）
　　（6）　その夜は眠れそうもなかった。輾転反側したあげく、寝床に腹ば
　　　　いになって…　　　　　　　　　　　　　　（中薗英助「霧鐘」）
などの下線部は、動きが多回的であることからくる、動きの総体としてのエ
ネルギー量の大きさを示しているものである。それに対して、

(7)　咽喉の肉が<u>ぴくりと</u>上下して、…　　（吉行淳之介「食卓の光景」）

は、動きが一回的であることを表すことによって、動きの総体としてのエネルギー量の小ささを示しているものであろう。また、

　(8)　女の子は私のほうを<u>チラッと</u>見て、…

（戸板康二「グリーン車の子供」）

の「チラット」は、「そんな二人を、久子が<u>チラチラ</u>と見た。(橋本忍「シナリオ・日本沈没」)」に対して、一回性を表しているとともに、「三村、<u>じっと</u>山本の顔を見ている。(橋本忍「シナリオ・日本沈没」)」に対して、動きの所要時間の短さを表している、といったものであろう。このような「チラット」は、回数性を通して、総体としての動きのエネルギー量、そのことによって動きの勢い・強さに関わるとともに、動きの早さの周辺的存在である、動きの所要時間にも関係づけることのできる存在であろう。さらに、

　(9)　英子のいいところが、<u>とめどもなく</u>思い出されてきた。

（川辺豊三「公開捜査林道」）

　(10)　産室で牝が<u>ひっきりなしに</u>陣痛の悲鳴をあげ、…

（開高健「パニック」）

などの下線部は、動きの連続性や繰り返し性—したがって多回的な動きである—を表し、「次カラ次へ」であるとか、頻度の副詞の「シキリニ」などにつながっていくものであろう。

　本章では、典型的なものや、それにつながり近接するものだけでなく、主体・対象の数量性や動きの回数性を示すものも、周辺的存在として、動きの勢い・強さの中で扱った。

4.2　動きの早さを表すもの

　次に、動きの展開過程の局面に内属する側面の一つとして、動きの早さといったものを取り上げる。＜動きの早さ＞とは、単に動きがどれくらいの時間幅を持って存在するのかということではなく、動きが展開していく時間的早さ・速度を表しているものである。動きの展開していく時間的早さの中に

は、動きが始まってから終わるまでの展開を中心に、動きの時間的早さを表すものもあれば、動きの取り掛かりへの時間的早さを中心に、動きの時間的早さを表すものもある。前者を＜経過の早さ＞と仮称し、後者を＜取り掛かりの早さ＞と仮に呼んでおく―もっとも、これらが常に截然と分かたれるわけではない―。取り掛かりの早さも、取り掛かりを含んで動きとして捉えられることによって、動きの早さを表している。この動きの早さを表す動き様態の副詞と時間関係の副詞とは、ともに時間的あり方が関わっていることから、その異なりが問題になろう。特に、取り掛かりの早さの場合、動きに取り掛かる前の時間幅が関与してくることによって、時間関係の副詞との違い・連続性が問題になってくる。動きの早さと時間関係の、両者の副詞の異なりは、「さ、ゆっくり食べて、飲もうか。(鎌田敏男「金曜日の妻たちへ(下)」)」と「サ、｛シバラク／長時間｝食ベテ、飲モウカ。」とを較べてみれば明らかであろう。「ユックリ」は、「食ベル」という動きそのものの展開の時間的な早さを表しているのに対して、「シバラク」「長時間」は、「食ベル」という動きが占める時間幅を表している。前者が動きの早さを表す動き様態の副詞であり、後者が時間関係の副詞である。また、「わたしはいますぐ、とり急いで、神野寺にこの刀を返しにゆきます。(大河内常平「安房国住広正」)」という例を見ることによっても、この両者がタイプの違う存在であることが明らかであろう。「スグ」は、動き開始までの時間幅を表す時間関係の副詞であり、「トリ急イデ」は、「急イデ」などとともに、取り掛かりの早さを表す動き様態の副詞である。タイプが異なるからこそ、同一の文に共存しているのである。

【動きの早さをより純粋に表すもの】

まず、動きの早さをより純粋に表していると思われるものから見ていこう。代表的なものとして、「ユックリ(ト)」や「｛速／早｝ク」などが上げられる。たとえば、

　　（1）　そいつが、長い足を一本一本ゆっくりと動かして、…

(尾崎一雄「虫のいろいろ」)
（２） 旅館やホテルの丹前を着た男女が、三々五々ゆっくりと歩いている。
(川辺豊三「公開捜査林道」)
（３） 海、朝凪でゆっくりうねっている。　　（橋本忍「シナリオ・日本沈没」）
（４） 「ま、ゆっくり喰いながら聞いてくれ」（鮎川哲也「割れた電球」）
（５） ゆっくりと鬼貫は手帳をとじた。　　　（鮎川哲也「急行出雲」）
（６） 雪は…、ときどきすうっと簾のほうにながれては、竹の網み目にしずかにとまり、その上でゆっくり溶けた。　（赤江瀑「雪華葬刺し」）
（７） 「ぼくはね、忙しいんだよ。こんど、またゆっくり会おう」
(水上勉「赤い毒の花」)

などの下線部が、「ユックリ(ト)」の例の一部である。「ユックリ(ト)」は、使用範囲のきわめて広い副詞である。終端(限界性)のない―atelicな―運動を表す動詞（１）（２）（３）（７）にも、終端のある―telicな―他への働きかけの動詞（５）そして（４）にも共起するし、終端のある主体変化の動詞（６）とも共起している。これらと共起し、「ユックリ(ト)」は、動きの経過の早さが遅いことを表している。また、動きの経過の速度が遅いということは、動きの勢い・強さが弱いことにつながっていくし―例文（３）参照―、経過の早さの遅さは、所要時間の長さにつながっていく―例文（７）参照―。「ユックリ(ト)」は、上掲以外にも、「ゆっくり(と)｛遊ぶ／撫でる／律動し／揺れる／車をころがし／引っ張った／受話器を取り上げ／バンドを締め直した／オートバイをスタートさせた／引き下ろす／頭をふった／身を起こした／湯につかる／腰を上げた／顔を近づけて／煙草を喫う／振り返った／立ち上がった／移動し／近づいてきて／ベットを降りた／降下し／登っていく／通過してゆき／歩きはじめた／歩みを停める／聞きたい／答えた／問答を交わす／ご説明する／念を押した／好きなものをお探し／調べる／たのしむ／過ごす／休んでください／滞泊する｝」等々、実に多様に使われている。このように、適用範囲の広い副詞が存する、ということが、動きの早さという側面が、動きの展開過程に内属する側面として確かなものであることを、逆に示しもしている。

引き続き、「ユックリ(ト)」と意味的に対立する「|速/早|ク」を見ておく。「ユックリ(ト)」が、基本的に経過の早さを表すのに対して、「|速/早|ク」は、経過の早さも表すが、取り掛かりの早さ―むしろ、こちらの方が中心―をも表し、さらに「スグ(ニ)」などの時間関係の副詞にもつながる所を有している。たとえば、

(8) ゆっくりと歩くときよりも速く歩くときの方が、一歩の長さが長くなるし、… 　　　　　　　　(本川達雄「ゾウの時間、ネズミの時間」)

(9) 弁髪を背に垂らした曲芸師は、細い竹の先で皿を空に投げあげたり、静止しているように見えるほど速く回してみせた。

(加藤幸子「夢の壁」)

(10) 本にせよ書類にせよ、忙しい時に速く読めば時間の節約になる。

(天声人語・1989.10.24)

(11) サイズによって変わるものがある。筋肉の収縮速度である。小さい動物の筋肉ほど速く縮む。(本川達雄「ゾウの時間、ネズミの時間」)

などの下線部のように、主体に変化を及ぼさない動き(8)(9)(10)であれ、主体変化の動き(11)であれ、持続過程を持つ動きであれば、経過の早さを表しうる。「速ク」が経過の早さを表し、「ユックリ(ト)」に対立するものであることは、例文(8)を見れば、よく分かろう。両者が対をなして使われている。ただ、主体の変化や対象変化を起こす働きかけの場合、持続過程があっても、取り掛かりの早さに傾きやすい。

(12) …体温が上昇する。時には41度に達することもある。できるだけ速く体温を下げなければならない。　　　(天声人語・1990.7.20)

なども、取り掛かりの早さを中心とする動きの早さと解釈する方が優勢であろう。また、「し、早く手錠をかけろ。(北杜夫「クイーン牢獄」)」の「早ク」を、「ユックリト手錠ヲカケロ。」のように変えると、焦点が、動きの取り掛かり段階から、動きの展開の段階に移ると思われる。これは、「ユックリ(ト)」が、過程を引き出し、その早さを示すのが基本であるのに対して、「|速/早|ク」が、取り掛かりの早さを中心に据えるものであることから、来

るものであろう。そして、

 (13) 家族には、弟が自分の病気を楽観したままで、むしろ早く生を終えることを願うようにさとし、… (藤枝静男「私々小説」)

 (14) そんなに早く引き替えたければ、歩いていける木幡郵便局にすればいいのだ。 (山村美紗「恐怖の賀状」)

などのように、持続性のない動きに共起する「早ク」は、取り掛かりそのものの早さを表し、「スグ(ニ)」などにつながっていく。このタイプのものをそのまま「ユックリ(ト)」に置き換えることは難しい。また、「早ク」には、「双方とも両親を早く失った…(鮎川哲也「急行出雲」)」のように、「早クニ」相当のものがあるが、これは、時の状況成分寄りであり、ここでは扱わない。

　＜経過の早さ＞を中心に表す「ユックリ(ト)」、＜経過の早さ＞と＜取り掛かりの早さ＞とを表す「｜速/早｜ク」を見てきたが、以下、＜取り掛かりの早さ＞を中心に表すものを見ていく。

　まず、「急イデ」類が上げられる。たとえば、

 (15) チュボフは急いで十字を切った。(草野唯雄「トルストイ爺さん」)

 (16) 肥りの男が、…、いそいで椅子から床へおり立ち、… (筒井康隆「その情報は暗号」)

 (17) 母の死の通知をうけて、急ぎ帰宅した純男は、… (森村誠一「紺碧からの音信」)

 (18) 外科医たちが大急ぎで開胸して心臓をもんだのですが、… (遠藤周作「男と九官鳥」)

などの下線部が、これである。これらは、いずれも、取り掛かりの早さを中心に、動きの早さを表している。「急イデ」は、「急いで｜食べた／書いた／買った／物を水の中に落とした／小夜子を帰す／福子を殺害した／シャワーを浴びた／浴室に飛び込んだ／寝床へもぐり込んだ／部屋に参りました／とって返した／立ち戻った／出ていった／立ち去った｜」のように、意志的で限界性を持つ動きに生起するのが通例である。したがって、「?急いで｜悩んだ／困った／泣いた／勝った／合格した／騒いだ／遊んだ｜」のように、限界

性がなく無意志的な動きとは共起しにくい。限界局面を差し出さない場合、「{ユックリト／速ク}歩イテイルトコロヲ…」は可能だが、「?急イデ歩イテイルトコロヲ…」は座りが悪い―「大急ギデ歩イテイルトコロヲ…」は少しましか―。

さらに中心が取り掛かりの段階にあるものとして、

(19) 稔はまっすぐにドアに近づき、内側から鎖金をすばやくおろした。
(赤江瀑「八月は魑魅と戯れ」)

(20) …今度は素早く背を向けて駆けだした。　　(嘉村磯多「崖の下」)

などの「素早ク」が上げられる。取り掛かりの段階の動きの早さを表している。限界性を持つ動きにあっても、経過の早さに傾く時、「男ハ急イデゴ飯ヲ食ベテイルトコロヲ見ラレタ」に対して、「?男ハ素早クゴ飯ヲ食ベテイルトコロヲ見ラレタ」は、さらに座りが悪くなるだろう。

取り掛かりの段階の早さを中心に、動きの早さを表すタイプ、たとえば「彼は(名刺を)急いで取り出すと、…(麗羅「怨の複合」)」の「急イデ」などと、動きが始まるまでの時間的なありようを表す時間関係の副詞、たとえば「松田さんは急に怒鳴りだしました。(遠藤周作「男と九官鳥」)」の「急ニ」などとは、つながり連続していくところを有している。また、「青年はぶつかる直前、とっさに車から身を投げだすようにして飛びおりてしまったので、…(菊村到「雨の夜、誰かが死ぬ」)」などの「トッサニ」や、「久野は、…「おい、あの預かったトランクだが…なんと云う人だったかな」と唐突に訊いた。(梶山季之「コーポラスの恐怖」)」の「唐突ニ」などは、動きの質・様性への言及を色濃く含む点において、取り掛かりの早さを表すものときわめて近い関係にあると思われるものの、起動に関わる時間関係の副詞として位置づける方が良い存在であろう。

【〈質・様〉への言及を含みながらの〈早さ〉】

前節では〈動きの早さ〉の側面を比較的純粋に差し出している動き様態の副詞を、経過の早さを中心に表すもの、経過と取り掛かりの早さを表すも

の、取り掛かりの早さを中心に表すもの、というふうに、類化しながら見てきた。

　以下、動きの早さに深く関わりながら、また、動きの質・様への言及をも色濃く含んでいるところの、動き様態の副詞を見ていく。このタイプは、語彙的に多様で、該当するものを挙げつくすことは不可能である。目立ったものをいくつか例示するに止める。

　まず、＜経過の早さ＞を中心に動きの早さを表すもの、さらに＜速度の早いタイプ＞から見ていく。たとえば、

　　（１）　松田さんは急にこちらに背をむけるとスタスタと病室に戻りました。
　　　　　　　　　　　　　　　　　　　　　　（遠藤周作「男と九官鳥」）
　　（２）　私は…スルスルと着ているものを脱ぎ捨ててしまったからだ。
　　　　　　　　　　　　　　　　　　　　　　（北原武夫「男を喰う人妻」）

などの下線部は、動きの質・様への言及を含み込んで、経過の早さを中心にした動きの早さを差し出しているものである。動きの質・様への言及を色濃く含み込んでいる分、「ユックリト」などに比して、使用範囲がかなり狭い。「スタスタ（ト）」は、主に歩行運動に関わる速度を表し、「すたすた（と）｜歩いている／行ってしまった／立ち去った／出ていく｜」などのように、使われる。また、「スルスルト」は、滑るように移動し現れる動きの早さに関わり、「するすると｜山門を登って行って／言葉が出てきた／走って行って／車が滑（すべ）りだす｜」などのように、使われている。

　さらに、

　　（３）　この仕事は…、いっさい空想から生み出すのですから、そうすらすら次から次へと作品が湧いてくる筈もありません。
　　　　　　　　　　　　　　　　　　　　　　（小泉喜美子「冷たいのがお好き」）
　　（４）　ぼかし硝子の障子戸に、てきぱきと昼の光を遮断していく彼の黒い影が映っていて、…　　　　　　　（赤江瀑「雪華葬刺し」）

などの「スラスラ」「テキパキ」にしても、滞りなく手際良く多量性を持った事象が遂行されたり実現したりする、といった動きの質・様を含みながら、経

過の早さに関わっている。

　また、動きに使用する体の部位を差し出しながら、動きの早さを表すものもある。たとえば、

　　（５）　二人は足早に周英マンションに戻った。(川辺豊三「公開捜査林道」)
　　（６）　果実畑の間の小道を急ぎ足で下って行く、ヒロキとカズオとマコト。
　　　　　　　　　　　　　　　　　　　　　　　　(剣持亘他「シナリオ・さびしんぼ」)

などの下線部は、「足」の動きに言及し、そのことによって、動きの質・様を色濃く含みながら、動きの早さを表している。これらは、「足早に│通り過ぎる／向かった／現れて│」「急ぎ足で│やってくる／部屋を出た／歩いてくる│」のように、移動動作に使われる。また、「ハンドバックと土産の包みをさげた育子は、歩道を小走りに横切って店に入った。(山村正夫「厄介な荷物」)」なども、移動の様に深く言及しながら、動きの早さに関わるものである。

　　（７）　高橋は、早口で、昨夜からの事件関係者の事件聴取の概略を、光
　　　　　　野に話しだした。　　　　　　　　(石沢英太郎「噂を集め過ぎた男」)
　　（８）　松岡は手速く荷物を、片隅の戸棚や寝台下へ押しこみ、…
　　　　　　　　　　　　　　　　　　　　　　　　　　　　(田久保英夫「深い河」)

などの下線部も、（５）などと同様に、動きに使用する体の部位を持ち出しながら、動きの早さを表したものである。

　さらに、動きの質・様への評価的な言及を含みながら、経過の早さを中心に動きの早さを表すものがある。たとえば、

　　（９）　小肥りの男はせかせかと小声で話しはじめた。
　　　　　　　　　　　　　　　　　　　　　　　　　　　　(筒井康隆「その情報は暗号」)
　　(10)　男はそそくさとギメーシの前を通りすぎようとして、…
　　　　　　　　　　　　　　　　　　　　　　　　　　　　(北杜夫「クイーン牢獄」)
　　(11)　空知はせっかちにうなずいている。　　(鮎川哲也「急行出雲」)
　　(12)　彼らはせまい箱のなかをせわしく往復し、…(開高健「パニック」)

などの下線部がこれである。これらは、評価的言及を含むことによって、無意志動詞化している。

以上は、経過の早さを中心に動きの早さを表したものの内、速度の早いタイプに関わるものであったが、〈速度の遅いタイプ〉としては、次のようなものが挙げられる。たとえば、

(13)　日の丸オヤジはおどすように<u>のろのろ</u>と拳固をふり上げた。
（梅崎春生「突堤にて」）

(14)　オツネは壁にそうて<u>ノロノロ</u>歩いてきたらしく…
（坂口安吾「能面の秘密」）

などの下線部「ノロノロ(ト)」がそうである。「ノロノロ(ト)」は、「のろのろ(と)｜立ちあがって／腰をおろす／首を左右に廻した／のぼって行く／遠ざかって行った｜」のように、姿勢変化や移動などの動きにおける経過の速度の遅さを表したものである。

　経過の早さを中心に速度の遅さを表したものには、動きの質・様への評価的言及を含むものが少なくない。「ノロノロ(ト)」にしてから、既にその傾向がある。さらに、

(15)　…敷地に尽きる辺まで<u>ぶらぶら</u>歩いて行って、…
（大岡昇平「歩哨の眼について」）

(16)　樫の大樹の連なって居る小径―その向うを<u>だらだらと</u>下った…
（田山花袋「少女病」）

(17)　<u>のんびりと</u>モルディヴのパンフレットを見ていた正彦くんと陽子さん、…
（新井素子「正彦くんのお引っ越し」）

(18)　睡そうな男の声が、<u>悠長に</u>喋りはじめた。（夏樹静子「特急夕月」）

などの下線部は、いずれも動きの質・様への評価的言及を色濃く含みながら、経過の早さを中心に、動きの速度の遅さに関わるものである。

　また、

(19)　私たちはあわただしい気持ちで、しかも結局かなり長い時間、<u>ぽつりぽつりと</u>話をしていた。　　（吉行淳之介「食卓の光景」）

(20)　彼はひと足先に来て、食前酒を<u>ちびりちびりと</u>なめながら、窓の外の夜景を眺めていた。
（鮎川哲也「割れた電球」）

などの下線部のように、対象に対して生み出したり働きかけたりして、対象の変化量に関わる早さを表しながら、経過の速度の遅さを示すものがある。

　以上、いずれも、動きの質・様への言及を色濃く含みながら、経過の早さを中心に動きの早さに関わるものを、いくつか例示した。

　引き続き、動きの質・様への言及を含みながら、＜取り掛かりの早さ＞を中心に動きの早さを表しているものを挙げておく。まず、＜速度の早いタイプ＞から見ていく。というより、この類いは、速度の早いタイプがほとんどで、速度の遅いタイプは稀である。たとえば、

　　(21)　子供は、サッと顔色を変える。　　　（安岡章太郎「陰気な愉しみ」）
　　(22)　「ヒロキ、サッサと勉強しなさい」（剣持亘他「シナリオ・さびしんぼ」）
　　(23)　私は子供の手をひき、とっととトンネルの中にはいって行った。
　　　　　　　　　　　　　　　　　　　　　　　　　　（太宰治「富嶽百景」）
　　(24)　マントルは…対流の数の増える際にはパッと瞬間に変ってしまう。
　　　　　　　　　　　　　　　　　　　　　（橋本忍「シナリオ・日本沈没」）
　　(25)　（ヒロキ）次の扉の前で、パタッと止まる。
　　　　　　　　　　　　　　　　　　　　（剣持亘他「シナリオ・さびしんぼ」）

などの下線部が、このタイプの一部である。これらは、いずれも、動きの質・様への言及を含みながら、早い取り掛かりの速度で動きが実現することを表している。動きの取り掛かりの早さを取り上げるものであれば、「さっと|変わる／あおざめた／動揺し／顔をあげた／身をよけて／引き上げる／身をひきしめ／過ぎてゆく／通り過ぎる／飛び出す／掴まえる|」や、「さっさと|行きなさい／入って行った／浴室の中へ飛び込んだ／立ち上がって／片付けて／靴を脱いで|」や、「ぱっと|開いた／放して／広げる／雰囲気をかもしだす／華やぎたつ／頭に浮かび／閃めき／思いつく／結びついた／走り|」のように、動詞は、変化動詞を中心に、開始の側面や終了の側面を取り出すことで、動きへの実現を捉える形で使われている。また、このタイプでは、時間関係の副詞とのつながりが問題になるが、両者が異なる存在であることは、例文(24)からも明らかであろう。取り掛かりの早さを表す「パッと」

と時間関係の副詞である「瞬間に」が、一文に共存している。

　また、動きの質・様への言及を含みながら、取り掛かりの早さを中心に動きの早さを表しているものの中には、「怜子、いきなりカップのマティニを飲みほし、スックと立ち上る。(橋本忍「シナリオ・日本沈没」)」「一万一千フィートまで一気に急上昇、速度三百ノットで目標物に向って一気に突っ込む。(森村誠一「紺碧からの音信」)」や「悪太郎にからかわれて、子供はわっと泣き出し、…(嘉村磯多「崖の下」)」のように、動きの早さとともに、動きの勢い・強さをも含み示すものもある——最後の「ワット」などは、動きの質・様の箇所で扱う方が妥当かもしれない。事実、「すっと立ちあがった」「ひょいと姿を消した」「プツッと黙った」「コロリと射たれる」のように、動きの質・様と動きの早さのどちらで扱う方が良いのかが定かでない、言い換えれば、両者が分かちがたく結びついているものも少なくない——。

　経過の早さには、速度の遅いタイプ——たとえば「ユックリ(ト)」「悠長ニ」など——もそれなりに存在するが、取り掛かりの早さには、＜速度の遅いタイプ＞は稀である。ただ、

　　(26)　老婆はそろそろと歩き始めた。　　　　(日影丈吉「かむなぎうた」)

の「ソロソロト」などは、取り掛かりの早さで、速度の遅いタイプにも使われるものに入れることができようか。

【動きの早さとしての所要時間】

　動きの早さの早い遅いは、また、動きの所要時間のありように影響を与える。動きの早さとしての所要時間とは、単に動きがいかほどの時間幅を占めて存在するかということではなく、動きが要する時間的ありようを、動きの遂行・実現の早さ、したがって動きの行われ方からのありようとして、差し出したものである。時間関係と動きの早さの副詞との違いは、「あの時、あの男が子供を東京へ行くわけを長々と説明したでしょう。(戸板康二「グリーン車の子供」)」と「アノ時、アノ男ガ子供ガ東京ヘ行クワケヲジックリ説明シタデショウ。」とを較べれば、よく分かろう。「長々ト」は、単に動きの占める

時間幅を表した時間関係の副詞であるの対して、「ジックリ」は、動きの所要時間の長さへの言及を含むものの、動きの経過に関わる早さの結果としてのものである。

ここでは、動きの早さという側面への言及の最後として、動きの早さとしての所要時間に関わるものを瞥見しておく。たとえば、

（1） 大和経五郎は、しばらくの間、品物でも眺めるようにな眼でじっと茜を見た。　　　　　　　　　　　（赤江瀑「雪華葬刺し」）

（2） 昼から夜まで、彼は窓にじっと坐りつづけていた。
（川端康成「合掌」）

（3） 宏はソファに横になったままじっと考え込んでいた。
（鎌田敏男「金曜日の妻たちへ（下）」）

（4） それなのに僕はじっと堪えた。　　　（今東光「吉原拾遺」）

（5） 江川の玉乗りという他愛ないものをじっくりと見物して時間を潰した。　　　　　　　　　　　　　　（今東光「吉原拾遺」）

などの下線部がそれである。これらは、所要時間の長さを表すものである。「ジット」は、「見ル」動きと共起することが多いが、（2）から（4）が示すように、それだけではない。また、これらが、時間関係の副詞とは別物である、ということは、例文（1）（2）からも明らかであろう。これらは、同一文中に「シバラクノ間」「昼カラ夜マデ」という時間関係の副詞を併存させている。これらは、また、その動きを変えないでとか何もしないでといった、動きの質・様への含みをも伴う—（2）から（4）—。

上掲の例文が所要時間が長いことに関わったのに対して、

（6） 村地は…吉川をちらっとみた。　　　（小林久三「赤い落差」）

（7） 「正直なところ、…そんなこともチラと考えましたが」
（中薗英助「霧鐘」）

（8） 私は不覚にも我知らずちらと微笑んでみせた。
（川端康成「夜店の微笑」）

などの下線部は、所要時間が短いことを表している。所要時間という時間量

は、また、運動量、動きのエネルギー量にもつながっていく。これらには、また、動きの程度性、動きの勢い・強さの含みが存する。

　また、「真弓はひとしきり泣いていたが、…(鎌田敏男「金曜日の妻たちへ(下)」)」は、所要時間というよりは、さらに時間関係の副詞へのつながり・傾きが大きいし、「女は二十ばかりの温泉の印象を立て続けにしゃべり出す。(川端康成「万歳」)」は、連続性・繰り返し性に深く関わり、頻度の副詞につながっていく。さらに、「母子がひたすら抱きつづけてきたかすかな希望を打ち砕く…(森村誠一「紺碧からの音信」)」などは、動きの所要時間に関わりなしとしないが、動きの勢い・強さを含んだ動きの質・様として扱う方が妥当であろう。ここでも、また、様態の副詞の分類の難しさ、連続性を見てとることになろう。

4.3　動きの質・様を表すもの

　引き続き、動きの展開の局面に内属する側面として、動きの質・様といったものを取り上げる。動き様態の副詞は雑多なものであったが、動きの質・様の側面は特にその感が強い。というよりは、動きの質・様は、動き様態の副詞のごみ箱的存在ですらある。そういった存在に対して、＜動きの質・様＞とは、動きの展開に伴って動きに生じる視覚・聴覚を中心にした形態・様子的なありようであると、とりあえず規定しておく。ただ、動きの展開に伴い現れる動きの形態・様子的なありようといっても、典型的な色や形状、触感状態などは、動きの展開中には現れがたい。「赤く染まった空」「真っ二つに割った」「つるつるにはげた頭」などのように、動きの展開の局面ではなく、動きの結果の局面に生じるものである。これらは、様態の副詞ではなく、結果の副詞である。動きの展開中に現れる形態・様子的なありようは、動きの勢い・強さや動きの早さに関わることで生じるものが中心である。

【発生・付随する音】
　動きの質・様に関わる動き様態の副詞は、雑多で類型化しにくいもので

あった。その中で、音に関係するものは広範に取り出すことができる。これは、心的な動きでもない限り、言い換えれば、外的な物理的な動きは、その遂行・展開にあたって何らかの点で音を伴うことが多い、ということに基因している。また、発生したり付随したりする音の量的なありようが、動きの勢い・強さや動きの早さを含意することにもなっている。音からした動きの行われ方の限定・特徴づけは、音の点から動きの質・様を限定・特徴づけるとともに、動きの勢い・強さや動きの早さをも含意することができる。音に関係する副詞は、まさに、動きの勢い・強さや動きの早さに関わることで生じる、動きの展開中に現れる形態・様子的なありようの一つの代表である。

ただ、音の関わるものの中には、副詞的修飾成分ではなく、共演成分として扱う方がふさわしいものがある。たとえば、

（１）　湯気を上げる鍋を囲んで、ハフハフ言って、スキヤキを突っついているヒロキ、カズオ、マコト。　　（剣持亘他「シナリオ・さびしんぼ」）

（２）　和室の障子のすきまからのぞいた二人は、同時にあっと叫んだ。
（山村美紗「恐怖の賀状」）

などの下線部がこれである。動詞「言ウ」や「叫ブ」が必須的に要求する＜対象＞たる共演成分の位置を、この「ハフハフ」や「アット」は占めている。音が関わっていても、統語的に共演成分としての地位を占めるこの種のものは、ここでは除外する。ここで扱うものは、付加的な副詞的修飾成分の地位にあるものである。

まず、音の点からした動きの質・様の側面に関わる動き様態の副詞としては、音の発生を表す動きに共起するもの—これを＜発生音＞と仮称する—が上げられる。たとえば、

（３）　踏切の警報がカンカンと鳴って、…　（阿部牧郎「やけぽっくい」）

（４）　ひゅう、と、痩せた男はのどを鳴らした。

（筒井康隆「その情報は暗号」）

（５）　（黒い鳥は）咽喉(のど)の奥をゴロゴロとならし、…

（遠藤周作「男と九官鳥」）

(6) 下駄の音だけが、…、からんころんからんころん、とても澄んで響く。
(太宰治「富嶽百景」)
(7) カルジンがひっくり返って、うんうんうめいているのが、…
(草野唯雄「トルストイ爺さん」)

などの下線部がこれである。「鳴ル」「鳴ラス」「響ク」「ウメク」などは、総て、動きの実現・成立によって、何らかの音が発生し存在する動きを表している。下線部は、いずれも、発生・存在する音がどのようなものであるかを示すことで、音を発生させ存在させる動きの質・様を表している。音は動きの実現・成立が招来するものであった。鳴ったから「カンカン」という音が発生したのであり、うめいたから「ウンウン」という音が存在するのである。その意味で、＜結果の副詞＞とつながるところを有している。ただ異なるのは、結果の副詞の表すあり様が、動き実現・終了の後、主体や対象に残るものであったのに対して、このタイプは、動きの終了とともに無くなるものである、という点である。

また、

(8) 石戸はゲラゲラ笑い出した。 (中薗英助「霧鐘」)

のように、笑い声を表すものも、このタイプである。これには、「彼は声を殺してクックッと笑った。(鮎川哲也「割れた電球」)」「石上はハハハと笑って、…(斎藤栄「江の島悲歌」)」「頬の赤い彼女達が…きゃっきゃっと笑って逃げたりするのを見て、…(日影丈吉「かむなぎうた」)」「やがて彼はへらへら笑い出した。(筒井康隆「その情報は暗号」)」などのように、多様であり、音の質を差し出しながら、既に動きの勢い・強さを色濃く含意している。さらに、「ヘラヘラ笑ウ」のように、音―擬声―から擬態へと歩を進めているものもある。

また、発生音のタイプには、

(9) バリバリと音を立ててせんべいをかじる。
(鎌田敏男「金曜日の妻たちへ(下)」)

のように、名詞「音」を含み、音発生の動きであることを、(複合)述語の構成

の段階において明示しているものがある。この種のものは、名詞「音」を含むことによって、「バリバリという音を立てて」のように、規定成分への変換を可能にする。この種のものには、「音がする」「音をさせる」「音を出す」「音を発する」などがある。また、「声を出す」のように「声」を含むものも、この仲間に入れてよいだろう。

付随音ではなく、発生音を表すものの中には、

(10) 広正は身をひき、えいっと体当たりし、…

(大河内常平「安房国住広正」)

のように、発言行為の省略されているものもある。これは、概略、[エイット言ッテ体当タリシ]などに当たろう―「ドスント体当タリシ」であれば、次に取り上げる付随音である―。

引き続き、＜付随音＞を取り上げる。付随音は、広範でありきわめて多様なものが存する。

(11) （娘は）其儘(そのまま)ぱたぱたと駆け出した。　　　　（田山花袋「少女病」）

(12) ゴカイが二匹ごそごそ這っている。　　　　（梅崎春生「突堤にて」）

(13) 虫は…、ばたりと畳の上に落ちた。　　（日影丈吉「かむなぎうた」）

(14) （鳥は）二、三歩走ってポトリと灰色の糞をおとし、…

（遠藤周作「男と九官鳥」）

などの下線部は、移動動作や物の移動させに付随する音を差し出し、それでもって動きの質・様を限定したものである。また、

(15) その時、いきなりガラッと入口が開いて…

（剣持亘他「シナリオ・さびしんぼ」）

(16) 彼は三方の硝子窓をからからと押上げる。　（川端康成「玉台」）

などの下線部も、主体や対象の空間移動に付随する音を差し出しているものである。

さらに、

(17) （石が）カチッカチッと石垣に当って跳ね返った。

（志賀直哉「城の崎にて」）

(18)　ミチカが<u>しゅっと</u>マッチをすった。

(草野唯雄「トルストイ爺さん」)

などは、物と物とが物理的な接触をする時に伴う音を差し出しながら、動きの質・様を限定したものである。

　また、

(19)　<u>スポッ、スポッと</u>石が水へ投げ込まれた。

(志賀直哉「城の崎にて」)

(20)　ある日僕は…海中に<u>ざぶんと</u>飛び込んで…(梅崎春生「突堤にて」)

(21)　男の船は…<u>ぶくぶくと</u>海に沈んで行きました。

(川端康成「竜宮の乙姫」)

(22)　「とても狭い川なんだ。<u>じゃぶじゃぶ</u>渡っていったら、どんなもんだろう。」　　　　(太宰治「富嶽百景」)

などの下線部は、水を代表とする液体との接触や、液体の中での移動に付随する音を差し出しているものである。

　さらに、

(23)　そのとき男のポケットにギメーシの手がかかって<u>ビリビリと</u>破けるや、…　　　　　　　　　　　　　(北杜夫「クイーン牢獄」)

(24)　「あの一本だけがどうして落ちたのかな。しかも<u>ポッキリ</u>折れたように見えるが」　　　(草野唯雄「トルストイ爺さん」)

などの下線部は、物の破壊に伴う音を取り出しながら、動きの質・様を限定している例である。

　また、

(25)　息せききって駆けてきたとみえて、<u>ハアハア</u>白い息を吐いている。

(草野唯雄「トルストイ爺さん」)

(26)　ウォルター・キッコーマン警察署長は<u>ごくりと</u>唾をのみこんだ。

(北杜夫「クイーン牢獄」)

などの下線部は、息や物の吸引や吐き出しに付随する音から、動きの質・様の側面に関わっているものである。

さらに、

 (27) ロウソクの灯に、天井の梁から雪の雫が落ちて、<u>ジジジジと消え</u>
    <u>かける</u>。   （草野唯雄「トルストイ爺さん」）

の「ジジジジと」も、付随音であり、「ロウソクガ消エル」という動きの質・様を限定し特徴づけている。また、擬声語という語類が設定できるということが、音からした動きの質・様への限定が広範に存在することを示している。

 もちろん擬声語と言っても、生じた音そのものではない。音を近似的に描き取ったものである。生じている音から離れていくにしたがって、擬声は擬態へと移り動いていく―「<u>ヘラヘラ笑ウ</u>」の箇所でも触れた―。たとえば、

 (28) <u>ガチャン</u>と電話を切ってしまう。 （橋本忍「シナリオ・日本沈没」）
 (29) 福引器から金色の玉が<u>コロリ</u>と出る。

            （剣持亘他「シナリオ・さびしんぼ」）

などの下線部も、この、擬声からより擬態的へと歩を進めているものである。

 音に関係するものが動きの質・様に関わる副詞として広範に存在すること、の一つの要因として、これらが、動きの質・様を表すとともに、動きの勢い・強さや動きの早さをも含意することを述べた。つまり、発生音・付随音は、音質や音量を持ち、そのことによって、動きの勢いや早さをも表し、また、音の複数性が動きの回数性したがって総体としての動きのエネルギー量を表すことにもなる、ということである。たとえば、

 (30) 彼は…ウォッカのコップを、きずだらけの頑丈なテーブルに<u>ドン</u>
   <u>と</u>置いて、…   （草野唯雄「トルストイ爺さん」）
 (31) <u>ことん、と</u>初老のバーテンが、…グラスをカウンターに置き、…

            （筒井康隆「その情報は暗号」）

 (32) 泣きながら追いかけて来る娘の頬を<u>ぴしゃりと</u>打った。

            （川端康成「心中」）

 (33) <u>ポン</u>と肩を叩かれた。 （石沢英太郎「噂を集め過ぎた男」）

などにおいて、(30)(32)は勢いのある強い動きを含意し、(31)(33)は弱い軽

い動きを含意している。また、

　　(34)　吉川の耳に、その声は金属的なひびきで<u>ガンガン</u>反響した。
　　　　　　　　　　　　　　　　　　　　　　　（小林久三「赤い落差」）

の下線部が示すように、音からした動きの質・様への言及は、動きの勢い・強さをも含んでしまうことが少なくない。

　また、

　　(35)　道了、何も言わず、<u>カーンと</u>鉦をたたく。
　　　　　　　　　　　　　　　　　　　　　（剣持亘他「シナリオ・さびしんぼ」）
　　(36)　小さな物を、<u>かちんかちん</u>槌(つち)で叩いていた。
　　　　　　　　　　　　　　　　　　　　　　　（日影丈吉「かむなぎうた」）

などの下線部は、「叩ク」動きの質・様を付随音で限定しながら、(35)が一回の動きであり、(36)が複数回の動きである、といった動きの回数性への言及を含んで存している。

　さらに、

　　(37)　無口な桔梗屋の娘は、客の言動を<u>ペラペラ</u>しゃべるはずがない…
　　　　　　　　　　　　　　　　　　　　　　　（中薗英助「霧鐘」）
　　(38)　二人は困惑したように<u>ぽそぽそと</u>、二言三言低声で言い争った。
　　　　　　　　　　　　　　　　　　　　　　　（梅崎春生「突堤にて」）

の下線部などは、動きの早さ、さらにそのことから、動きの勢い・強さに関わる側面への含みを有している。

　また、発声行為によく見られるものに、

　　(39)　「よし！」村地は<u>乾いた声で</u>いった。　　（小林久三「赤い落差」）

の下線部のように、「〜声デ」という構成を持ち、動きの実現媒体を表しながら、動きの質・様に関わるものがある。このタイプには、他に「不機嫌な声で、気のない声で、アルトの声で、低い声で、大きな声で、小声で、重みのある声で、元気のいい声で、明るい声で、陽気な声で、穏やかな声で、きつい声で、非情な声で、泣くような声で、しゃがれた声で、かすれた声で」などのようなものがある。このタイプは、動きが実現する時の媒体を表してい

ることから、「簡単な言葉でそんなことをいっていた。(近松秋江「黒髪」)」→「友人は、ふと…顎でしゃくった。(太宰治「富嶽百景」)」→「圭一郎は…両手で机を押さえて…(嘉村礒多「崖の下」)」→「ボートでやってきたソ連兵が…(中薗英助「霧鐘」)」「小さな物を、かちんかちんと槌で叩いていた。(日影丈吉「かむなぎうた」)」などにつながっていく。最後の二例は典型的な＜道具・手段の表現＞である。これは、様態の副詞的成分から、＜道具・手段の表現＞への連続性を示している。

　＜道具・手段の表現＞は、動詞の表す動きが必須的に要求する成分ではない。その意味で、本書で言う共演成分には入らない。ただ、付加的ではあるが、典型的な副詞的の修飾成分ではない。＜道具・手段の表現＞への本書での位置づけは残されたままである。

　発声行為に限っても、他にも「ソッケナイ口調デ／打チ融ケタ調子デ言ッタ」のように、頻繁に現れる動きの質・様に関わる形式がある。質・様に関わる様態の副詞については、代表的なものを例示するのみで、網羅的に取り上げることは、当初から考慮の外にある。

【軌跡・方向性に関わるもの】
　引き続き、移動に伴って生じる移動の軌跡・方向性を差し出すことで、動きの質・様を限定しているものを取り上げる。たとえば、
　　（１）　その小船は一筋の光明のように真直ぐ沖へ走って行くではありませんか。　　　　　　　　　　　　　　　　(川端康成「竜宮の乙姫」)
　　（２）　窓があき、いまにも横光弘美がおどり出て、垂直に落下してきそうな気がした。　　　　　　　　　　　　　(小林久三「赤い落差」)
　　（３）　竹蜻蛉は…軸を斜めにして平行(たいら)に飛び始めた。
　　　　　　　　　　　　　　　　　　　　　　　　　(日影丈吉「かむなぎうた」)
　　（４）　「否。否。うつる」と激しく首を左右に振って避けようとしたが…
　　　　　　　　　　　　　　　　　　　　　　　　　　(今東光「吉原拾遺」)
　　（５）　私は大急ぎで、道路を斜に横切って、…　　(木山捷平「耳学問」)

などの下線部が、これである。移動を含む動きは、動きの実現・展開に伴って移動の軌跡や移動の方向性を発生させる。したがって、移動によって生じる軌跡や方向性を差し出すことで、移動を含む動きの質・様を限定することになる。もっとも、このタイプにも、「(ミチカは)雪を蹴って、<u>まっしぐらに</u>駈けおりる。(草野唯雄「トルスト爺さん」)」のように、軌跡・方向性を差し出しながら、動きの早さなどをも含意する場合がある。

　また、(1)から(5)では、移動を含む動きが終われば、軌跡や方向性そのものが残ることはない。共起する動詞は、非変化動詞が通例であるが、過程を取り出すことができ、その移動過程に伴って生じる軌跡・方向性を差し出すことができれば、(2)の「落下スル」のような変化動詞であっても、この種の副詞が生起する。ただ、

　(6)　氷柱が折れた。雪の中に、ザクッと<u>斜めに</u>つき刺さった。
　　　　　　　　　　　　　　　　　　(<u>草野唯雄</u>「トルストイ爺さん」)

の下線部のようなものは、「突キ刺サル」そのものが、典型的な移動ではないこともあって、突き刺さっていく時の方向性が「斜メ」であるとともに、突き刺さった「氷柱」が「斜メ」の状態にある。このようなものは、軌跡・方向性からした動きの質・様に関わる様態の副詞と結果の副詞との中間にある存在であろう。また、「陽射しが、条となって<u>一線に</u>さし込むほどとなった。(大河内常平「安房国住広正」)の「一線ニ」も、さし込む方向が「一線」であるとともに、「陽射シ」が「一線」である、という両面を持つものであろう―これに類する、様態の副詞と結果の副詞の連続性については、前章の4.2「位置変化動詞」でも触れた―。

【生じたあり様―結果の副詞へのつながり―】
　典型的な色や形状や触感状態などは、動きの結果のあり様として現れても、動きの展開中に出現するあり様としては現れがたい、したがって、この種のあり様を差し出すものは、結果の副詞として出現することが多く、様態の副詞としては現れにくい、ということについては、既に触れた。ただ、例

外的な存在がないわけではない。この例外的な存在については、「光ル」「輝ク」などの動詞に出現するものを中心に、前章の5節「結果の副詞と様態の副詞とのつながり」で少しばかり見た。したがって、ここではごく簡単に触れるに止める。

たとえば、このタイプのものとしては、

（1）ボウーと上部が緑で下部が<u>強い赤色に</u>輝く光塊が現れ、刻々と光を、増し始める。　　　　　　　　　　（橋本忍「シナリオ・日本沈没」）

（2）雨に洗われて<u>白く</u>光ったその根を、一本二本と数えたものだ。

（大岡昇平「歩哨の眼について」）

などの下線部が上げられる。「強イ赤色ニ」「白ク」は、「輝ク」や「光ル」という動きの展開中のあり方、つまり動きの質・様を差し出しているとともに、また、「光塊ノ下部」「ソノ根」が「強イ赤色」や「白イ」状態である、というふうに、主体の状態をも表している。ただ、この主体の状態は、動きの実現に伴って生じたものである—つまり、輝いたから赤色なのである—が、動きの結果、主体に残されたものでなく、「輝ク」「光ル」という動きが存在し展開している間だけ出現している状態である。したがって、主体状態への言及を含むものの、結果の副詞ではなく、様態の副詞である。もっとも、主体状態への言及を含む分、典型的な様態の副詞から結果の副詞へと近づいている。

また、

（3）（肌が）陶器の表面のように、<u>スベスベ</u>と光っているのです。

（北原武夫「男を喰う人妻」）

の「スベスベト」のように、色ではなく、触感状態を差し出しているものも、「光ル」動きの実現によって現れ、主体「肌」の状態であるものの、動きの終了とともに、表現者の知覚の外に消えてなくなるものである。様態の副詞に属させるべきものだろう。

また、

（4）広正のよこ顔だけが<u>あかあかと</u>浮かんだ。

（大河内常平「安房国住広正」）

の下線部「アカアカト」は、共起している動詞が、上掲の「輝ク、光ル」ではなく、「浮カブ」という動詞である。ただ、これも、主体「ヨコ顔」の状態を表しているものの、動きの結果、出現・残存するものではなく、動きの存在する間だけ現れるものである。やはり、「浮カブ」という動きの質・様を表すものである。

さらに、

（５）　（夫は）身をもがく妻を、骨ばかりの力で組み伏せた。豊かな胸が<u>白ク</u>開いた。　　　　　　　　　　　　　　（川端康成「母」）

の下線部「白ク」も、ここで触れたものにつながるものであろう。開いたからといって胸が白いわけではない―つまり、動きの実現と主体の状態の招来とに必然的な関係はない―が、開かなければ胸は白くも見えないのである。動き実現と主体状態の招来の結びつきについて言えば、既に、（３）（４）においても、その必然性に減少が見られる。

【勢い・強さなどへの含みを持つ様々な動きの質・様】

既に何度も触れたが、動きの質・様に関わるものは、雑多であり、列挙しつくすことは、とうてい不可能である。ここでは、動きの質・様に関わるものへの言及の最後として、既に挙げたもの以外の様々なものを、思いつくままに落ち穂拾い的に例示する。これらには、勢い・強さや早さへの含みを持つものが少なくない。たとえば、

（１）　獣じみた色で<u>ギラギラ</u>光っている彼の眼の色…

　　　　　　　　　　　　　　　　　　　　　　（北原武夫「男を喰う人妻」）

（２）　肩で刻むような息をしながら眼が<u>きらきら</u>光っている。

　　　　　　　　　　　　　　　　　　　　　　（川端康成「夏の靴」）

などの「ギラギラ」と「キラキラ」は、動きの勢い・強さの違いを含み込みながら、「光ル」という動きの質・様に関わっている―もっとも、この種のタイプについては、動きの質・様の含みを持ちながら動きの勢い・強さの側面に関わるものとして、動きの勢い・強さの箇所で扱うことも可能であろう―。

また、

 （３） 左の胸の乳房の上に、鋭い白柄の短刀が、ぐさりと柄元まで突き立てられ、…
            （高木淋光「妖婦の宿」）
 （４） 心臓がしくしくと痛み出す。 （三浦哲郎「拳銃」）
 （５） 「キューッと一杯やりたいの、我慢してたんだから…」
          （鎌田敏男「金曜日の妻たちへ(下)」）
 （６） 裏の婆さんたちは…声を潜めて何かこそこそと囁き合うのであった。
            （嘉村磯多「崖の下」）

などの下線部も、何らかの点で、動きの勢い・強さへの言及を含みながら、動きの質・様を差し出している。（３）の「グサリト」であれば、突き立てる力の強さを含意しながら、動きの質・様の側面から突き立てる動きを限定している。また、（６）の「コソコソ」は、面と向かってではなく陰でというあり方で、囁き合うという動きを行うことを表しているとともに、声の小ささといった動きの勢い・強さへの含みを有している。

さらに、

 （７） （母は）娘を見ても素知らん顔で、金魚をむしゃむしゃ食っていた。
            （川端康成「屋上の金魚」）
 （８） 「ビールをチョロチョロ注ぐなって、うちのお父ちゃん言ってたもの」   （鎌田敏男「金曜日の妻たちへ(下)」）

の下線部「ムシャムシャ」「チョロチョロ」などは、量への含みとともに、動きの勢い・強さへの言及を持ちながら、動きの質・様を表している。

また、

 （９） 彼女は横の海に目をそらして、たったったっと馬車を追って来る。
            （川端康成「夏の靴」）
 （10） 彼らはよちよちと箱の隅に行くと、… （開高健「パニック」）

の下線部「タッタッタット」「ヨチヨチト」などは、動きの早さへの含みを持ちながら、動きの質・様に関わっている。

このように、動きの質・様に関わる副詞は、動きに内属するいくつかの側

面への言及を合わせ持ちながら、複合的に動きの質・様に関わっていくものが少なくない。また、動きの過程に内属し出現する、動きの側面としては、具体性のある色や形状や触感状態といったものであるよりは、抽象的な勢いや早さというものであること、また、通例、色や形状や触感状態なども、勢いや早さからの色付けを帯びるからこそ、動きの側面として立ち現れるのである、ということは納得の行くところではないだろうか。

5　評価的な捉え方をした動き様態の副詞

5.1　評価的な捉え方をした動き様態の副詞とは

　ここまで考察してきたものは、動きの実現・展開に伴って、動きの上に生じる側面を取り上げ、その側面そのものに固有なありようを差し出すことで、事態の成立のあり方を限定し特徴づける、という典型的で中心的な様態の副詞であった。それに対して、この節で取り上げるものは、動きの実現・展開によって動きの上に現れる側面のありようではあるが、側面そのものから自ずと引き出されたあり方によってではなく、それを話し手(述べ手)の主観的・評価的な受け取り方・捉え方によって、名づけ差し出したものである。このように、動きの実現・展開に伴って生じる動きのありようを、話し手の主観的・評価的な捉え方で名づけ差し出しながら、事態の成立のあり方を限定し特徴づけているものを、＜評価的な捉え方をした動き様態の副詞＞と仮称しておく。

　動きの展開過程に出現する側面は、動きの勢い・強さや動きの早さ、といった動きの展開に随伴するいくぶん抽象的な側面が基本であった。動きの質・様のありようを、具体性のある色や形状や触感状態として取り出すことは、未だ動きが展開していく過程にあるだけに、それとして定かに描き出すことは、そう簡単なことではないのであろう。この種のものはさほど多くない。動きの展開に随伴する動きの質・様を、具体性のある色や形状や触感状態としてではなく、話し手の主観的・評価的な捉え方で名づけながら差し出

したものが、この評価的な捉え方をした様態の副詞の、基本で中心であろう。たとえば、

　（１）　大村、「キャーッ！」と、ハデに転倒する。
（剣持亘他「シナリオ・さびしんぼ」）
　（２）　「そんな女じゃないわよ」真弓がそっけなく言った。
（鎌田敏男「金曜日の妻たちへ(下)」）
　（３）　（久保君は）私を前後左右から器用に描いた。
（上林暁「ブロンズの首」）
　（４）　…、湖のほとりでは犬や鶏までが不気味に鳴き始める。
（橋本忍「シナリオ・日本沈没」）
　（５）　…祖母の腹は、頼りなく揺れ動いた。　（高井有一「仙石原」）

などの下線部が、これである。既に触れたが、「ハデニ転倒スル」「ソッケナク言ッタ」「器用ニ描イタ」「不気味ニ鳴キ始メル」「頼リナク揺レ動イタ」では、どのようなあり様で転倒したのか、鳴き始めたのか、揺れ動いたのかなどは、具体的・形象的には差し出されていない。これを「モンドリ打ッテ転倒スル」「ギャァギャァ鳴キ始メル」「ユラユラト揺レ動イタ」などにすれば、動きの展開に伴って生じる動きの質・様のありようを具体的に差し出すことになる。それに対して、動きの展開に伴って生じる動きの質・様のありようを、話し手の主観的・評価的な捉え方で名づけながら差し出したものが、この評価的な捉え方をした様態の副詞であり、（１）から（５）の下線部である。

　さらに、このタイプには、

　（６）　（盲目の祖父の）白い眼が空しく開いていた。　（川端康成「合掌」）
　（７）　夜は眼下に熱海が灯の海となって、華やかにまたたくだろう。
（川辺豊三「公開捜査林道」）
　（８）　朝日がさわやかに差している。　（剣持亘他「シナリオ・さびしんぼ」）
　（９）　…静寂の中にその葉だけがいつまでもヒラヒラヒラと忙しく動くのが見えた。
（志賀直哉「城の崎にて」）
　（10）　眼が興奮で妖しく光り、…　（橋本忍「シナリオ・日本沈没」）

(11) 「久しぶりだな」隆正が明るく言った。
(鎌田敏男「金曜日の妻たちへ(下)」)
(12) (彼は)智慧の足りなさから執拗に迫って嫌われすげなく拒絶されることが多かった。　　　　　　　　　　(嘉村磯多「崖の下」)
(13) …数人の観光客が、寒々とならんでいた。　(中薗英助「霧鐘」)

などの下線部のように、様々なものが存在する。また、「その計画を犯人は巧みに逆用したのです。(高木淋光「妖婦の宿」)」や「ヒロキ、人差し指一本で"別れの曲"のメロディを跡切れ跡切れに拙く弾いている。(剣持亘他「シナリオ・さびしんぼ」)」などの下線部のように、上手下手の観点からの捉え方もこれである。これらは、いずれも、動きの展開に伴って生じる動きの質・様のありようを、話し手の主観的・評価的な捉え方で名づけながら差し出している。

　ここで取り上げる、評価的な捉え方をした様態の副詞は、動詞の表す動きの質・様のありようにに対するものであった。したがって、「白イ眼ガ空シク開イテイタ」は、命題全体に対する話し手の主観的な評価を差し出したものではない。「白イ眼ガ空シク開イテイタ」は、「空シイコトニ白イ眼ガ開イテイタ」の評釈の副詞「空シイコトニ」のように、[白イ眼ガ開イテイタコトガ空シイ]といった意味的な関係のあり方を示しているのではない。

　前節までで見た典型的な動き様態の副詞は、動詞の表す動きから自ずと引き出される、動きに固有なありようであった。つまり、動きの類的なタイプにその共起を基本的に制限されていた。それに対して、評価的な捉え方をした動き様態の副詞は、動きの質・様へのありようを、話し手の主観的・評価的な捉え方で名づけ差し出したものである。したがって、生起にあって動きの類的なタイプによる共起制約から解放される方向にある。たとえば、

(14) 神津恭介は、この後で見事に、驚くべき真犯人を指摘して私たちを心から驚歎させたのだった。　　　　(高木淋光「妖婦の宿」)
(15) うちじゅうがぴたっとみごとに鎮った。　　(幸田文「流れる」)
(16) 彼は…、コーンのスープをいやにだらしなくすすった。

(北杜夫「クイーン牢獄」)
(17) 触覚はだらしなく顔へたれ下がっていた。
(志賀直哉「城の崎にて」)
(18) (安田が)怒りを、じっと押えて、さりげなく淡々と語るその態度に…
(菊村到「雨の夜、誰かが死ぬ」)
(19) 雪が、淡々とふっていた。　　　　(赤江瀑「雪華葬刺し」)
(20) 稔は、むしろ徒(いたずら)に体を酷使している彼を感じた。
(赤江瀑「八月は魑魅と戯れ」)
(21) 山城「しかし、確実で間違いのないことでなければ、その発表はいたずらに社会不安を巻き起こすことになり…」
(橋本忍「シナリオ・日本沈没」)

などの下線部のように、「見事ニ」「ダラシナク」「淡々ト」「イタズラニ」という同じ副詞が、人の動作—(14)(16)(18)(20)—にも、物・事の動き—(15)(17)(19)(21)—にも使われることが、この種の副詞の共起制約の低さを物語っているだろう。まさに、「サワヤカニ生キタ」「サワヤカニ死ンダ」「サワヤカニ眠ッタ」「サワヤカニ笑ッタ」「サワヤカニ賛成シタ」「サワヤカニ踊ッタ」「サワヤカニ座ッタ」「サワヤカニ近ヅイタ」「サワヤカニ走ッタ」「サワヤカニ握ッタ」「サワヤカニ読ンダ」「サワヤカニ作ッタ」「サワヤカニ割ッタ」「サワヤカニ置イタ」「サワヤカニ投ゲタ」「サワヤカニ教エタ」等々のように、動きの質・様に関わるものとして、幅広く生起しうる。

5.2　動きの勢い・強さにつながる評価的な捉え方

　評価的な捉え方をした動き様態の副詞として既に触れたものは、主に動きの質・様に関わるものであった。ここでは、主体の態度的なあり方に対して評価的な捉え方をしながら、それが動きの勢い・強さ、そして動きの総体としてのエネルギー量に関わっていくものを、前掲のものとは少し異なった、評価的な捉え方をした様態の副詞として瞥見しておく。

　まず、主体の動き遂行の熱心さに関わるものが上げられる。これは、動き

遂行に伴う主体のエネルギー量、動きの勢い・強さを評価的に捉えたものである。たとえば、

(1) 私は二丁ばかり<u>一生懸命</u>駈けた時、… 　　　（木山捷平「耳学問」）
(2) おそらく犯人は、…何かを<u>必死に</u>さがしまわったのだろう。
　　　　　　　　　　　　　　　　　　　　　（海渡英祐「死の国のアリス」）
(3) 「ゆうべひどく<u>熱心に</u>あなたを推せんされましてね」
　　　　　　　　　　　　　　　　　　　　　　　（小林久三「赤い落差」）
(4) 彼は遅くまで机に向かって、<u>一心に</u>考えつづけた。
　　　　　　　　　　　　　　　　　　　　　　　（斎藤栄「江の島悲歌」）
(5) あたしとしては<u>せい一ぱい</u>自分を罰しようとして、…
　　　　　　　　　　　　　　　　　　　　　　　（中薗英助「霧鐘」）

などの下線部「一生懸命(ニ)」「必死ニ」「熱心ニ」「精一杯」などが、これである。また、

(6) 三年前から英子は<u>強引に</u>熱海に住みついてしまった。
　　　　　　　　　　　　　　　　　　　　　（川辺豊三「公開捜査林道」）
(7) ブライダル・サロンであれだけ<u>しつこく</u>、とにかく早く式をあげたいって主張したから…　（新井素子「正彦くんのお引っ越し」）

などの下線部も、動き遂行に伴う主体の態度的なあり方を評価的に捉えたものであり、熱心さの観点から動きのエネルギー量を評価的に捉えた前掲のタイプにつながるものとして位置づけられよう。さらに、

(8) 安子は、<u>ていねいに</u>包みの紐をほどいてから、…
　　　　　　　　　　　　　　　　　　　　　　　（和田芳恵「接木の台」）
(9) 山本は<u>慎重に</u>芝の目を読む。　　（橋本忍「シナリオ・日本沈没」）

などの下線部も、やはり、主体の態度的なあり方を評価的に捉えたものであり、広い意味で、動きの総体としてのエネルギー量に関わるものとして、前掲の諸例との連続性の中に捉えることができるだろう。

　これらは、動き遂行の主体の態度的なあり方を評価的に捉えながら、動きの勢い・強さ、そして動きの総体としてのエネルギー量への関わりを通し

て、動きの行われ方を限定し特徴づけている。動きの行われ方を限定し特徴づけていることで、これらは、動き様態の副詞として位置づけることができるが、その一方で、動きの遂行によって生じたものとは言え、主体の態度的なあり方であることによって、次節で見る＜主体状態の副詞＞につながっていくところを有している。

それに対して、

(10) 係官から、秘密裡に非常に<u>詳しく</u>調査したらしい、ということを聞きこみました。　　　　　　　　　　　　（麗羅「怨の複合」）

の下線部などは、何らかの点で動きの総体としてのエネルギー量に関わる、主体の動きの行い方を評価的に差し出したものであるが、前掲のものと異なって、主体の状態に関わってはいない――つまり、前掲のタイプ「私ハ<u>一生懸命</u>駈ケタ」では［私ハ一生懸命ダ］という関係が成り立つのに対して、この「係官ガ<u>詳シク</u>調査シタ」では［係官ハ詳シイ］という関係は成り立たない――。この種のものには、他に「<u>詳細に</u>調べ上げた」「<u>仔細に</u>眺めている」「<u>克明に</u>説明してくる」などが挙げられる。

さらに、

(11) ポケットからペンナイフをとりだして、<u>簡単に</u>錠をあけた。
　　　　　　　　　　　　　　　　　　　　　　（鮎川哲也「割れた電球」）

(12) あいつはとてもそう<u>簡単には</u>死にそうにもない。
　　　　　　　　　　　　　　　　　　　　　　　（夏樹静子「特急夕月」）

(13) 八雲真利子が、白泉ホテルへ赴くことは、…<u>容易に</u>嗅ぎ出すことができた。　　　　　　　　　　　　　　　（高木淋光「妖婦の宿」）

(14) 家が<u>容易に</u>見つからなかった。　　　　（徳田秋声「風呂桶」）

の「簡単ニ」「容易ニ」などになると、主体の動きの行い方への評価的な捉え方――(11)(13)――を表してもいるが、事態成立そのものへの簡単・容易さという評価――(12)(14)――をも表している。評釈の副詞へのつながりを有している。

6　主体状態の副詞

6.1　主体状態の副詞とは

前節までにおいて取り扱った様態の副詞は、動きの展開の局面に内属したり、動きが実現・展開することによって動きの上に生じることになる、動きの実現・展開のありようであった。ここで取り上げるものは、動きの実現・展開時に現れて存在している主体の状態・態度のありようである。たとえば、

（1）　育子はわざと冷淡に意地悪くいった。　（山村正夫「厄介な荷物」）
（2）　「岩津は…喜んで彼の家へ遊びに行ったのだそうです」

（佐野洋「証拠なし」）

などの下線部が、ここで取り上げられるものである。「育子ガワザト言ッタ」「岩津ガ喜ンデ遊ビニ行ッタ」の「ワザト」や「喜ンデ」は、「言ウ」「遊ビニ行ク」という、動きの実現・展開そのものに内属する側面から、直接的に固有に引き出されたありようではなく、動きの実現・展開とともに現れて存在している主体の状態・態度のありようについて言及したものである。こういった、動きの実現・展開とともに現れて存在している主体の状態・態度のありようを通して、事態の成立のあり方を限定し特徴づけるものを、〈主体状態の副詞〉と仮称し、広い意味で様態の副詞の一類として位置づけておく。

主体状態の副詞は、主体の状態・態度のありようについて述べている。つまり、上例で言えば、「育子」の態度が「ワザト」であり、「岩津」の状態が「喜ンデ」いる状態なのである。したがって、これらの副詞は基本的に主語めあての副詞である、と言える。動き様態の副詞が、動きに内属する側面のありように言及し、動詞の表す語彙的意味のレベルで機能しているのに対して、主体状態の副詞は、主体の状態・態度に言及し、主語めあてであることによって、基本的にヴォイスの層で機能することになる。

つまり、動き様態の副詞は、概略、

（3）　[[ギュット肩ヲ抱キ締メ]ル]←→[[ギュット肩ヲ抱キ締メ]ラレ

ル]

 （４）　[[素早ク肩ヲ抱キ締メ]ル]←→[[素早ク肩ヲ抱キ締メ]ラレル]

と表記できるのに対して、

 主体状態の副詞は、概略、

 （５）　[ワザト[肩ヲ抱キ締メ]ル]←→[ワザト[肩ヲ抱キ締メ]ラレル]

 （６）　[喜ンデ[肩ヲ抱キ締メ]ル]←→[喜ンデ[肩ヲ抱キ締メ]ラレル]

のように示すことができよう―もっとも、主体の態度的なあり方を評価的に捉えたものを、評価的な捉え方をした副詞に属させるか、この主体状態の副詞に属させるか、その線引きのあり方・連続性によって、機能する層の問題も、截然と分かたれず連続性が発生する―。（３）から（６）に示されたことは、つまり、「洋平ガギュット啓子ヲ抱キ締メル」と「啓子ガギュット洋平ニ抱キ締メラレル」が、事実として同じである事態を表しているのに対して、「洋平ガワザト啓子ヲ抱キ締メル」と「啓子ガワザト洋平ニ抱キ締メラレル」とは、異なる事態を表している、ということである。

 ここでは、上述のような主体状態の副詞を、＜主体の意図性＞に関わるもの、＜主体の心的状態＞に関わるもの、および周辺的な存在である＜主体の付帯的な様子＞を表すものに分けて瞥見していく。

6.2　主体の意図性

 主体状態の副詞の最初のものとして、まず、主体の意図性に関わるものを取り上げる。意図性に関わるものには、意図的であるものと、非意図的であるものとがある。最初に、＜意図的であるもの＞から瞥見していく。

 たとえば、

 （１）　博士は、自宅の庭の隅にも、わざわざ池をつくって、イシモチソウを植えている。　　　　　　　　　　　　　　（水上勉「赤い毒の花」）

 （２）　私は、…冷たい横顔を彼に見せて、わざと知らん顔をした。

　　　　　　　　　　　　　　　　　　　　　　　　（北原武夫「男を喰う人妻」）

 （３）　私は、…わざとらしく、じろじろ女の顔を見ていたが、…

(近松秋江「黒髪」)
（４）　「…」鬼貫は<u>故意に</u>ゆっくりといった。　（鮎川哲也「急行出雲」）
（５）　男は<u>意図的に</u>姉を五階につれこんだとしか考えられない、と。
(小林久三「赤い落差」)

などの下線部が、これである。これらは、いずれも、動きが主体の意図の元に行われていることを表すことを通して、事態の成立のあり方を限定し特徴づけている。意図性の存在という主体の態度のありようを表しているのが、この種のものである。この種の副詞が共起する動詞は、意志動詞である。これらの副詞は、行為遂行に対する主体における意図性の存在、という共通する類的意味を有しているが、総てが自由に交替可能というわけではない。（２）の「ワザト知ラン顔ヲシタ」を「??ワザワザ知ラン顔ヲシタ」に変えることは難しいだろう。さらに、「あえて冒険を犯した」「意識的に関係をむすび」の下線部なども、この意図的であることを示す、主体の意図性に関わる主体状態の副詞である。

　引き続き、＜非意図的であるもの＞を取り上げる。非意図的であるタイプは、意図的であるものに比して、種類や使用数が多い。
　たとえば、
（６）　（水槽を）<u>うっかり</u>蹴とばして、水を少しこぼしてしまった。
(庄野潤三「小えびの群れ」)
（７）　そこがあまり居り心がよかったので、私は…一カ月余を<u>うかうかと</u>過ごしてしまった。　（斎藤栄「江の島悲歌」）
（８）　<u>うかつに</u>アキコを殺すことはできない。　（近松秋江「黒髪」）

などの下線部は、動きに対する主体の反意図的実現を表している。言い換えれば、動きが、主体の意図に反して、あるいは意図することなく実現されたことを表している。

　共起する動詞との関係においては、意図的なグループは意志動詞と共起、というふうに単純であったが、このタイプは、そのように単純ではない。「ウッカリ」に代表される非意図的なタイプの副詞と共起する動詞は、（６）の

「蹴飛バス」のように、意志動詞の場合もあるが、「或る日、…うっかりそこを通りかかると源四郎がにやにやしながら、私の袖(そで)を引いた。(日影丈吉「かむなぎうた」)」や「うっかり自分の力をわきまえず甘い夢をみたものだと、…(小林久三「赤い落差」)」の「通リカカル」「ワキマエル」のように、意志性の落ちる動詞も可能である──ただ、「*うっかり通りかからない」「*うっかりわきまえる」とは言えないだろう──。ただし、「*うっかり困る」「*うっかり苦しまない」などのように、きわめて意志性の落ちる動詞には、共起は不可能だろう。ただ、

(9) 妻の房子が、石上の下着にうっかりついていたアキコの口紅を、敏感に見つけたのである。　　　　　　　　　(斎藤栄「江の島悲歌」)

のような例外的な使い方も存する。これは、[ウッカリ付イタ状態ニシテオイタ]というような意味合いであろうが、表現形式上は、「口紅ガ付ク」という物の動きに対して使われている。

また、非意図的タイプには、

(10) 私は馬鹿でうぬぼれが強いから、…ついうかうかと、その役を引き受けてしまった。　　　　　　　　　　(高木淋光「妖婦の宿」)

の下線部「ツイ」のように、成り行きのまま、あるいは意図の関与しないところで動きが進むことを表すものがある。これが、反意図的である前掲のタイプと異なることは、(10)が示すように、「ツイ」と「ウカウカト」とが一文に共存していることからも、分かろう。

さらに、

(11) おふくろには、…バタ臭い片仮名文字を、なにかの拍子にふと思い出して意味を尋ねる癖があるから、…　　　(三浦哲郎「拳銃」)

の下線部「何カノ拍子ニ」などは、動きの実現が自らの意志によってではないことを示すとともに、かつ偶然性に関わるものであることを示すものである。もう、このあたりになると、結果として、主体の意図性──しかも非意図的であるということ──に関わるものの、「ウッカリ」などに比して、主体の態度のありようを表すということから、かなり離れて行っている。

さらに、

(12) このことに関連して、私は、偶然蜘蛛をある期間閉じこめたことのあるのを憶い出す。　　　　　　　　　（尾崎一雄「虫のいろいろ」）

(13) 昨日今日、偶然必要であった謄写版や、秤(はかり)が、…
　　　　　　　　　　　　　　　　　　（正宗白鳥「戦災者の悲しみ」）

(14) 事件の発見者は…丹波五郎という青年だった。たまたま、…江の島に向かって泳いでいた。　　　　　　　　（斎藤栄「江の島悲歌」）

(15) 桂子はたまたま上質であったといえるのではないか。
　　　　　　　　　　　　　　　　　　　　（川上宗薫「七色の女」）

などの下線部「偶然」「タマタマ」になると、もはや、主体の状態・態度のありようというよりは、必然・偶然性からした事態の出現・存在のあり方を表しているものである。そのことが、動きだけでなく、(13)(15)のように静的事態に対しても使用可能にしているものと思われる。また、事態の出現・存在のあり方であるということが、「ワザト」や「ウッカリ」などと異なって、「A君ガ偶然B君ヲ叱ッタ」と「B君ガ偶然A君ニ叱ラレタ」とが、同じ事実の事態として解釈されうることを招来している。したがって、もはやここで扱わない方が、本来的には良いのだろう。ただ、非意図性の付与ということで、ここで便宜上扱った。前掲の「何カノ拍子ニ」とこのタイプは、きわめて近いものであるが、「{??何カノ拍子ニ／タマタマ}昨日ハ日曜ダッタ」などから、またその異なりも分かろう。

引き続き、事態の出現・成立に対して主体が無自覚である、という意味を基本に持つものについて見ていく。

(16) 翼がいじらしくて、久子は思わず翼を抱きしめていた。
　　　　　　　　　　　　　　　　（鎌田敏男「金曜日の妻たちへ(下)」）

(17) 私は思わず呆然とした。　　　　　　（高木淋光「妖婦の宿」）

(18) 思わず顔色が変わったのが…　　　　（島尾敏雄「家の中」）

(19) 稔は、…何気なくその紙きれを開いてみた。
　　　　　　　　　　　　　　　　　（赤江瀑「八月は魑魅と戯れ」）

(20) 若い夫婦は、<u>無意識に</u>、せま苦しい団地の生活から解放されるよろこびを感じていたのだ。　　　　　　　　（水上勉「赤い毒の花」）

などの下線部が、これである。意志動詞—(16)(19)—とも共起するが、意志性のきわめて低い動詞—(17)(20)—とも共起する。さらに、(18)が示すように、物の動きに対して、その物の動きへの制御者を想定し、事態の出現・成立への、その制御者の無自覚性を表す場合もある。

さらに、

(21) 往きの車中で、<u>思いがけなく</u>、雅楽がこんな話をした。

（戸坂康二「グリーン車の子供」）

の下線部「思イガケナク」になると、「洋平は<u>思いがけなく</u>亮太を傷つけてしまった」のように、主体の意図性を表せないわけではないが、(21)が示しているように、事態の出現に対する予想外である、という話し手（述べ手）の認識・評価を表している。このような例にあっては、「思イガケナイコトニ」に近く、もはや評釈の副詞化していると位置づけるべきであろう。

ここまで見てきた非意図的なタイプは、いずれも、動きの遂行そのものが主体の反（無）意図の元に生じる、というものであった。それに対して、

(22) 老婆が<u>誤って</u>川へ落ちた…　　　　　（日影丈吉「かむなぎうた」）

(23) 私は…巫女に、<u>間違って</u>死ぬというようなことが、どうしてあり得ようかと考えた。　　　　　　　　　（日影丈吉「かむなぎうた」）

などの「誤ッテ」「間違ッテ」は、動きそのものは、意図の元や意識下に行われてもかまわない。ただ、その動きが本来意図した動き・行為でなかった、というものであろう。誤行為とでも仮称できようか。また、そのことを反映して、既述のものとは異なって、「｛*誤ッテ／*間違ッテ／ウッカリ｝興奮シテシマッタ」が示すように、意志性の存在の明確な動詞としか共起しない。

また、「悪人に、<u>みすみす</u>そんな大金を支払う気は、毛頭ありませんからね。（山村正夫「厄介な荷物」）」「老婆は…<u>ふらりと</u>出かけたまま戻って来なくなった。（日影丈吉「かむなぎうた」）」でも、事態全体の無意志化が起こっているが、これらの下線部は、動き様態の副詞の特殊なものとして位置づける

べきであろう。

6.3　主体の心的状態

　ここでは、動きの実現・展開時に現れ存在している、主体の、心的さらにそれにつながる態度的なありようを、主体の心的状態という仮称の元に取り上げる。

　まず、この種の典型であり代表である、＜主体の心的状態＞を表すものから見ていく。

（1）「岩津は…喜んで彼の家へ遊びに行ったのだそうです」
(佐野洋「証拠なし」)
（2）彼女は…白い立縞(じま)のお召の袷(あわせ)を好んで着ていたが、…
(近松秋江「黒髪」)
（3）「(うんと下っぱの連中は)命令で、いやいや動かされとるちゅう意識が強いからね」　　　(小松左京「日本アパッチ族」)
（4）ヒロキら三人、渋々カバンを持って、出て行く。
(剣持亘他「シナリオ・さびしんぼ」)
（5）田所、不承無承に頷く。　　(橋本忍「シナリオ・日本沈没」)
（6）心をなごませ、緊張をとぎほぐされ、おそるおそるさそわれてこそ女はうれしい。　　　　　　　(阿部牧郎「やけぼっくい」)
（7）「岩津が、こわごわ箸を出すだろうと考えていたところ、全く気味悪がらず、平然と食べている」　　　(佐野洋「証拠なし」)

などの下線部が、これである。これらは、いずれも、動きの実現・展開時に現れ存在している、好き嫌いや恐れなどといった主体の心的状態を表している。主体の心的状態を表していることによって、この種の副詞は基本的に主語めあてである。したがって、(3)が示すように、「イヤイヤ」なのは主体の「下ッパノ連中」であり、何に対して「イヤイヤ」なのかと言えば、「動カサレル」という受動動作に対してである。これが、主語めあての主体状態の副詞の基本的な働き方である。もっとも、このタイプにあっても、

(6)のごとく、[(男ニ)[オソルオソル誘ワ]レテ]のように、動詞の語彙的意味のレベルにおいて機能する場合もないわけではない。

引き続き、動きの実現・展開時に現れ存在する主体のありようが、心的状態から、態度的な現れへと動いているものを取り上げる。例は、一部を例示するに止める。これは、また、表されるものが、外から直接捉えることのできない心的状態から、外的言動として現れる態度にずれている分、既に触れた＜評価的な捉え方をした副詞＞につながっていく。

（8） 女は…苺の実を銀の匙でつつきながら、おとなしく口に持っていっている。　　　　　　　　　　　　　　　　　　（近松秋江「黒髪」）
（9） 「お出かけですか」女将は…きわめて愛想よく言った。
　　　　　　　　　　　　　　　　　　（山村直樹＋中町信「旅行けば」）
（10） ユキミ、しおらしくお辞儀して、「初めまして…」
　　　　　　　　　　　　　　　　　　（剣持亘他「シナリオ・さびしんぼ」）
（11） 締めていたネクタイをはずして、オズオズと差し出した。
　　　　　　　　　　　　　　　　　　（山村正夫「厄介な荷物」）
（12） 男はそれを素直に認めた。　　（菊村到「雨の夜、誰かが死ぬ」）
（13） 今度は陽子さんが慌てて正彦くんをすみへひっぱってゆく。
　　　　　　　　　　　　　　　　　　（新井素子「正彦くんのお引っ越し」）

などの下線部は、この種の＜主体の態度的なありよう＞を表しているものの一部である。態度的なありようではあるものの、主体のそれである。つまり、主体「女」が「オトナシイ」のであり、主体「男」が「素直」なのである。また、これらも、［A君ガオトナシク［B君ニ叱リツケ］ラレル］［A君ガ素直ニ［B君ニ叱リツケ］ラレル］のように、基本的に主語めあてである。

6.4　主体の付帯的な様子

動きの実現・展開時に現れ存在する主体のありようを表す、主体状態の副詞の最後のタイプとして、主体の付帯的な様子を示すものを取り上げる。前掲で見た主体の心的状態が、動きの実現・展開時に現れ存在する主体の心的

および態度的なありようであったのに対して、ここで取り上げる＜主体の付帯的な様子＞とは、主に、主体が動きの実現・展開時に呈している、主体の形態・外貌的なありようであったり、主体の外在的な存在様態といったものを表すものである。以下ほんの一部を例示する。たとえば、

（１）　辞めた日、弓子は、スーツケースひとつの身軽な身体でアパートを出た。　　　　　　　　　　　（石沢英太郎「噂を集め過ぎた男」）
（２）　その横で、久子が子供たちと大して変わらない姿でのびていた。
　　　　　　　　　　　　　　　　　　（鎌田敏男「金曜日の妻たちへ(下)」）
（３）　息子とその妻が…四つんばいでよろめき近づくが、…
　　　　　　　　　　　　　　　　　　　　（橋本忍「シナリオ・日本沈没」）

などの下線部は、主体が動きの実現・展開時に呈する、主体の形態的なありようといったものである。つまり、例（２）で説明すれば、主体「久子」は、「子供タチト大シテ変ワラナイ姿」という形態的ありようを呈しながら、「ノビル」という動きを実現・展開している、ということを表している。また、

（４）　庭では、タツ子が裸足でとびはねている。
　　　　　　　　　　　　　　　　　　（剣持亘他「シナリオ・さびしんぼ」）
（５）　泣きそうな顔で、彼は立ちあがった。（筒井康隆「その情報は暗号」）
（６）　やたらと感慨ぶかげな雰囲気で、正彦くん、喫茶店でまちあわせた陽子さんにこう言う。　　（新井素子「正彦くんのお引っ越し」）

などの下線部も、上の例につながるものであろう。これらも、動きの実現・展開時に呈される、主体の形態・外貌的なありようであろう。ここで取り上げたものも、事態の成立のあり方を限定し特徴づけている。もっとも、事態の成立のあり方を限定し特徴づけてはいるものの、動きの実現・展開によって、動きそのものに内属する側面から発生したものではない。動きそのものと、主体が呈しているありさまとの結び付きは、何らかの関係はあるものの、動き様態の副詞などと異なって、偶発的で非固有的なものである―ただ、「(鬼貫は)そそくさとした仕草で時刻表をとりだし、…（鮎川哲也「急行出雲」)」は、動き様態の副詞に近いものであり、「石宮は怪訝な気持ちで彼を

5章●6　主体状態の副詞　　　139

見詰めた。(麗羅「怨の複合」)」は、主体の心的状態につながるものである――。これらは、また、[A君ハ四ツン這イデ[B君ニ蹴ラ]レテイタ]が示すように、主語めあてである。ただ、他の主体状態の副詞とレベルの異なった存在であることは、「息子ガ四ツン這イデ|故意ニ／嫌々|近ヅイタ」のように、他のタイプのものと共存できることからも分かろう。

　上述したように、動きそのものと主体の付帯的な様子との結び付き・関係は、外的で偶発的で非必然的なものであった。また、

（７）　椋鳥(むくどり)も時には<u>二、三十羽の大部隊で</u>やって来て、…

(井上靖「セキセイインコ」)

（８）　「子どものころから<u>姉と二人っきりで</u>暮らしてきたんですから」

(小林久三「赤い落差」)

などの下線部は、主体が存在する外部的な環境・状況といったもので、さらに、動きと主体の付帯的な様子との結び付き・関係は、偶発的で外的なものになっている。こういったものが、主体の付帯的な様子を表す副詞的成分の、きわめて端に存するものであろう。

7　節的存在の様態の副詞

　以上、様態の副詞とその周辺に位置する存在について、粗々とではあるが、様々にわたって見てきたが、この章の最後に、節的存在が意味・機能的に様態の副詞的成分として働いている場合に触れておく。ただ、本書は、従属節、および従属節を持つ存在への考察を目的としていないので、節的存在の様態の副詞については、用例を挙げるに止める。

　たとえば、次のようなものは、いずれも節的存在――もっとも、従属度の高い、文的度合いの低い小さな節ではある――が、副詞的修飾成分として働いているものである。言わずもがなであるが、当然、下記の形式は総ての用例において副詞的に使われる、ということではない。副詞的にも使われるということである。「シテ」「セズニ」などは、副詞的に使われることの方が稀であ

る。
（1）　だまってウイスキーの水割りを{飲みながら／?飲ンデ}中津は町子のくるのを待った。　　　　　　　　　　　(阿部牧郎「やけぼっくり」)
（2）　酔うとアルは、…、全身を小きざみに{震わせながら／震ワセテ}話す。　　　　　　　　　　　　　　(森村誠一「紺碧からの音信」)
（3）　（夫は）クシャミをしつつトイレを使い、クシャミをしつつ服を着、ネクタイをしめる。　　　　　　　　(田辺聖子「オシドリ」)
（4）　ちょっと首を{傾げて／?傾ゲナガラ}、何気なく恩田の方を向いた羽島は、…　　　　　　　　　　　　(夏樹静子「特急夕月」)
（5）　橘百合子、道端に立ち竦んでいるヒロキの前を髪を{なびかせ／ナビカセナガラ}、軽やかにペダルを踏んで通り過ぎる…

　　　　　　　　　　　　　　　　　(剣持亘他「シナリオ・さびしんぼ」)
（6）　息ひとつ荒げずに、太い固形の奈良墨を溶いている若い男の姿態が見えた。　　　　　　　　　　　(赤江瀑「雪華葬刺し」)

などの下線部が挙げられる。（1）（2）が「シナガラ」の形式を持つものである。これは、概略、別の動きを行いながらある動きを行う、といった動きを行う時の主体の併存動き状況を表している。（3）が「シツツ」の形式を持つものであり、これは、「シナガラ」と同趣の意味を表す古い形式である。また、（4）（5）が「シテ」形式を持つものであり、これは、概略、動きの出現・展開時の主体の付帯的な様子を表している。さらに、（6）は、否定中止形たる「セズニ」の形式を有するものである。事態の非存在を、主体の付帯的な様子として表している。「シナガラ」「シテ」を当該の意味で交替可能か否かということについては、説明なしに用例だけを挿入してある。

また、
（7）　村地は腕ぐみをしたまま、それらの動きをじっと眺めていた。

　　　　　　　　　　　　　　　　　　　(小林久三「赤い落差」)
（8）　その本能の命ずるまま、衝動的に行動する女は、…

　　　　　　　　　　　　　　　　　　　(高木淋光「妖婦の宿」)

（9）　「ママ、ケーキ焼いて」翼が甘えるように言った。

(鎌田敏男「金曜日の妻たちへ(下)」)

（10）　静かな海を、船は滑るように進んでいる。　　(麗羅「怨の複合」)

（11）　彼は毎日のように判で押したごとくかような推理をするのだ。

(北杜夫「クイーン牢獄」)

（12）　刺がささったみたいに、声帯に痛みがはしる。

(安倍公房「スプーン曲げ少年」)

（13）　膝に置いた手がいかにも落着かなげに、腕時計のベルトをこすっている。

(夏樹静子「特急夕月」)

（14）　久子が嬉しそうに言った。　(鎌田敏男「金曜日の妻たちへ(下)」)

（15）　図体の大きなデカ長は、肥った脚を窮屈そうにおり曲げて、…

(鮎川哲也「割れた電球」)

（16）　男はいよいよ慌てたふうにそれを隠そうとする。

(北杜夫「クイーン牢獄」)

の下線部のようなものも、この節的存在の様態の副詞的修飾成分である。（7）が「シタママ(デ)」の例である。これは、概略、その状態を保持してある動きをする、といった主体の付帯状態を表している。（8）が「スルママ(ニ)」の実例である。これは、概略、ある事態に従って、それが示す通り、動きが行われることを表している。また、（9）（10）が「スルヨウニ」という形式を持つものである。これは、他の動きにたとえながら、ある動きの行われ方を差し出しているものである。（11）が「シタゴトク」の例である。「ゴトク」は、掲げた例のように動詞に接続するものより、名詞に接続するものの方が多い。他のもの・動きにたとえながら、ある動きの行われ方を差し出している。（12）が「シタミタイニ」の形式を持つものである。これは名詞に接続するものもかなり多い。「シタゴトク」と基本的に同趣の意味を表している。さらに、（13）が「〜ゲニ」の例である。形容詞に接続するのが基本である—もっとも、「イワク有リゲニ、〜」のようなものは存する—。これは、外観からそう判断できる様子・表情をしながらある動きを行う、といった、外側から見た様態

による動きの行われ方を差し出している。(14)(15)が「～ソウニ」の形式を持つものである。感情・感覚形容詞に接続するものが中心をなすものの、「ゲニ」と使われ方は同趣であり、外側から見た様態による動きの行われ方を差し出している。また、(16)が「シタフウニ」の例である。これも、外観からそう判断できる様子・表情をしながら、ある動きを行うことを表している。

　以上、様態の副詞ならびにその周辺に位置する修飾成分を、粗々とではあるが、その多様性を示すことに心掛けながら取り出してみた。ただ、述べ残したタイプや取り扱わなかった中間種も少なくない。

第6章　程度量の副詞

1　はじめに

　この章では、いわゆる程度副詞と、およびそれに隣接する量副詞と呼ばれることのある存在を、副詞的修飾成分という立場から、＜程度量の副詞＞として関連づけて扱い、それらの似かよいと異なりを捉えながら、その下位的タイプ・文法的特性および共起する述語のタイプ・特徴などを見ていくことにする。また、程度量の副詞の周辺に位置するものについても瞥見しておく。

1.1　程度副詞の概要
　品詞・単語類としての程度副詞については、その用法・文法的特徴の広がりや程度副詞としての用法を持つ周辺的存在への考察を行った、工藤浩(1983)の行き届いた研究がある。程度副詞の働きの基本・中心は、通説に言うように、属性(質)や状態を表す成分に係ってその程度性を修飾・限定する、というものであろう。たとえば、
　　（1）　「政治資金法の範囲内であり、法律に認められていることだか
　　　　　ら、もらってはいけないという話ではない。要請といわれ問題に
　　　　　されるのは非常に心外だ」と述べ、…　　　　（朝日新聞・1993.7.2)
　　（2）　それが父の機と符合する確率はきわめて少ないとみなければなる
　　　　　まい。　　　　　　　　　　　　　（森村誠一「紺碧からの音信」)
　　（3）　仕事中には極端に強引でエゴイスチックになる男なのだ。
　　　　　　　　　　　　　　　　　　　　　　（小林久三「赤い落差」)

（４）　「本事件は、…甚だ特異な犯罪、いや変死事件でありまして、非常に難しい問題も含んでおります」　　　　　　（佐野洋「証拠なし」）
（５）　「いったん始めると、彼は凝り性なので、すこぶる熱心でしたよ」
　　　　　　　　　　　　　　　　　　　　　　　　（海渡英祐「死の国のアリス」）
（６）　「酸梅湯とてもおいしい。ありがとう」　　（加藤幸子「夢の壁」）
（７）　「はい、大変、しあわせです」　　　　　　　（古井由吉「杏子」）
（８）　「ずいぶんむずかしい捜査になりますねえ」
　　　　　　　　　　　　　　　　　　（石沢英太郎「噂を集め過ぎた男」）
（９）　義雄は唇をゆがめて笑った。やはり美和子とかなり仲が悪いらしい。
　　　　　　　　　　　　　　　　　　　　　　　　（海渡英祐「死の国のアリス」）
（10）　航空隊ならば、多少合理的であろうと考えたわけである。
　　　　　　　　　　　　　　　　　　　　　　　（森村誠一「紺碧からの音信」）
（11）　吉村「名前は阿部玲子、年は二十七、わりときれいだよ」
　　　　　　　　　　　　　　　　　　　　　　　（橋本忍「シナリオ・日本沈没」）
（12）　「暮れに金を持って行った時には、相当強硬で怖かったよ」
　　　　　　　　　　　　　　　　　　　　　　　（山村美紗「恐怖の賀状」）
（13）　「しかし、からだつきなんか結構色っぽい」　（佐野洋「証拠なし」）
（14）　その一瞬を、私はほんの少し懐かしく思い出していたが、…
　　　　　　　　　　　　　　　　　　　　　　　（北原武夫「男を喰う人妻」）
（15）　「これだけの家に夫婦二人というのは、ちょっとさびしい感じですな」　　　　　　　　　　　　　　　　　（海渡英祐「死の国のアリス」）

などの下線部が、これである。事実、これらはいずれも、「少ナイ、オイシイ、ムズカシイ、（仲ガ）悪イ、色ッポイ、懐カシイ、サビシイ」などのイ形容詞や、「心外ナ、強引ナ、特異ナ、熱心ナ、シアワセナ、合理的ナ、キレイナ、強硬ナ」などのナ形容詞に係っている。これらの形容詞は、いわゆる属性(質)や状態と呼ばれるものを表している。属性や状態は、程度性という側面を帯びて存在している。もっとも、属性や状態の総てが程度性を有しているわけではない。既に指摘されているように、「真ッ暗ダ」などで表される

質や、「等シイ」などが表す関係のあり方は、極限に位置する質や、度合いを持たない点(極)において成り立つ関係を表すことによって、「??コノ部屋ハ大変真ッ暗ダ」「??両者ハ大変等シイ」が示しているように、程度性を有していない。また、状態にあっても、「痛イ」などは、「オ腹ガ非常ニ痛イ」のように、程度性を帯びているが、「有ル」などは、「??机ノ上ニ本ガ非常ニ有ル」のように、程度性を持たない—もっとも、「彼ノヤリ方ニハ非常ニ問題ガ有ル」が示すように、「有ル」の用法の総てが程度性を持たないわけではない—。

　〈程度性〉というものは、属性(質)や状態が幅・度合い・スケールを帯びて、その属性や状態として成り立っていることから生じる。言い換えれば、度合いをさらに加えようが減少させようが、また、スケールの前方に進もうが後方に後退しようが、その属性や状態であることを止めはしない。つまり、ある属性や状態には、様々なレベル・段階が存在する。属性や状態の程度性が変化するということは、属性や状態のレベル・段階が変わることである。また、定まった終端性・限界を持たないのが属性(質)や状態である。たとえば、「大キイ」「美シイ」という属性や「痛イ」「ツライ」という状態は、大きさの限界や痛さの限界を持たない。もっとも、属性や状態の総てが、現実世界のあり方において、常に終端性・限界を持たないというわけではない。「暗イ」という状態は、光量がゼロになればその極に至るし、「新シイ」という属性は、出来た瞬間がその極である。ただ、「暗イ」「新シイ」という形容詞は、その言語的意味の中に終端性・限界を捉え含んでいない。終端性・限界を捉えているのは、「真ッ暗ダ」や「真ッサラダ」という語である。ちなみに、現実世界のありようにおいても、終端性・限界を持たない「大キイ」「痛イ」などには、「真ッXダ」という語の派生はない。程度性を帯びている属性(質)や状態が終端性・限界を持っていないのに対して、あらかじめ定められた終結点・限界を有していることにおいて、「書ク」「食ベル」「着ル」などで表される動きは、事態(出来事・事柄)のタイプを、これらと大きく異にする。

　程度性が度合い・スケールを帯びたものであることによって、「会ってもっと詳しく聞く価値がありますよ。(麗羅「怨の複合」)」のように、程度を

拡大する塁加的な程度限定が可能になる。また、「寝床へ入って来たのは、私よりも、はるかに大きな人だった。(日影丈吉「かむなぎうた」)」のような比較表現は、ある基準との程度の開きを差し出すものであり、比較表現としてある基準との程度の開きを表すことができるのも、程度性が度合い・スケールを帯びたものであるからである。

　上述したように、いわゆる＜程度副詞＞の基本的・中心的な働きは、属性(質)や状態の帯びている程度性に対して、その度合いに言及することによって、属性や状態のありようを限定し特徴づけるものである。たとえば、(1)「非常ニ心外ダ」や(11)「ワリトキレイダ」を例に取れば、「非常ニ」「ワリト」という程度副詞は、属性や状態が有している程度性の側面を取り出し、その度合いに言及することによって、[心外デアル]という心的状態や[(彼女ガ)キレイデアル]という属性のありようを、限定し特徴づけている。つまり、程度副詞の基本・中心は、形容詞に係り、それが有している程度性の度合いを規定するものであった。程度副詞の働きの基本が形容詞を修飾・限定することであり、したがって、中心的・典型的な程度副詞は形容詞を修飾・限定するものである、ということを認めたうえで、本章では、本書の他の部分と同様に、考察の中心を動詞述語と結び付く場合に置く。

1.2　程度性を持つ単語類

　もっとも、程度性を帯びた単語類は、属性・状態を表す形容詞に限られない。そのことを受けて、これも既によく知られているように、いわゆる程度副詞の係っていく品詞も形容詞に限られない。たとえば、

　　(16)　そっちはもう大分前から気が附いていた。

　　　　　　　　　　　　　　　　　　　　(庄野潤三「小えびの群れ」)

などは、既によく知られているもので、「前」という、いわゆる＜相対名詞＞を修飾・限定しているものである。もっとも、程度副詞に修飾・限定される名詞は、相対名詞だけではない。たとえば、

　　(17)　ぼくは、…たいへんに創意工夫の兵隊だった。

(田中小実昌「魚撃ち」)
(18) そこは加茂川ぞいの低地からだいぶ高みになっているので、…

(近松秋江「黒髪」)
(19) 怨恨というのも、…かなり疑問だ。（海渡英祐「死の国のアリス」）
(20) …友達と話し合っている顔、笑っている顔、だがそうした顔が小野寺には少しピンボケで、その人達は小野寺を避けて通り過ぎる。

(橋本忍「シナリオ・日本沈没」)

の、「創意工夫」「高ミ」「疑問」「ピンボケ」などは相対名詞ではないが、程度副詞を受けている。これらはいずれも、あり様や状態を表した抽象的な名詞である。名詞の語彙的意味があり様や状態を表すものであることによって、程度性を帯びている名詞である。当然、大多数の名詞は、人や物や事（現象）を表し、「??彼ハズイブン日本人ダ」「??コレハ少シ書物ダ」「??ココハ非常ニ平野ダ」「??今日ハ極メテ雨ダ」「??彼等ハ一段ト喧嘩ダ」が示すように、程度性を持たない。もっとも、人や物などを表す名詞であっても、あり様性を含むことによって、「彼ハ非常ニ饒舌家ダ」「A氏ハ極メテ紳士ダ」「アイツハ少シ子供ダ」「コノ本ハナカナカ良書ダ」「ココハ一段ト都会ダ」のように、程度性を有する。

また、程度副詞は、

(21) 草木は季節によって非常に違う。　　（天声人語・1988.8.12）
(22) しかし、このOA用紙の再利用は大変遅れている。

(朝日新聞・1989.12.11)
(23) 部下職員の模範となるべき立場にあったのに、自覚を著しく欠き、癒着して何のためらいもなかった。　　（朝日新聞・1990.3.27）

などのように、動詞に対しても係っていく。もっとも、これらの「違ウ」「遅レテイル」「欠ク」などは、動詞ではあるものの、＜動き＞を表すものではなく、いわゆる＜状態＞を表すものである。したがって、動詞の表す語彙的意味のあり方からして、程度性を有している動詞であった。運動や変化といった動きを表す大多数の動詞と、程度副詞との結び付きのありようについ

ては、後に考察する。

1.3　形容詞への程度限定と様態限定

　形容詞の表す属性や状態は、程度性という側面を帯びて存在した。したがって、形容詞述語が程度性への言及を受け、自らの実現のありようを限定され特徴づけられるのは、形容詞述語の有している語義のあり方からして、ごく自然なことである。ここでは少し横道に逸れて、形容詞の表す属性や状態のあり様を修飾・限定する成分の存在について考えてみたい。
　たとえば、

(24)　辛いです。非常に辛いです。それこそ後でベロを出して走り回りたくなるくらい辛いです。　　　　　　　（「向田邦子対談集」）

を見てみよう。この例の「非常ニ辛イデス」の「非常ニ」は、辛い程度を純粋に抽象的(非具象的)に表しているが、下線部の「後デベロヲ出シテ走リ回リタクナルクライ」になれば、辛いの程度限定を行っているものの、抽象的・非具象的にではなく、「後デベロヲ出シテ走リ回リタクナル」というふうに、あり様を形象的・具象的に差し出すことによって、辛いの程度性の内実・度合いを限定し特徴づけている。つまり、「〜クライ」は、あり様を形象的・具象的に差し出しながら、形容詞の表す属性や状態の程度性の内実・度合いを示しているのである。上で見た「〜クライ(ニ)」や、「〜ホド(ニ)」などは、あるあり様を形象的・具象的に差し出すことが、形容詞の表す属性・状態の程度限定になることにおいて、形容詞の表す属性・状態への程度限定を行いながら、属性・状態への様態言及を既に含んでいると言えるだろう。
　さらに用例を二三付け加える。

(25)　日が昇るとき、花が咲くとき、湯河原の家で日が沈むとき、何とも言えないくらいに幸せなのだと話した。　　（アエラ・1993.5.25）

(26)　繊毛が水をかくときにはピンとまっすぐでなければならないので、水の抵抗を受けても曲がらないくらいかたい必要がある。

（本川達雄「ゾウの時間、ネズミの時間」）

(27) 家みたいりっぱな土饅頭だったが、それでも年々風や雨に流されて、今では<u>他人の墓と同じくらい</u>平らになった。
(加藤幸子「夢の壁」)

(28) 大空に繰り広げた曲芸飛行は<u>ため息が出るほど</u>美しかった。
(森村誠一「紺碧からの音信」)

(29) 視界に溢れている新緑が<u>眩しいほどに</u>鮮やかだった。
(笹沢左保「女を見て死ぬ」)

(30) 弁髪を背に垂らした曲芸師は、細い竹の先で皿を空に投げあげたり、<u>静止しているように見えるほど</u>速く回してみせた。
(加藤幸子「夢の壁」)

(25)(26)(27)が「〜クライ(ニ)」の例であり、(28)(29)(30)が「〜ホド(ニ)」の例である。これらはいずれも、あるあり様を形象的・具象的に差し出すことによって、属性や状態の程度限定を行っている。

ところで、形容詞の表す属性や状態の下位的なあり方・様子に主に言及しながら、属性や状態の実現のされ方を限定し特徴づける形式に、「〜ヨウニ」がある。たとえば、

(31) あたりは<u>真昼のように</u>明るかった。　(小林久三「赤い落差」)

(32) 芝の上を秘書の三村と一緒に歩く山本の顔は、<u>今日の天気のように</u>明るい。
(橋本忍「シナリオ・日本沈没」)

などが、これである。これら「真昼ノヨウニ明ルカッタ」「今日ノ天気ノヨウニ明ルイ」は、「満月ノ夜ヨウニ明ルイ」「照明灯デ照ラサレタヨウニ明ルイ」「焼夷弾ガ落チタヨウニ明ルイ」などと共に、主にどのような下位的なあり方・様子の明るさであるかを差し出すことによって、属性や状態の実現のされ方を限定し特徴づけている。つまり、「〜ヨウニ」は、形容詞の表す属性や状態の実現のされ方を、主に属性・状態の様態的側面への言及によって、限定し特徴づけている形式であると言えよう。さらに、

(33) 平和の時代にはなんでもない家族の団欒が、<u>宝石のように</u>貴重であった。
(森村誠一「紺碧からの音信」)

(34) 頭の一部は<u>灼熱した火かき棒をつっこまれたように</u>熱かった。

(小林久三「赤い落差」)

などもこの例である。

上で見たように、「〜ヨウニ」は、形容詞の表す属性・状態のあり方を、主に(基本的に)、程度の側面からではなく、どのようにという様態の側面から限定し特徴づけたものである。ただ、形容詞の表す属性・状態にあっては、様態的な限定を行うことが、結果として程度性に関わり触れることになり、様態的な限定と程度的な限定とは深くつながっている。たとえば、(34)の「ヨウニ」を「クライ」に変えても、「熱カッタ」に対する意味的な関係は、

(34') 頭ノ一部ハ<u>灼熱シタ火カキ棒ヲツッコマレタクライ</u>熱カッタ。

のように、焦点の当たる側面が変わるものの、成立可能でありうる。また、逆に、「クライ」「ホド」を「ヨウニ」に変えても、

(27') 家ミタイリッパナ土饅頭ダッタガ、ソレデモ年々風ヤ雨ニ流サレテ、今デハ<u>他人ノ墓ト同ジ</u>{ヨウニ/クライ}平ラニナッタ。

(30') 弁髪ヲ背ニ垂ラシタ曲芸師ハ、細イ竹ノ先デ皿ヲ空ニ投ゲアゲタリ、<u>静止シテイルヨウニ見エル</u>{ヨウニ/ホド}速ク回シテミセタ。

のように、形容詞に対する意味関係は、不自然にはならずに成り立ちうる。動詞述語にあっては、「非常ニユックリ話ス」「相当ガタガタ揺レテイル」のように、程度は様態限定を限定した。動詞述語においては、程度限定と様態限定は、層・レベルを異にする存在であった。それとは異なって、形容詞の表す属性・状態にあっては、程度限定と様態限定は深く結び付いた存在である。

程度副詞は、程度性という抽象度の高い側面への言及であった。それに対して、様態の副詞は、あり様という具象性を備えた側面への言及である。したがって、様態の副詞は、程度副詞に比べて、はるかにその共起を述語の有する語彙的意味のあり方に規定されている。逆に言えば、程度副詞は、それが共起する形容詞を基本的に選ばないということである。したがって、共起可能な形容詞が形容詞の語彙的意味によって制限されている、といった類い

の副詞が存すれば、そのような副詞は、その分、既に様態の副詞への傾きを有している。

　ここで「ホンノリ(ト)」「カスカニ」「ドンヨリ(ト)」を見てみよう。まず「ホンノリ(ト)」から取り上げる。これは、

(35)　東の空がほんのりと赤い。　　　　　　　　　（天声人語・1990.1.1）

(36)　日暮、人影もなく、…茶室の小窓の障子が、ほんのり明るい。
　　　　　　　　　　　　　　　　　（依田義賢「シナリオ・千利休 本覚坊遺文」）

(37)　鹿児島産という小ぶりのタケノコは、ほんのり苦く、そしてじんわりと甘く、南国の味がした。　　　　　　　　　（天声人語・1991.3.20）

(38)　隆司「からそう。からかったらどうすんの」／矢野「からくない」／隆司「ほんのりからい」　　　（小島康史「シナリオ・らせんの素描」）

などのように、形容詞述語の程度限定を行うものの、共起する形容詞に制限がある。「??ホンノリ｛古イ／新シイ｝」「??ホンノリ｛騒ガシイ／静カダ｝」「??ホンノリ｛大キイ／小サイ｝」「??ホンノリ｛長イ／短イ｝」「??ホンノリ｛易シイ／難シイ｝」「??ホンノリ｛優シイ／キツイ｝」「??ホンノリ｛寂シイ／懐カシイ／ツライ｝」などといった結合は、絶対に不可能だというわけではないが、不自然で座りが悪い。この不自然さ・座りの悪さは、指し示される程度性が近い「少シ」と比べてみても、対照的である。「少シ」は、「少シ｛古イ／新シイ｝」や「少シ｛長イ／短イ｝」や「少シ｛寂シイ／懐カシイ／辛イ｝」などが示しているように、上掲の結合にあって総て自然である。「ホンノリ(ト)」は、「非常ニ、トテモ、大変」「ズイブン、相当、少シ」などといった典型的な程度副詞と比べて、その共起する形容詞に極めて明確な制限がある。共起する形容詞への制限を有している分、「ホンノリ(ト)」は、程度性に言及するものの、様態の副詞へと大きく傾いている。

　次に「カスカニ」を瞥見する。「カスカニ」は、「ホンノリ(ト)」に比べて、「カスカニ明ルイ」「カスカニ辛イ」「カスカニ古イ」「カスカニ騒ガシイ」「カスカニ大キイ」「カスカニ長イ」「カスカニ難シイ」などが示すように、共起しうる形容詞の範囲は、かなり広いものと思われる。ただ、形容詞と結合してい

る実際の用例は、手持ちの採集例では、極めて少ない。芥川賞受賞作品を中心にした小説類、『年鑑代表シナリオ集』などのシナリオや朝日新聞の１面や社説を中心とした記事・論説文等々から集めた78例中、形容詞的な語と結び付いていると思われる例は、下の(40)のような例(「可能ナ」)を入れて、たった２例のみであった—絶対数はさほど意味がない。当然、その数は、依拠した資料体によって変わってくる—。

(39) カリンの木の下を歩いていたら、こぶし２つ分ほどの大きさの実がどすんと落ちた。そこから放たれるかすかに甘い香りが、初冬の室内にただよっている。　　　　　　　　　　（天声人語・1988.11.24)

(40) 市販の補聴器にて、かすかに言語読解可能。　（筒井康隆「事業」）

がそれである。それに対して、動詞述語と結び付いている例は、

(41) 洗面台の上の窓がかすかに白みはじめていた。

（安倍公房「スプーン曲げの少年」）

(42) …主人は長い眉毛をかすかに動かして…　（丸谷才一「年の残り」）

(43) 女はかすかに微笑ってみせるが、…

（市川森一「シナリオ・異人たちとの夏」）

(44) 北山杉の森と、かすかに聞こえる山の音。（天声人語・1990.3.23）

などのように、種々存在する。さらに、「かすかに声がした」「かすかに動いて」「かすかに光っている」「かすかに聞きながら」「(顔を)かすかに顰め」「かすかにためらった」「かすかに揺れる」「かすかに引きつらせ」「(臭いが)かすかにこもっていた」「かすかに立ち昇る」「かすかに滲みた」「かすかに(その目が)うるんで」「(音が)かすかに起った」等々、様々な結合が存在する。「カスカニ」は、「ホンノリ(ト)」に比べて、共起可能な形容詞の範囲は広いものの、結合の対手の中心が動詞述語にあることにおいて、程度の低さに言及してはいるものの、様態の副詞へと大きく動いている。

さらに、「ドンヨリ(ト)」になれば、共起する形容詞も極めて限られてくるし、結合の対手の中心が動詞述語にある点からも、もはや様態の副詞であろう。形容詞との結び付きは「どんより暗い」の類いくらいであり、「どんより

曇った」「どんより濁った」「どんよりと赤味をおびた」「どんより虚ろな眼をして」などといった、動詞述語との結び付きが資料に現れている——一番多い結合は「ドンヨリ曇ル」であった。結合対手となる動詞にも明確な制限が存するのは、まさに、動きのあり様と結び付く様態の副詞のそれである——。

1.4　副詞的成分への修飾・限定

これも既によく知られていることではあるが、程度副詞は、述語—形容詞述語は当然のこと、上で見たように、動詞述語・名詞述語—のみならず、他の副詞的修飾成分をも修飾する。たとえば、

(45) 「ゆうべひどく熱心にあなたを推せんされましてね」

(小林久三「赤い落差」)

は、様態の副詞を修飾・限定している。「城壁がずいぶんこなごなに崩れた」や「とてもキラキラ輝いている」のように、動きの実現のされ方を表す＜結果の副詞＞や＜様態の副詞＞が、動詞の有している動きの結果の局面や展開過程の局面に立ち現れるあり様に言及しそれを限定・特徴づけたものであるのに対して、程度副詞は、そういったあり様の有している程度性を限定したものである。上で見たように、結果の副詞・様態の副詞と程度副詞には、程度副詞が結果の副詞・様態の副詞を修飾・限定するという階層関係が存在する——よく知られているように、[程度[あり様[動き]]]という三層性である——。その逆の階層関係は成り立たない。

また、程度副詞は、

(46) 私は、こちらでもややしばらく黙って、わざとらしく、じろじろ女の顔を見ていたが、…　　　　　　(近松秋江「黒髪」)

などのように、＜時間関係の副詞＞をも修飾・限定しうる。これは、時間関係の副詞の中にも程度性を有するものが存在するからである。「ずいぶん長時間喋り続けた」「極めて唐突に喋りだした」などもこれである。もっとも、程度副詞と結果の副詞・様態の副詞との関係とは異なって、程度副詞が時間関係の副詞の外側にあり、時間関係の副詞を修飾・限定するとともに、当

然、「長時間ずいぶん喋り続けた」「しばらくやや黙って」や「先程非常に暑かった」のように、程度副詞による限定を受けた事態が、時間関係の副詞(時の状況成分)による規定を受ける。

さらに、程度副詞は、

(47) 日産自動車の辻義文社長は十四日の記者会見で、…「現在検討中で、まだ詳細を話す段階ではないが、今後完成車や部品の相互融通や共通仕様が相当ひんぱんに出てくると思う」と述べた。

(朝日新聞・1993.1.14)

などのように、＜頻度の副詞＞をも修飾・限定しうる。程度副詞の限定を受けうる頻度の副詞は、少なくない――実際での使用例はさほど多くないが――。これは、頻度の副詞の多くが程度性を有しているからである。(47)のように、程度副詞が頻度の副詞の外側にあり、頻度の副詞の程度性を修飾・限定する場合があるとともに、「ひんぱんに相当出てくる」「いつも極めて優しい」のように、程度副詞による限定を受けた事態を、頻度の副詞が包み込むことの方が、通例であり多い。

2 程度量の副詞の種々

2.1 いわゆる程度副詞への移行・派生

いわゆる程度の副詞(的修飾成分)は、様態の副詞(的修飾成分)ほど、語彙的に開かれた副詞的修飾成分ではないものの、頻度の副詞(的修飾成分)に比べて、所属する語彙数も多く、他の品詞・単語類からの移行や参入がかなりある。使用により程度性があせることから来る、強烈に高度な程度性の付与を意図した臨時的な使用も、また少なくない――したがって、移行・派生型の程度副詞には、低程度を表すものはまず見当たらない――。たとえば、「ギンギンニ窮屈だ」「ガンガンニ暑い」などのような用い方も、この強烈に高度な程度性の付与を意図した臨時的な使用例である。また、「メチャ明るい」「超寒い」「バカでかい」「クソ暑い」などのように、接頭辞的な使い方――さらに「メ

チャ甘の父親」「バカうまのラーメン」—を持つものすらある。

以下、移行・派生型の程度副詞を、意味的な類型に注目しながら、挙げていくことにする。細かく分ければさらに分けられるが、ここでは、意味的に大きく＜異例性（異常・例外性）＞と＜評価性＞という二グループに分ける。

＜異例性＞といった意味を含む類に属するものとしては、

「とてつもなく、途方もなく、とんでもなく、猛烈に、やけに、無性に、法外に、めっぽう、むやみに、やたら（に／と）、むやみやたら（に／と）、めったやたら（に／と）、べらぼうに、目茶苦茶（に）、むちゃくちゃ（に）、目茶目茶（に）、異常に、異様に、飛び抜けて、ずば抜けて、ず抜けて、並外れて、際立って、とび（っ）きり、目立って、例になく、いつになく」

などが挙げられる。

それに対して、＜評価性＞といった意味に関わるタイプには、

「いたく、おそろしく、いやに、（ど）えらく、すばらしく、ひどく、すごく、ものすごく、すさまじく、ばかに、馬鹿げて」

などが挙げられる。また「たまらなく、耐え難く」なども、評価につながる感情を表すものに由来するものである。さらに、「素敵に、見事に」「変に、妙に、奇妙に」なども、より評価性の高いものの、程度副詞に準ずる用法を持つ存在であろう。また、「よく」は、形容詞に直接係ることはないものの、程度性を限定する用法を持っている。

まず、異例性のタイプについて、少しばかり具体例を挙げておこう。

（１）　取材した記者たちは、その精巧な透かし彫りを一目みて「とてつもなくすばらしいものだ」と思ったという。　（天声人語・1985.12.4）

（２）　平等を求める日本の人びとの前に立ちはだかっていた壁は、途方もなく強固だった。　（朝日新聞・1986.5.3）

（３）　「親父が死んで、猛烈に悲しくて、こわかった。家をとび出した。それだけだ」　（小松左京「終りなき負債」）

（４）　…私は家に入る操作が無性におそろしい。　（島尾敏雄「家の中」）

（５）　なんだかやたらと心細い。　（安倍公房「砂の女」）

（6） 異様に寒く、一面霜のおりた高原の、草むらの中だった。

(小松左京「地には平和を」)

（7） 欲求不満の蓄積度が図抜けて高いといわれる、バスの運転手が、…中学教師の尻尾を、そうやすやすと手放すわけがない。

(安倍公房「スプーン曲げの少年」)

（8） マスコミ各社の調査でも１％枠を守れとする意見が目立って多い。

(朝日新聞・1985.7.28)

（9） 今春の南極点はいつになくにぎやかだ。　(朝日新聞・1993.1.27)

などが、異例性に属する移行・派生型の程度副詞の例である。事実、上掲の例を、「非常ニすばらしいものだ」とか「トテモ心細い」とか「甚ダ多い」のような、典型的な程度副詞に置き換えても、ほとんど意味は変わらない。もっとも、移行・派生により程度限定を行うことになったものであれば、語により、程度副詞化の度合いも異なり、また、本来の語彙的意味を残した用法も存する。たとえば、「猛烈に勉強するしか方法がない、と判っていながら、(松原哲明「新訳・般若心経」)」などは、運動の動詞と結び付きながら、「懸命ニ」に類する＜動きの強さ・烈しさ＞に関わる様態の副詞としての使われ方を色濃く残している。また、「ヤタラ｛ニ／ト｝」は、異例性に属するタイプの中では程度副詞化の高いものであるが、「わざと人通りの多いところから多いところへ、彼はやたらに角を曲がって歩きまわった。(古井由吉「杳子」)」などは、やはり運動の動詞と結び付きながら、「盛ンニ」「シキリニ」に類する動きの回数性に関わる様態の副詞や頻度の副詞に近づいている。それに対して、「目茶苦茶ニ」などの類は、「目茶苦茶ニ｛大きい／美しい／暑い／痛い／…｝」のように、形容詞と結び付いて程度副詞の用法を持つものの、程度副詞化は高くない。「進、めちゃくちゃに走る石森を追いかける。(鎌田敏夫「シナリオ・いつかもどろか」)」のように、様態の副詞として使われているものが少なくない。

引き続き、評価性のタイプについて、少しばかり具体例を見ておく。

（10） さすがに職業柄、耳は恐ろしく鋭いのだ。(高木淋光「妖婦の宿」)

(11) 「あかずきんちゃん」と、彼女はいやにはっきりと答えた。
(庄司薫「赤頭巾ちゃん気をつけて」)
(12) 「えらく熱心じゃないか」　　　　　　(安倍公房「飛ぶ男」)
(13) すばらしく美しい女性が、目を閉じて横たわっているではないか。
(星新一「ボッコちゃん」)
(14) 所内はひどく暗かった。　　　　　(小林久三「赤い落差」)
(15) 「私恥ずかしくてお礼言えなかったけど、あれ、すごく嬉しかったんだよ」　　　(坂元裕二「シナリオ・東京ラブストーリー」)
(16) 公麿：明日とは、また、ばかに急な話だな。
(井上ひさし「闇に咲く花」)

などが、この程度副詞化した評価性のタイプに属するものである。これらも、上掲の例を、「トテモ鋭いのだ」とか「大変美しい」とか「非常ニ嬉しかった」のような、典型的な程度副詞に置き換えても、ほとんどその意味は変わらない。ただ、これらのタイプにあっては、程度副詞としての使い方があるとともに、「行くのは嫌だ」とか「あのやり方はひどい」のように、元の感情・感覚・評価を意味する形容詞として使い方も、当然存在する。ただ、程度副詞的に使われた場合、形容詞の持っていた感情や評価なりの意味は、抑えられたり希薄化させられたりしている。そのことが、また、程度副詞化している、ということの現れでもある。

また、

(17) そんな世界に強く反発しながらも、ライターの生活にしがみついている自分の姿がたまらなくみじめにみえることがある。
(小林久三「赤い落差」)

などは、形容詞の有している感情・評価に関わる語彙的意味を色濃く帯びながら、高程度性の程度限定を行っているものである。形容詞の語彙的意味を色濃く帯びていることからして、前掲のものに比して程度副詞化は高くない。

さらに

(18)　「素敵に面白いさ。どうなることか、と思うところが素敵なんだ」
（大庭みな子「三匹の蟹」）

などになると、形容詞の語彙的意味を色濃く残していることに加えて、形容詞に係り、その程度性に関与するものの、必ずしも高程度の付与だとは言えないことからも、さらに、その程度副詞化は低いと言えよう—事実、「素敵に老ゆることは人生最後の大難事だが、(「向田邦子対談集」)」のように、あり様限定として使われることが少なくない—。

また、

(19)　ここの山々の特徴は、山々の起伏の線の、へんに虚しい、なだらかさに在る。　　　　　　　　　　　　　（太宰治「富嶽百景」）

(20)　「なるほど、むらさきというんですか。国鉄のくせに妙にやさしい名前をつけたものですな」　　　　　　（鮎川哲也「急行出雲」）

などは、形容詞を修飾することによって、その程度性に関わってくるものの、程度性を、度合いの観点からというよりは、評価的な捉え方の観点からを限定したもので、モーダル的な評価副詞につながっていく。さらに、この類は、よりモーダル的な副詞への傾きを持つ「実ニ、本当ニ、誠ニ」につながっていく—「彼は実ニ偉い」は程度限定的だが、「実ニ彼はダメな男だ」は、述べ方に関わり、モーダル的な副詞への傾きを強く有している—。

既に触れたように、「ヨク」には、形容詞に直接係ることはないものの、評価に関わる意味を有し、程度限定の働きを持ったものがある。

(21)　黒田製薬の速効性睡眠薬「スリープ」が、武井薬品の綜合ビタミン剤によく似ているのを発見した。　　　　（斎藤栄「江の島悲歌」）

などがそれである。事実、「トテモ似ている」などに置き換えうる。もっとも、置き換えうるとともに、「トテモヨク似ている」のように、「ヨク～」の上に程度副詞を加えて、しかも余剰感がない。その意味からも、「ヨク」の程度副詞的用法は周辺的なものである。また、「ヨク」は、用法が広く、頻度の副詞の用法を別にしても、

(22)　「よく、食べたわねえ、美奈子も」

(鎌田敏夫「金曜日の妻たちへ(下)」)
(23)　「よく調べろよ。口紅じゃないんだろう？…」
(斎藤栄「江の島悲歌」)

などのように、「｛ズイブン／タクサン｝食べた」のような程度量的な限定を表したり、「｛十分／シッカリ｝調べろ」のように、量・あり様的限定を表すものへと、多様である。

さらに、指示詞系の語からの程度副詞化した一群が指摘できる。
(24)　「あんなにうまく行くとは思わなかった」
(小泉喜美子「冷たいのがお好き」)
(25)　「火箸一つにしたって、そう簡単に出来はしないだろうね」
(高井有一「仙石原」)

などが、それである。このタイプは、「｛コレホド／コレクライ／コレダケ｝大きいと、」のように、「〜ホド／クライ／ダケ」などに前接するものが多い。また、「さして明るくない車内灯の光を…(高井有一「仙石原」)」とか、「さほど暑くない」なども、指示詞系の程度副詞である。指示詞系は、否定や疑問の文脈で使うことが多い。さらに、「ここで死ぬる方がいくらかましな気がして、(木山捷平「耳学問」)」「東京もんが、いくらキレイ好きだかしらんが、(中薗英助「霧鐘」)」「木原さんと同じ年ごろの娘がいたら、どんなにたのしいだろう。(和田芳恵「接木の台」)」のような、不定詞系のものが、指示詞系に近接する存在として指摘できる。また、「なんと執念深い男であろう。(高木淋光「妖婦の宿」)」のような、不定詞に関わる語詞を含む感嘆的な表現も、程度限定へとつながっている。

さらに、「出口の扉までの板ばりの廊下は無限大にながい。(安岡章太郎「陰気な愉しみ」)」「いかにもあやしいのである。徹頭徹尾あやしいのである。(北杜夫「クイーン牢獄」)」「私は世にも珍しいことをやってのけたことがある。(尾崎一雄「虫のいろいろ」)」などの下線部も、高程度の程度限定を行う程度副詞に準ずるものとして機能している。様々なものが程度副詞(相当)として機能している。

以上見てきたことは、程度副詞(相当)が語彙的広がりを持った存在であることを示している。

2.2 程度量の副詞の下位的タイプ

本章では、＜程度量の副詞＞としてまとめたものを、文法的な働き方や共起する述語のタイプから、＜程度の副詞＞と＜量の副詞＞に分け、程度の副詞を＜純粋程度の副詞＞と＜量程度の副詞＞とに分ける。この種の下位類化は、決して目新しいものでない。むしろ通説的ですらある―工藤浩(1983)にも、この種のタイプ・機能の異なりはそれとなく触れられているし、森山卓郎(1985)や佐野由紀子(1998)をも参照―。

まず、程度の副詞と量の副詞の違いから見ていこう。程度の副詞は、形容詞に係り、その属性・状態の程度限定を行うが、それに対して、量の副詞は、形容詞に係りその属性・状態の程度限定を行うことができない。これは、量の副詞が、形容詞の表す状態・程度の限定というあり方では形容詞に係らない、ということを述べているのであって、どんなあり方にせよ、量の副詞は、形容詞に係らないと規定しているのではない。

以下、少しこのことについて見ていこう。たとえば、

(26) この本は非常に古い。
(27) 彼はとても健康だ。
(28) 今日はかなり暑い。
(29) お腹がちょっぴり痛い。

などから、形容詞「古イ、健康ダ、暑イ、痛イ」に係っている「非常ニ、トテモ、カナリ、チョッピリ」などは程度の副詞である、ということになる。

それに対して、

(30) ＊彼はたくさん健康だ。
(31) ＊今日はいっぱい暑い。
(32) ＊お腹がたっぷり痛い。
(33) ＊彼は全員健康だ。

のように、「タクサン、イッパイ、タップリ、全員」などは、形容詞の表す属性・状態の程度限定というあり方で、形容詞に係ることが出来ない。程度限定というあり方で形容詞に係らないこれらは、程度の副詞ではない。これらは、「彼はお酒をたくさん飲んだ」「人がいっぱい居る」のように、人・物の数量を表すもので、量の副詞である。もっとも、「彼らは全員健康だ。」のように、量の副詞としても働きうる、＜数量名詞＞は、形容詞にも係りうる。ただ、単数主体を取る(33)の文が逸脱性を有していることからも分かるように、「彼らは全員健康だ。」の「全員」は、主体「彼ら」の数量規定を行っているのであって、「健康ダ」の程度限定を行っているわけではない。同様に、「この本は全部古い。」の「全部」も「本」の数量規定である。

次に、程度の副詞の下位類化である、純粋程度の副詞と量程度の副詞との異なりに移ろう。純粋程度の副詞と量程度の副詞とを識別するテスト・フレームとして、次のような構文が考えられる。

　　　［Ⅰ］「オ酒ヲ［Ｘ］飲ンダ」／「［Ｘ］歩イタ」

などの「Ｘ」の箇所に挿入できるか否か、というテストである。テスト・フレームは、「氷ヲ［Ｘ］割ッタ」でも「［Ｘ］寝タ」であってもよい。テスト・フレームは、主体や対象の数量限定が表されたり、動きの量の限定が行われたりする環境を、取り出したものである。そのような環境である［Ⅰ］の類の構文に挿入可能なタイプが、量程度の副詞であり、それに対して、［Ⅰ］の類の構文に挿入すると逸脱性を生じてしまうのが、純粋程度の副詞である。もっとも、程度の副詞の下位類化であれば、形容詞に係って、それが表す属性・状態の程度限定を行いうることが前提である―このことから、「お酒をたっぷり飲んだ」「たっぷり歩いた」のように、数量限定を行う環境である［Ⅰ］の類の構文に挿入可能であっても、「*彼はたっぷり大きい」のように、形容詞に係ってその程度限定を行いえないことから、「タップリ」などは、量程度の副詞ではないことが分かる―。

以下、少しこのことについて見ていこう。たとえば、

　　(34)　お酒を相当飲んだ／相当歩いた。

(35) お酒をちょっぴり飲んだ／ちょっぴり歩いた。
(36) ??お酒を非常に飲んだ／??非常に歩いた。
(37) ??お酒を極めて飲んだ／??極めて歩いた。

などから分かるように、「相当」「チョッピリ」は、主体や対象の数量限定が表されたり、動きの量の限定が行われたりする構文に挿入可能である——当然、「今日は相当暑い」「この服はちょっぴり大きい」のように、形容詞に係りその程度限定を行いうる——。したがって、「相当」「チョッピリ」は、量程度の副詞である。それに対して、「非常ニ」「極メテ」は、(36)(37)が示すように、主体や対象の数量限定が表されたり、動きの量の限定が行われたりする構文に挿入されると、逸脱性が生じてしまう。もし逸脱性が薄れる場合があるとすれば、「お酒を非常に|たくさん／多量に|飲んだ」とか「極めて|よく／長時間|歩いた」のように、何らかの量限定を付与する成分を読み込んで解釈している場合である。このように、主体や対象の数量限定が表されたり、動きの量の限定が行われたりする構文に挿入されると、逸脱性が生じてしまうことから、「非常ニ」「極メテ」は、純粋程度の副詞である。

以上のテスト手段によって、純粋程度の副詞と量程度の副詞と量の副詞とを取り出し、識別することが出来た。純粋程度の副詞と量程度の副詞は、程度限定を行いうることによって、量の副詞から取り出して、程度の副詞に一括したが、これら三類は、その働き・機能を分け持ちながら、段階的な相互関係を有している。機能の分有のあり方は次のようになる。

[Ⅱ]程度量の副詞の機能分担

```
              ┌ 純粋程度の副詞
              │
  程度限定 ┤   量程度の副詞 ┐
              │                  ├ 数量限定
              └   量 の 副 詞 ┘
```

以下、それぞれの副詞に属する語例を列挙する。

まず、＜純粋程度の副詞＞に属するものから挙げていこう。

「非常に、とても、大変(に)、すこぶる、たいそう、はなはだ(しく)、極めて、著しく、極端に、あまり(に)、至って、至極、ごくごく、ごく」
などが、純粋程度の副詞の代表的なものである―肯定の文脈に現れる「あまり」を問題にしており、否定文脈でのそれは別扱い―。また、「なかなか」も、程度の副詞から離れた用法―＜事態実現の非容易さ＞とでもいった意味―を表す場合が少なくないが、程度の副詞として使われた時は、この純粋程度の副詞に属する。

また、既に触れた評価性に属する移行・派生型の程度の副詞、

「いたく、おそろしく、いやに、(ど)えらく、すばらしく、ひどく、すごく、ものすごく、すさまじく、ばかに、馬鹿げて」
なども、純粋程度の副詞に属する。

さらに、異例性に属する移行・派生型の程度の副詞、

「とてつもなく、途方もなく、とんでもなく、猛烈に、やけに、無性に、法外に、めっぽう、むやみに、やたら(に／と)、むやみやたら(に／と)、めったやたら(に／と)、べらぼうに、目茶苦茶(に)、むちゃくちゃ(に)、目茶目茶(に)、異常に、異様に、飛び抜けて、ずば抜けて、ず抜けて、並外れて、際立って、とび(っ)きり、目立って、例になく、いつになく」
などは、評価性のタイプに比べ、主体や対象の数量限定が表されたり、動きの量の限定が行われたりする構文に現れうるが、そのような使用は、さほど多くないし、その場合は、何らかの量限定を付与する成分の読み込みが行われている、と解釈でき、基本的に純粋程度の副詞に属させてよいだろう。また、動詞に係る他の場合は、量限定としてではなく、様態規定として働いている、と解釈できる場合である―たとえば、「猛烈ニ働いた」「目茶苦茶ニ暴れた」「異様ニ光る」など―。もっとも、その中でも、「やたら(に／と)、むやみやたら(に／と)、めったやたら(に／と)」などは、量程度の副詞としての使われ方を比較的持つ。

また、比較構文でしか使えない「最も、一番」―いわゆる最上級を表す―や「ずっと、よほど、遥かに、断然、より」なども、基本的に純粋程度の副詞であると考えられる。これらは、主体などの数量や動きの量を表しているわけではない。「最モ人が居る」「一番寝た」や「ズット人が居る」「遥カニ寝た」などが、逸脱性を持たず解釈可能になるのは、「これらの会場の中では最モ人がたくさん居る」「彼より遥カニ長く寝た」などのように、何らかの量限定を付与する成分の読み込みが行われている場合である。これらは、他の存在と比べた時の、開き・差のあり方やその程度性を表している。

　さらに、塁加性を持つ「もっと、さらに、一段と、一層」なども、基本的に純粋程度の副詞に属すると考えられる。これらも、主体などの数量や動きの量そのものを、表しているわけではない。「モット人が居る」「一段ト寝ろ」も、「先ほどの数よりモット人が居る」「一段ト十分に寝ろ」のように、量そのものの限定ではなく、量や程度が塁加するあり様・度合いを表している。

　次に、＜量程度の副詞＞の語例を挙げよう。

　「うんと、よほど、ずいぶん（と）、だいぶ、かなり、相当（に）、結構、わりあい、割｛に／と｝、比較的、多少、少々、少し、ちょっと、ちょっぴり、若干、ある程度、心持ち、やや、わずかに、いささか、いくらか、いくぶん」

などが、量程度の副詞の主要なものである。

　既に挙げた程度の副詞は、通例、「*非常に暑くない」「*酒を相当飲まない」のように、否定文脈では使われない。こういった肯定文脈で使われる程度の副詞に対して、否定文脈で使われる程度に関わる副詞には、

　「たいして、さほど、あまり、さして、そんなに、ちっとも、少しも、一向に、てんで、全然、まったく」

などがある。この中で「ちっとも、少しも」や「一向に、てんで、全然、まったく」は、全面否定を表している。特に後者は、属性・状態に対する程度限定としての用法も持ってはいるものの、中心的な用法は、事態の実現・成立の可能性という程度の全面否定―たとえば「首相の国会答弁を聞いても、言

を左右にして一向に責任ある態度を示そうとしない。(朝日新聞・1989.2.23)」
—を表すことにある。しかし、これらは、「今日は|タイシテ／少シモ／全然|暑くない」とともに、「酒を|タイシテ／少シモ／全然|飲まなかった」「|タイシテ／少シモ／全然|歩かなかった」のように、形容詞の表す属性・状態の程度限定を行う構文にも、数量の限定を行う構文の中にも現れうる。したがって、この種の、否定文脈で使われる程度に関わる副詞は、基本的に量程度の副詞である。

　最後に、＜量の副詞＞の語例を挙げておく。
「たくさん、いっぱい、たっぷり(と)、どっさり(と)、ふんだんに」
などが、量の副詞の代表的なものである。また、
「全部、全員、大部分、半分、少数、すべて、みんな、あらかた、おおかた、残らず」
などのような、全体(数)量に対する割合のありようを表すものも、名詞性が高くはなるものの、上掲の代表的な量の副詞につながる存在である。さらに、
「二つ、3個、4人、6本、…」
などのような、いわゆる数量詞と呼ばれるものも、広い意味で量の副詞の一類であろう。

　面白いことに、程度や量の度合いの高低・多寡という点から、純粋程度の副詞・量程度の副詞・量の副詞は、概略次のような関係にあり、それぞれに領域を分担している。程度性の高程度に属する領域は、「非常ニ、トテモ、極メテ」などといった純粋程度の副詞が担当し、それに対して、「ダイブ、相当、少々、少シ」などの量程度の副詞は、相当程度から低程度に属する領域を基本的に分担している。また、量に関しては、多量域を分担しているのは、「タクサン、イッパイ、タップリ」などの量の副詞であり、それに対して、「ダイブ、相当、少々、少シ」などの量程度の副詞は、中・少量域に属する領域を基本的に分担している。程度限定と量限定の両者に使われる量程度の副詞は、程度限定にしろ量限定にしろ、極端な領域—高程度や多量域—を

表さない。それぞれにおいて、極端な領域を表すのは、単一機能である純粋程度の副詞であり、量の副詞である——もっとも、否定文脈に対しては、極端な領域である全否定をも、量程度の副詞が担っている。というより、この種のものには、純粋程度と量程度の分化がない——。

　ここで、程度量の副詞の周辺的なものとして、＜概括・概略的な程度量＞を表すものと、＜極性・全体性＞を表すものを取り出しておく。
　まず、概括・概略的な程度量を表すものとしては、
　「だいたい、ほぼ、おおむね、ほとんど、おおよそ」や、
　「たいてい、十中八九」
などが挙げられる。もっとも、後者は、概括・概略的な程度量というよりは、＜事態実現の確率＞を表す用法が中心であろうと思われる。
　また、＜限定的な程度量＞を表す「ちょうど、きっかり」などが、概括的な程度量に対するものとの関連で取り出される。
　そして、＜極性・全体性＞を表すものとしては、
　「完全に、全く、完璧に」「すっかり」
などが挙げられる。「すっかり」は、量の副詞の中の「あらかた、おおかた」につながっていく存在である。
　さらに、比較構文に出現する程度の副詞との関連で、
　「存外、案外、意外に、思ったより、思いのほか、予想以上に」
などといった、＜予想・想定との比較＞を表す副詞(的修飾成分)が取り出される。程度の副詞は、純客観的というより、いくぶんモーダル的な副詞への傾きを有していた。予想・想定との比較を表す副詞は、モーダル的な副詞への傾きの、比較的大きい類であろう。

　以下、＜純粋程度の副詞＞＜量程度の副詞＞＜量の副詞＞などについて、少しばかり詳しく、その働き・使われ方を見ていくことにする。

3　純粋程度の副詞

3.1　純粋程度の副詞の中心的用法

　まず、純粋程度の副詞から見ていこう。既に触れたように、純粋程度の副詞は、属性や状態などの有している程度性を指定し限定する。最初に、主な純粋程度の副詞について、実例をそれなりに挙げておく。

　　（1）　「だから、今、おまえに抜けられるのは非常に痛い」

　　　　　　　　　　　　　　　　　　　（旭井寧他「シナリオ・宇宙の法則」）

　　（2）　ほかの物価に比べると非常に安かったが、それでもやはり売食い
　　　　　における飛び抜けておおきな収入であった。

　　　　　　　　　　　　　　　　　　　　　（清岡卓行「アカシアの大連」）

　　（3）　私達、そばへ寄って、ものなんか教わるなんてことは出来ません
　　　　　でしたけど、ガンちゃんというのは、非常に気安く教えてくれま
　　　　　した。　　　　　　　　　　　（新藤兼人「シナリオ・さくら隊散る」）

　　（4）　鮫嶋智生は非常に手堅い仕事をコンスタントに続けている文芸評
　　　　　論家で、…　　　　　　　　　　　　（綾辻行人「迷路館の殺人」）

などが、「非常ニ」の使用例のごく一部である。これらには、述語としてであれ、様態の副詞として働いている修飾成分としてであれ、規定成分としてであれ、いずれも形容詞が使われており、「非常ニ」は、それらが表す属性・状態の程度性を限定している。「非常ニ」に限らず、純粋程度の副詞にあっては、形容詞に係っている例が多く、それが使用例の中心をなす。以下、まず、形容詞（相当）と共起している使用例を挙げておく。

　　（5）　ウイスキーを瓶ごと冷やして飲むのは、とてもうまい。

　　　　　　　　　　　　　　　　　　　　　（山口瞳「酒呑みの自己弁護」）

　　（6）　彼女はとても内気な少女なのだ。　　　　（加藤幸子「夢の壁」）

などが、「トテモ」の実例であり、

　　（7）　「丸山さんも大変歌が好きでことにクラッシックのリードが好き
　　　　　だったんです」　　　　　　　（新藤兼人「シナリオ・さくら隊散る」）

（8）　「ぼくが物心ついたときは戦争中ですから言論は<u>大変</u>きびしく取
　　　　り締まられているのですよ」　　　　　　　　（朝日新聞・1986.8.15）
  （9）　ここで忘れてはならないことは、ヒトという生き物は、<u>大変に</u>大
　　　　きい生き物だということである。
　　　　　　　　　　　　　　　（本川達雄「ゾウの時間、ネズミの時間」）

などが、「大変（ニ）」の具体例であり、

  （10）　緊迫した情勢の中でカンボジアで監視業務や様々なボランティア
　　　　活動をしている人々の安全確保は<u>極めて</u>重要である。
　　　　　　　　　　　　　　　　　　　　　　　　（日経新聞・1993.5.19）
  （11）　文様からみても、同じ時期に朝鮮半島で作られた陶質土器に<u>極め
　　　　て</u>よく似ているという。　　　　　　　　　（天声人語・1991.9.13）
  （12）　「見ての通り、娯楽室は<u>極めて</u>分かりやすい場所にあるし、…」
　　　　　　　　　　　　　　　　　　　　　（綾辻行人「迷路館の殺人」）

などが、「極メテ」の使用例であり、

  （13）　「番付一枚違えば虫ケラ同然」の実力主義の相撲界で、出世は<u>す
　　　　こぶる</u>順調。　　　　　　　　　　　　　（朝日新聞・1989.11.27）
  （14）　この家は…藩政時代に庄屋であっただけに<u>すこぶる</u>古風の大きな
　　　　構えで、どこかお寺みたいな感じがした。
　　　　　　　　　　　　　　　　　　　　（仁部富之助「野の鳥の生態・1」）

などが、「スコブル」の実例であり、

  （15）　「ラップ業界全体の生産能力は<u>著しく</u>過剰で、販売価格の下落を
　　　　自ら招いた面が大きい」　　　　　　　　　　（日経新聞・1993.5.24）
  （16）　現在は<u>著しく</u>円が過大に、ドルが過小に評価されている。
　　　　　　　　　　　　　　　　　　　　　　　　　（朝日新聞・1988.1.4）

などが、「著シイ」の具体例であり、

  （17）　あんたの作った日本料理をつまむ時、ハシの持ち方が<u>はなはだ</u>稚
　　　　いとか、…　　　　　　　　　　　　　　（唐十郎「佐川君からの手紙」）
  （18）　今の私たちの社会のあり方を考えさせる、<u>甚だ</u>刺激的な史料で

　　　　ある。　　　　　　　　　　　　　（天声人語・1993.6.12）

などが、「ハナハダ」の使用例である。これらは、いずれも、純粋程度の副詞の典型的な使用のされ方を示している。たとえば、(5)の「トテモ」は、[ウマイ]という属性の持っている程度が、どれくらいなのかを表しているし、また、(7)の「大変」は、[丸山サンガ歌ガ好キデアル]という心的傾向性とでも言うべき状態が程度性を有しており、その程度性がいかほどかを指定している。さらに、(16)の「著シク」は、[過大ニ評価シ、過小ニ評価スル]ときの評価のありようである過大さや過小さが、どの程度のものかを限定している。以上のように、純粋程度の副詞は、形容詞(相当)が表す属性(質)・状態の有している程度性を指定し限定している。

3.2 動詞との共起

　上で見たように、形容詞に係り、その属性・状態の程度性を限定するのが、純粋程度の副詞の中心的な働きである。しかし、これは、なにも、純粋程度の副詞が動詞に係らない、ということを意味しはしない。事実、動詞と共起し、動詞に係っている例も少なくない。

　たとえば、
（19）　私は、経済的には非常に恵まれた環境に育ったわけだ。
　　　　　　　　　　　　　　　　　　　（梶山季之「コーポラスの恐怖」）
（20）　「『夜明けのあいつ』をみて、とても感心していました」
　　　　　　　　　　　　　　　　　　　（小林久三「赤い落差」）
（21）　義蔵という子供を、…、一座の座がしらである宝来屋が大変可愛がって、…　　　　　　　　　　（戸板康二「グリーン車の子供」）
（22）　高原の夜はたいそう冷えるのです。
　　　　　　　　　　　　　　　　　　　（小泉喜美子「冷たいのがお好き」）
（23）　その持主が…、あとで警察にそのことを告げたら、すこぶる困ったことになる。　　　　　　　（海渡英祐「死の国のアリス」）
（24）　極度に能率化され、省力化されたテレビのスタジオ…

(小林久三「赤い落差」)

などのようなものが、その実例である。(19)の「非常ニ」は、「恵マレタ環境」のように、状態動詞「恵マレテイル」—連体の位置で使われることによって「恵マレタ」という形式で現れたもの—と共起している例である。いわゆる状態動詞との共起であれば、状態動詞が、形容詞に準じ、程度性を帯びていることによって、純粋程度の副詞の共起はさほど不思議なことではない—既に見たように、総ての状態動詞が程度性を有しているわけではない。存在の「有ル」は、「＊机ノ上ニ本ガ非常ニ有ル」のように、程度性を帯びていない—。それに対して、上掲の(20)から(24)の動詞(句)「感心スル、可愛ガル、困ッタコトニナル、能率化スル」は、いわゆる状態動詞ではない。

3.3 共起する動詞のタイプ

　形容詞に係ることがその中心的で主要な用法であれば、当然、総ての動詞が純粋程度の副詞と共起するわけではない。それどころか、純粋程度の副詞と共起する動詞には、かなり明確な制限がある。これは、純粋程度の副詞の生起が、動詞の有している語彙的意味によって、何らかの制限を受けている、ということであり、また、動詞が、純粋程度の副詞との共起から、いくつかの語彙的タイプに下位類化できる、といったことを意味している。

　以下、なぜ純粋程度の副詞が動詞と結び付くのか、共起する動詞はどのようなタイプの動詞なのかなど、といったことを中心に、純粋程度の副詞と動詞との結び付きについて見ていく。

　まず、純粋程度の副詞と共起する動詞として取り出されるのが、上でも触れた、程度性を有する状態動詞である。たとえば、「１％枠があるとないとでは、大変に違う。(朝日新聞・1986.12.31)」「けやきには、普通と著しく異なる意味がある。(天声人語・1986.4.19)」「処分は社会通念上著しく妥当性を欠くものとはいえぬ…(朝日新聞・1990.1.20)」「数十世紀前のモラルととても似ている。(小松左京「地には平和を」)」「そのことは非常にはっきりしている。(山口瞳「酒呑みの自己弁護」)」「非常にすぐれたコント作家である。(山

口瞳「酒呑みの自己弁護」)」「事務総長の権限は、国連憲章の制約上、本来極めて限られたものだ。(朝日新聞・1993.2.23)」「白血球になるはずの細胞ががん化した特定の白血病には非常に効果があり、(アエラ・1993.5.25)」「結論はすこぶる抑制のきいたものだった。(朝日新聞・1986.4.23)」などが、純粋程度の副詞と共起している状態動詞(句)の例である。

以下、状態動詞以外の動詞で純粋程度の副詞と共起する動詞(句)に、どのようなものがあるかを見ていくことにする。

【非限界変化動詞】
事態に程度性が存在するということは、その事態であるということが様々なレベルや段階を持って成り立っている、ということであり、事態に終端性・限界がないということである、ということを、既に見た。この種の状態を生み出す動詞として、動きの結果、新しい状態が生まれ、その新しい状態に終端性・限界がない、したがって、新しい状態を生み出す動きにも終端性・限界がない、といった動詞が指摘できる。このような、動き(変化)に終端性・限界がなく、動き(変化)の結果の状態に終端性・限界のない状態を生み出す動詞を、＜非限界変化動詞＞と仮称しておく。たとえば、

「温マル、冷エル、荒レル、高マル、縮ム、疲レル、低下スル、伸ビル、狭マル、広ガル、太ル、腫レル、膨レル、増エル、減ル、ヤセル、酔ウ、汚レル、弱マル、…」等々や、

「温メル、冷ヤス、荒ラス、高メル、縮メル、低下サセル、伸バス、狭メル、広ゲル、太ラス、増ヤス、減ラス、腫ラス、汚ス、弱メル、…」
などといった動詞が、これである。「温マル」「温メル」を例に取って、非限界変化ということを説明すれば、次のようになる。今、温度が加わり(温度を加え)、主体(対象)が温まった状態になったとしても、さらに温度が加わり、一層温まった状態を作り出すことができる。このように、「温マル」や「温メル」という動き(変化)、およびその結果状態には、終端性や限界はない。このような非限界変化動詞は、純粋程度の副詞と共起しうる—佐野由紀

子(1998)も、この種の自動詞タイプについて指摘している—。

たとえば、

(25) 高原の夜は<u>たいそう</u>冷えるのです。

(小泉喜美子「冷たいのがお好き」)

(26) このところ巡航ミサイルの軍事的評価が<u>非常に</u>高まっており、…

(朝日新聞・1986.5.19)

(27) お父さまも口調がこうなると、話が<u>とても</u>長びいてしまうことを、あたしはよく知っている。 (星新一「ボッコちゃん」)

(28) 住宅や住宅政策に対する欲求が<u>極めて</u>多様化してきたのが最近の傾向といえる。 (朝日新聞・1986.3.18)

(29) 私の書いている短編はお金がかからないはずですよ、映画やテレビにすると。つまり、セットを<u>非常に</u>減らしているわけです。

(「向田邦子対談集」)

(30) 「正直者はバカをみる」ことになり、労働行政への信頼を<u>著しく</u>損なうとも指摘した。 (市野義夫「産業医からの警告」)

(31) 就任演説で「われわれは中国との関係を<u>著しく</u>改善することを望んでいる。…」と述べた。 (朝日新聞・1985.3.24)

(32) 海部首相は、新中期防が<u>非常に</u>抑制されたものだと自賛している。

(朝日新聞・1990.12.21)

などが、純粋程度の副詞が非限界変化動詞と共起している実例である。非限界変化動詞の表す変化は、終端性・限界を持たない進展性を有している。変化が終端性・限界を持たない進展性を有していることによって、非限界変化動詞の表す変化という動きは、程度性を有することになる。非限界変化動詞に対する程度限定は、まずもって、この変化の進展の程度性への限定であり、そして、そのことを通して、変化の結果生じた状態の有している程度性に対する限定をも含意する。また、非限界変化動詞における純粋程度の副詞の共起は、自動詞つまり主体変化を表すものが圧倒的に多いが、他動詞つまり対象変化を表すものが、純粋程度の副詞を取れないわけではない。事実、

(29)「減ラス」、(30)「損ナウ」、(31)「改善スル」は、他動詞の例である。また、主体変化、自動詞が多いことは、(32)「抑制サレル」のように、他動詞が受身化して主体変化を表すようになったものが、それなりに存在することからも分かろう。

さらに、純粋程度の副詞との共起でよく見かける動詞句に、「形容詞＋ナル」という形式がある—また、使用例は多くはないものの、他動詞タイプの非限界変化動詞に対するものに、「形容詞＋スル」がある—。これは、全体として非限界変化動詞的になってはいるものの、まずもって、変化の後の結果状態の程度性に対する程度限定を行うことによって、純粋程度の副詞を共起させているものである。単純な非限界変化動詞と「形容詞＋ナル」型との違いは、上に触れた第一次的な程度限定の異なりにある。単純な非限界変化動詞では、「非常に太ったが、太っているとはまだいえない」という表現が成り立たないわけではない。それに対して、「形容詞＋ナル」型では、「??非常に太くなったが、太いとはまだいえない」という表現は、自己矛盾を招来する。

例を一二挙げる。

(33) しかし濃度が非常に高くなると、小さな生物に影響が出ることになる。　　　　　　　　　　　　　　　　　　（朝日新聞・1993.8.10）

(34) 私は父に対し、たいへんきまりが悪くなって、思わず下を向いた。
　　　　　　　　　　　　　　　　　　（日影丈吉「かむなぎうた」）

(35) 夕食後の、家族そろっての団欒も非常に大事にするのだ。
　　　　　　　　　　　　　　　　　　（市野義夫「産業医からの警告」）

などが、これである。(35)の「大事ニスル」は他動詞相当のタイプである。さらに、「中は非常に熱くなって」「市場は非常に神経質になっている」「審理は非常に長くなる」「便が非常に少なくなったし」「役割が極めて大きくなった」「先行きが極めて危うくなった」「肩こりを訴える人が著しく多くなっている」など、多くの例が存する。

【心的活動動詞】

　引き続き、純粋程度の副詞と共起する動詞について見ていこう。純粋程度の副詞と共起する動詞は、上に掲げたような非限界変化動詞だけではない。

　まず目につくのは、次のような、ある種の心的状態・感情のありようを作り出す(帯びる)心の動き・作用を表すものである。これを＜心的活動動詞＞と仮に呼んでおく。たとえば、

「呆レル、イカル、恨ム、驚ク、脅エル、怒ル、恐レル、苦シム、悲シム、困ル、楽シム、望ム、恥ジル、悩ム、喜ブ、感心スル、感謝スル、感動スル、緊張スル、興奮スル、心配スル、失望スル、憂慮スル、…」

などといった動詞がこれである。これらの動詞が純粋程度の副詞と共起している例を、いくつか挙げておく。

(36)　大蔵省・日銀は、…金融システムが揺らぐことを非常に恐れている。
　　　　　　　　　　　　　　　　　　　　　　　　　(朝日新聞・1993.8.10)
(37)　かねがね不満を感じていた教授は、むろん非常によろこび、…
　　　　　　　　　　　　　　　　　　　　　　　　(安倍公房「鉄砲屋」)
(38)　私は非常に苦しんだ。　　(山口瞳「酒呑みの自己弁護」)
(39)　宴会は、軍隊でも同窓会でも会社でも、余興があるのでとても困る。
　　　　　　　　　　　　　　　　　　　　　　　(山口瞳「酒呑みの自己弁護」)
(40)　つまり自分は息子がちゃんとした知識人になることを非常に望んでいて、…　　　　　　　　　　　　　(丸谷才一「年の残り」)
(41)　しかもぼくも非常に感動した。　　(丸谷才一「年の残り」)

などが、この種の実例である。これらの動詞にあっては、動きや作用によって、ある心的状態が生じているものの、いわゆる変化動詞と異なって、その心的状態は、動きの結果の状態ではない。主体変化動詞「疲レル」が作り出す状態は、疲れるという動き・作用の結果、招来され生じた状態である。それに対して、「悩ム」が作り出す状態は、悩むという動き・作用が終わればなくなってしまう。したがって、この種の動詞に対する程度限定は、非限界変化動詞のそれとは異なって、結果状態の程度性への限定を含むものではない。

心的活動の程度性への限定である。

【態度の現れに関わる動きを表す動詞】

さらに、上掲の心的活動とは同じではないものの、純粋程度の副詞と共起する(共起しやすい)動詞として、

(42)　米国側はまた、十五日からの首相の訪米について「非常に重視している」と述べた。　　　　　　　　　　　　（朝日新聞・1993.4.14）

(43)　義蔵という子供を、…、一座の座がしらである宝来屋が大変可愛がって、…　　　　　　　　　　　（戸板康二「グリーン車の子供」）

(44)　二期八年という公約があった。三期目の時も大変苦労したが、…
　　　　　　　　　　　　　　　　　　　　　　　　　　（アエラ・1993.5.25）

(45)　「吉行さんは対談の名人とか妙手といわれてるでしょ。あれ偶然そうなるというものではないのね。非常に努力されて、しかもさりげなく、話術の妙味を出していると思うのよね」

　　　　　　　　　　　　　　　　　　　　　　　　　（「向田邦子対談集」）

などのようなものが取り出せる。これらは、心の動きに関わるものの、単なる心の動き・作用には止まらない。心的・情意的な評価や態度のあり方を含んだ動き・働きかけを表している。心的・情意的な評価や態度を含んだ動き・働きかけを表す、このような動詞を、大きく括って＜態度の現れに関わる動きを表す動詞＞と仮に呼んでおく。この種のグループには、まず

　「重ンジル、軽ンジル、アナドル、サゲスム、軽蔑スル、尊敬スル、重視スル、軽視スル、…」

などといった、対象への認識における評価的把握、および対象へのその種の評価的態度を含んだ働きかけを表すものが挙げられる。これらは、比較的よく純粋程度の副詞と共起する。次に、

　「甘ヤカス、イジメル、イタワル、可愛ガル、カバウ、助ケル、カラカウ、ケナス、…」「親シム、頼ル、ナジム、慣レル、熱中スル、…」

などといった、ある種の情意的な態度を含んだ働きかけや、情意的な態度が

動きとして現れたものを表すものがある。これも、比較的よく純粋程度の副詞と共起する。また、

「苦労スル、頑張ル、努力スル、…」

などのような、態度を含んだ(伴った)動きを表すものが挙げられる。これも、純粋程度の副詞と比較的共起する。さらに、

「ハムカウ、逆ラウ、干渉スル、協力スル、抵抗スル、…」

などのような、ある種の態度から招来される働きかけを表すものが考えられる。これも、純粋程度の副詞と共起しないわけではないが、これらのグループの中では、純粋程度の副詞との共起は最も稀である。

　もっとも、程度限定を受ける動詞がこれで尽きている、ということでは必ずしもない。また、動詞への程度限定と動詞の表す動きの量限定とは、必ずしも截然と分かたれ切るとは限らない。

　次に、このような、感情や心的活動を表す動詞や、心的・情意的な評価や態度を含んだ動き・働きかけを表す動詞が、なぜ純粋程度の副詞と共起する(共起しやすい)のかについて、少しばかり考えておく。非限界変化動詞を含め、上掲の心的活動動詞や態度の現れに関わる動きを表す動詞は、いずれも限界性を持たない。もっとも、限界性のない動詞が総て純粋程度の副詞を共起させるわけではない。事実、「??非常に走った」「??とても唸った」「??非常に風が吹いた」「??大変机を押した」などは、限界性のない動きを表すものの、いずれも逸脱性を有している。純粋程度の副詞と共起する動詞は、非限界動詞の中の限定されたタイプでしかない。当然のことながら、限界動詞は純粋程度の副詞と共起することはない——事実、「??非常に死んだ」「??大変荷物が届いた」「??東京にとても行った」「??服を非常に着替えた」「??家を大変建てた」「??窓ガラスを非常に割った」のように、限界性を持った動詞に程度限定の働きで純粋程度の副詞を共起させると、文は逸脱性を帯びてしまう——。

　それでは、「??非常に走った」と「非常に悩んだ」や「非常に蔑んだ」「非常に甘やかした」とでは、どこが違うのか。「走ル」に存在する非限界性は、動きの

量の非限界性であった。それに対して、「悩ム」「蔑ム」「甘ヤカス」では、単に動きが非限界性を有しているということだけではない。これらにあっては、動きは、あるあり様・様態を帯びた動きとして存在しており—その動きのあり様・様態が、心的状態のあり方であり、心的・情意的な評価・態度である—、そのあり様・様態に非限界的な段階・レベルが存在することによる非限界性である。したがって、心的活動動詞や態度の現れに関わる動きを表す動詞への純粋程度の副詞による程度限定は、これらの動詞の表す動きの帯びているあり様に対する程度限定を通して機能している。たとえば、このあたりのことは、次の例がよく示してくれる。

(46) アスピン長官は、…、日本の駐留経費負担については「非常に評価している」と述べた。　　　　　　　　　　（朝日新聞・1993.2.13）

(46') ??アスピン長官ハ、…、日本ノ駐留経費負担ニツイテハ国力相当ダト非常ニ評価シテイルト述ベタ。

(47) 北方領土問題と対ロ支援を切り離す方針について、同外相は同じインタビューで、「私は大変高く評価している。…」と述べた。

　　　　　　　　　　　　　　　　　　　　　（朝日新聞・1993.4.14）

「評価スル」は認識活動を表しており、例文(47)「高ク〜」のように、認識的把握における位置付けのレベル・あり様を分出することもできる—したがって、「低く評価する」とも言える—ものの、通例は、(46)のように、位置付けのあり方を帯びた認識活動・認識的態度を表している。言い換えれば、「評価スル」の意味の中に、[高ク評価スル]に相当する意味が含み込まれて、意味解釈されることになる。したがって、(46)の「非常ニ評価シテイル」は、[非常ニ高ク評価シテイル]として解釈され、[非常ニ低ク評価シテイル]という意味で理解されることはない。いま、「評価スル」を、(46')や「??彼の出来についてはこの程度だと非常に評価している」のように、位置付けのあり方を欠いた単なる認識活動を表す動きとして使えば、動詞の語彙的意味が、位置付け方というあり様を欠いた動きを表すことになり、純粋程度の副詞の共起が困難になる。

以上見てきたように、この種の心的活動動詞や態度の現れに関わる動きを表す動詞への純粋程度の副詞による程度限定は、この種の動詞の表す動きがあるあり様を帯びた動きとして存在していることによって、その帯びているあり様への程度限定を通して機能しているのである。

4　量程度の副詞

4.1　量程度の副詞による程度限定
　既に見たように、量程度の副詞は、基本的に程度の副詞に属しているものの、量の副詞が果たす働きをも担っている。そのうち、ここでは、純粋程度の副詞に連なるところの、量程度の副詞による程度限定について見ていく。まず、形容詞(相当)に係り、それが表す属性(質)や状態の程度性を限定しているケースから、具体的に見ていこう。たとえば、
　（１）　「ええ、ちゃんと納得してくれましたし、ずいぶん積極的でしたよ」
　　　　　　　　　　　　　　　　　　　　　　　（丸谷才一「年の残り」）
　（２）　青木、二枚の写真を眺める。「ずいぶんと婆のパンパンだな」
　　　　　　　　　　　　（荒井晴彦「シナリオ・ありふれた愛に関する調査」）
　（３）　「いいえ、踊り場なの。だいぶ広いのよ」　　（古井由吉「杳子」）
　（４）　義雄は唇をゆがめて笑った。やはり美和子とかなり仲が悪いらしい。
　　　　　　　　　　　　　　　　　　　　　（海渡英祐「死の国のアリス」）
　（５）　（小原は）かなり激しく顔を叩いた。　　（川上宗薫「七色の女」）
　（６）　大蔵省は「エネルギーがたまらなければ抜本改革は無理だ」といってきたが、サラリーマンの不満はすでに相当に強い。
　　　　　　　　　　　　　　　　　　　　　　　　（日経新聞・1993.5.15）
　（７）　「床に流れ落ちるほどだから、相当ひどい鼻血だったに違いない」
　　　　　　　　　　　　　　　　　　　　　　（綾辻行人「迷路館の殺人」）
　（８）　「しかし、からだつきなんか結構色っぽい」（佐野洋「証拠なし」）
　（９）　吉村「名前は阿部玲子、年は二十七、わりときれいだよ」

(橋本忍「シナリオ・日本沈没」)

(10) 「ひき逃げというのは、比較的、うまく行く率が多い、と何かに書いてあったわ」　　　　　　(小泉喜美子「冷たいのがお好き」)

(11) 航空隊ならば、多少合理的であろうと考えたわけである。
　　　　　　　　　　　　　　　　　(森村誠一「紺碧からの音信」)

(12) しかし、ほんとうにプロ野球はおもしろいか。これは少々あやしい。
　　　　　　　　　　　　　　　　　　　　　(朝日新聞・1986.4.4)

(13) まだ徳山に着くには少し早いだろう。　　(夏樹静子「特急夕月」)

(14) 「そのところを、もう少し詳しく説明できないか?」
　　　　　　　　　　　　　　　　　　　　　　(佐野洋「証拠なし」)

(15) 「ちょっと痛いわよ」と彼女は呟くように言い、…
　　　　　　　　　　　　　　　　(庄司薫「赤頭巾ちゃん気をつけて」)

(16) 「それがね、ちょっとまずいことがおきてね」
　　　　　　　　　　　　　　　　　　　　(大庭みな子「三匹の蟹」)

(17) …清村は、自分より若干背の高い"愛好者代表"の顔を見据えた。
　　　　　　　　　　　　　　　　　　　　(綾辻行人「迷路館の殺人」)

(18) サビシイノとつぶやく人形を独り暮らしの若い女性が抱いている図なんて、やはりちょっぴりサビシイ。　　(天声人語・1987.1.7)

(19) この場合の動機としてはいささか不充分です。
　　　　　　　　　　　　　　　　　(小泉喜美子「冷たいのがお好き」)

(20) 形は人間に似ていたが、ネズミよりいくらか大きく、ネコよりはいくらか小さかった。　　　　　　　(星新一「ボッコちゃん」)

などが、程度限定の働きで使われている量程度の副詞の主要なものの実例である。これらの量程度の副詞は、いずれも、述語であったり、規定成分として実現したり、様態の副詞として使われたりしている形容詞(相当)に係っている。そして、その形容詞(相当)が表している属性・状態の程度限定を行っている。たとえば、(8)の「カラダツキナンカ結構色ッポイ」や(15)の「チョット痛イ」を例に取れば、「結構」「チョット」という量程度の副詞は、属

性(質)や状態が帯びている程度性に対して、[カラダツキガ色ッポイ]という属性が「結構」と位置付けられる度合いであり、[(私ガ)痛イ]という状態が「チョット」と位置付けられる度合いであると、その程度性を指定し限定している。

　(1)から(20)の例文は、程度性の内実の異なりを無視すれば、いずれも、既に取り上げた純粋程度の副詞に置換可能である——もっとも、(14)の「もう少し詳しく」のように、塁加的に使われた「少シ」の類の量程度の副詞に対する置換は不可——。たとえば、例文(1)「｜ずいぶん／非常ニ｜積極的でしたよ」、(7)「｜相当／トテモ｜ひどい鼻血」、(18)「｜ちょっぴり／極メテ｜サビシイ」のように、程度性の内実は違ってくるものの、事実いずれも置換可能である。これは、量程度の副詞が、程度限定の内実において異なるものの、純粋程度の副詞と同じく、属性・状態の程度限定として働いていることを示している。

　引き続き、量程度の副詞が、動詞と共起して程度限定を行う場合について見ていこう。程度限定を行う純粋程度の副詞が生起する動詞には、いずれも量程度の副詞が共起する。このことを、「3.3 共起する動詞のタイプ」の箇所で挙げた純粋程度の副詞の使用例に、量程度の副詞を代入してみることで示してみよう。

　(21)　1％枠があるとないとでは、｜大変に／ダイブ｜違う。
　　　　　　　　　　　　　　　　　　　　　　　　　(朝日新聞・1986.12.31)
　(22)　このところ巡航ミサイルの軍事的評価が｜非常に／少シ｜高まっており、…　　　　　　　　　　　　　　　(朝日新聞・1986.5.19)
　(23)　私は｜非常に／カナリ｜苦しんだ。　(山口瞳「酒呑みの自己弁護」)
　(24)　義蔵という子供を、…、一座の座がしらである宝来屋が｜大変／ズイブン｜可愛がって、…　　(戸板康二「グリーン車の子供」)

などが、その例である。(21)の「違ウ」が状態動詞、(22)の「高マル」が非限界変化動詞、(23)の「苦シム」が心的活動動詞、(24)の「可愛ガル」が態度の現れに関わる動きを表す動詞である。上掲のように、これらの動詞に量程度の副

詞を共起させても、純粋程度の副詞と同様に、程度限定として働き、適格な結合を形成する。

次に、上掲の動詞類に実際に量程度の副詞が生起している実例を、二三挙げておく。

(25)　記者A「しかし、総理のいわれるその海外雄飛論は、|ちょっと／非常ニ|古臭さ過ぎるんじゃないでしょうか」

(橋本忍「シナリオ・日本沈没」)

(26)　フォンデュというスイス料理が|ずいぶん／トテモ|普及してきたらしい。　　　　　　　　　　　(小泉喜美子「冷たいのがお好き」)

(27)　「私が学者から聞いた話では、地震の研究は|かなり／極メテ|進んでいるようですが、まだ予知というところにはなかなか…」

(橋本忍「シナリオ・日本沈没」)

(28)　三上「|ずいぶん／極端ニ|変わるんだな、昼と夜とじゃ」

(坂元裕二「シナリオ・東京ラブストーリー」)

(29)　「|だいぶ／トテモ|怒っているな」　　(天声人語・1992.5.21)

(30)　彼は、入国審査官や税関のカウンターを通過するときは、|かなり／スコブル|緊張した。　　　　　　　　　(麗羅「怨の複合」)

(31)　そうしていてくれなくては、いくらわたしが楽天家の"生命知らず"でも|少々／ハナハダ|困るというものですが。

(小泉喜美子「冷たいのがお好き」)

(32)　ぼくは…、実は彼らを|相当に／非常ニ|尊敬してるってことでもあるし、…　　　　　　　(庄司薫「赤頭巾ちゃん気をつけて」)

(33)　前掲の発言でも|ずいぶん／トテモ|私をかばっているのであって、…　　　　　　　　　　　　　　(山口瞳「酒呑みの自己弁護」)

(34)　親鳥が|相当／タイヘン|苦労して集めた枯れ葉や枯れ茎の巣の材料も、…　　　　　　　　　　(仁部富之助「野の鳥の生態・1」)

などが、量程度の副詞が動詞と共起して使われている例である。(25)「古臭サ過ギル」が状態動詞、(26)(27)(28)の「普及スル」「進ム」「変ワル」が非限界

6章●4　量程度の副詞　　183

変化動詞、(29)(30)(31)の「怒ル」「緊張スル」「困ル」が心的活動動詞、(32)(33)(34)の「尊敬スル」「カバウ」「苦労スル」が態度の現れに関わる動きを表す動詞である。これら実例で使われている量程度の副詞の箇所に、それぞれ純粋程度の副詞を代入しても、程度限定の内実に異なりは生じてくるものの、程度限定を有する文として適格に成り立つ。

　以上見てきたところから、量程度の副詞は、形容詞に対してであれ、あるタイプの動詞群に対してであれ、程度限定の内実は異なるものの、純粋程度の副詞と同じく、程度限定を行いうることが分かった。

4.2　量程度の副詞による数量限定

　次に、量程度の副詞による数量限定について見ていこう。これは、純粋程度の副詞には存しないが、量の副詞に存在している機能である——もっとも、量程度の副詞の数量限定の総てを、量の副詞がカバーするわけではない——。

　まず、純粋程度の副詞との異なり、量の副詞との似かよいが、最も明確に現れている、個体の数量を規定し限定する場合から見ていく。これは、また程度限定と数量限定との違いが最も見やすいケースでもある。たとえば、

(35)　「ところが、れっきとしたストア哲学者のくせに、死後というものを信じてるやつが大勢、でもないがかなりいるんだぜ」
　　　　　　　　　　　　　　　　　　　　　　　　（丸谷才一「年の残り」）
(36)　「あれで、発狂する天文学者がだいぶ出るな」と、おれは「彼」にいった。　　　　　　　　　　　　　　　　（筒井康隆「弾道軌跡」）
(37)　向田：私、テレビドラマで、ひと月ぐらい前に、一人殺しました。考えたら、ずいぶん殺してます。　　　（「向田邦子対談集」）
(38)　「ちょっとカネがあるヤツは、みんなそうしている」
　　　　　　　　　　　　　　　　　　　　　　　　（アエラ・1993.5.25）

などが、この個体の数量を限定する量程度の副詞の例である。(35)(36)は主体の個体数の限定、(37)は対象の個体数の限定、(38)は主体量の限定を行っている。数量限定の量程度の副詞が、量の副詞につながるものであること

は、(35)や(37)の例がよく示している。同じ構文・文脈に「大勢」「一人」という量の副詞や数量詞が併存して使われている。

　上に挙げた以外の＜量程度の副詞＞も、総てこの個体の数量限定の環境で使われる。たとえば、「信じてるやつが｜相当／結構／割合／割ニ／比較的／多少／少々／少シ／チョッピリ／若干／イササカ／イクラカ／僅カニ｜いる」のようにである。この種の環境には、「信じてるやつが｜タクサン／イッパイ／大勢／ウジャウジャ｜いる」のように、＜量の副詞＞は生起する—当然、主体が人であることで、物の量を表す「タップリ、ドッサリ」などは共起しない—が、「??信じてるやつが｜非常ニ／トテモ／大変／スコブル／極メテ／ハナハダ／著シク｜いる」のように、数量限定を付与する成分を読み込まない限り、＜純粋程度の副詞＞は生起しがたい。

　次に、動きの量を限定する環境で使われている量程度の副詞について見ていこう。

　存在量—(35)の「イル」—や所有量—(38)の「アル」—でもない限り、個体の数量も、動きの量に関連してくる。したがって、(36)「発狂スル天文学者ガ<u>ダイブ出ル</u>」、(37)「<u>ズイブン殺シテマス</u>」にしても、個体の数量限定であるとともに、既に動きの量に対する情報を含んでいる。まず、対象の数量限定を行いながら、動きの量限定を行っているタイプを見ていく。

(39)　<u>だいぶ</u>酒を飲んでいるようなので別の日にしてくれという。
　　　　　　　　　　　　　　　　　　　（山口瞳「酒呑みの自己弁護」）
(40)　キクエ「私だって<u>ずいぶん</u>おカネをつぎこんでます。改築とか宣伝とか…」　　　（ジェームス三木「シナリオ・善人の条件」）
(41)　カップに八分目ほどの乳に、<u>ちょっぴり</u>コーヒーを垂らした甘い飲物だったな。　　　（古山高麗雄「プレオー8の夜明け」）

など、これである。たとえば、(39)「<u>ダイブ酒ヲ飲ンデイル</u>」を例に取れば、酒の量が「ダイブ」という量であるとともに、「飲ム」という動きの量がそれに応じる量であるということである。これらは、対象の数量限定を行いながら、動きの量限定を行っている、言い換えれば、動きへの量限定が対象の数

量限定として実現しているタイプである。また、「悪いこともずいぶんしたなあ。(筒井康隆「昔はよかったなあ」)」などは、対象の数量限定が、動きの回数そのものを規定する、というあり方で動きの量限定になっている例である。

　動きの量の内実は、動詞の表す語彙的意味のありようによって、多様な現れ方をする。たとえば、「死ヌ」や「届ク」や「無クス」のような持続性を持たない動きは、動きの量といっても、単一の動きが量的な広がりを持たないことによって、「人がダイブ死んだ」「荷物がズイブン届いた」「財産をカナリ無くした」のように、まずもって主体や対象の個体の数量限定である。さらに、「彼はズイブン結婚した」「神社にカナリ参っている」のように、繰り返しの回数である。

　それに対して、持続性を持つ動きの場合、動詞の表す単一の動きそのものが、量的広がり・量性を有している。持続性を持つ動きへの量限定は、動きの有する量性の多様さに応じて多様である。その多様な量限定を、多様性を認めながらも、大きく時間的広がりと空間的広がりとに概括しておく。

(42)　「少々お待ちください」という無表情な声とともに受話器がコトリと台の上に置かれて、…　　　　　　　　　　　　　(古井由吉「杳子」)

(43)　「小野寺さん…ずい分探したわ」　　(橋本忍「シナリオ・日本沈没」)

(44)　「そうですか、岩手ですか。私、秋田なんですよ。ずいぶん帰っていないなあ」　　　　　　　　　　(山田洋次他「シナリオ・息子」)

などが、動きの量限定が、主に時間的広がり・時間量として立ち現れているタイプである。(44)は、非持続性の動きが否定の形式を取ることによって、「長イ間帰っていない」相当の時間量の限定として機能しているものである─肯定形の場合、「ズイブン帰った」は、主体の個体数量であったり、回数であったりする─。それに対して、

(45)　手をほんのちょっと伸ばしさえすれば、すぐ届くところに啓子の肉体があった。　　　　　　(菊村到「雨の夜、誰かが死ぬ」)

(46)　背の高い三十年配の運転手が僅かに首をかしげて考え込んでいた

　　　　が、…　　　　　　　　　　　　　　　　　　（麗羅「怨の複合」）
　（47）　「ちょっぴり窓を開けて、中に入れてくださいよ」
　　　　　　　　　　　　　　　　　　　　　　　　（安倍公房「飛ぶ男」）
などは、動きの量限定が、主に空間的広がり・空間量として立ち現れているタイプである。もっとも、時間量と空間量とは、截然と分かれるわけではないし、また、これら二者は、同等の力価でその存在を主張しているわけでもない。空間量の増大は必然的に時間量の増大を招来する。
　（48）　「じゃ、少し外に出ましょうか」　（山村直樹+中町信「旅行けば」）
などでは、焦点の当たっている動きの量が、距離という空間量であるのか、時間量であるのかが定かでない。両者が混然と一体化している。
　（49）　映画館の中で多少さわったことと、単刀直入のささやきが功を奏
　　　　　したらしく、…　　　　　　　　　　　（川上宗薫「七色の女」）
なども、同様で空間量と時間量が混在化している。
　上述の、動きそのものへの量限定は、動きの有している量的側面を限定していることによって、動きの実現のし方をも述べることにもなり、様態の副詞へとつながっていく。

　量程度の副詞が、程度限定ではなく、動きの量限定を行っている時、これを純粋程度の副詞に変えることは困難であった。量の副詞への置換は、動きの量限定のタイプによって差が出る。動きの量が主体や対象の個体の数量を通して現れているタイプにあっては、量の副詞への置換は極めて容易である。というより、これらは本来、量の副詞の受け持つ領域である。たとえば、(36)「あれで、発狂する天文学者が｛だいぶ／イッパイ／タクサン｝出るな」や、(41)「カップに八分目ほどの乳に、｛ちょっぴり／タクサン／タップリ／ドッサリ｝コーヒーを垂らした…」のように、量の副詞への置換は容易である。それに対して、動きへの量限定が、まさに動きそのものの持つ量性に対するものである時、(47)「｛ちょっぴり／イッパイ｝窓を開けて、中に入れてくださいよ」や、(49)「映画館の中で｛多少／イッパイ／タップリ｝さわった…」な

どのように、量の副詞に置換可能な場合も存するが、(44)「私、秋田なんですよ。｜ずいぶん／??タクサン／??イッパイ／??タップリ｜帰っていないなあ」や(48)「じゃ、｜少し／??タクサン／??イッパイ／??タップリ｜外に出ましょうか」などのように、量の副詞への置換が困難な場合も存在する。動きそのものの持つ量性に対する限定は、量程度の副詞の代表的で中心的な用法である。

4.3 量程度の副詞の形態的特徴

「ハ」に代表される取り立て助辞の後接に関しては、大多数の量程度の副詞が、純粋程度の副詞と同様に、取り立て助辞を後接させないが、量程度性の低い語を中心に、後接するものが一部存在する。これは、純粋程度の副詞に見られない、(一部の)量程度の副詞の形態的特徴である。

(50) 「<u>すこしは</u>分かった。今日、おれたちがここにいる意味が」

(吉行淳之介「食卓の光景」)

(51) 「待ちなさいよ、こんなくだらない事にエネルギーを使うんだったら、<u>ちょっとは</u>勉強したらどうなの?」

(剣持亘他「シナリオ・さびしんぼ」)

などが、これである。他にも「多少ハ、若干ハ、アル程度ハ」なども可能であろう。

上で触れたように、純粋程度の副詞に「ハ」の後接した形式「非常ニハ、トテモハ、大変ハ、スコブルハ、タイソウハ、甚ダハ、極メテハ、至ッテハ」などは、いずれも逸脱性を有している―もっとも、「極端ニ」は、「極端ニハ大きくない」のように、述語を否定形にすることによって、「ハ」の後接が可能になる―。

ちなみに、量の副詞では、「タクサンハ、イッパイハ、タップリハ、ドッサリハ」のように、「ハ」の後接は可能であるものの、いずも、「タクサンハ稼げなかった」のように、述語を否定形にしなければならない。

次に、連体格助辞の「ノ」を後接させうるか否かについて見てみる。連体格助辞の「ノ」の後接に関しては、純粋程度の副詞は基本的に不可であり、量程

度の副詞は一部可能であり、量の副詞は基本的に可能である、という段階性が存する。

　純粋程度の副詞にあっては、「*非常ニノ悪／*トテモノ大金／*大変ノ悪／*甚ダノ悪／*極メテノ大金／*著シクノ悪／*至ッテノ大金」のように、連体格助辞の「ノ」で受けることはできない——ただ、「タイソウノ悪」は言えないこともない——。

　それに対して、量程度の副詞では、量程度性の低い語を中心に、連体格助辞の「ノ」に後接されるものが存在する。

　（52）　先生の社会は、これまでの自民党の姿にどこか似ている。…。父母など外の世界からの少々の批判には揺るがない。

（朝日新聞・1989.8.12）

　（53）　「それを正当に取るだけで、かなりのお金がはいります」

（星新一「ボッコちゃん」）

などのようにである。さらに「多少ノ悪」「少シノ被害」「チョットノ時間」「若干ノ経験」「僅カノお金」なども可能であろう。また、量程度性が(53)に準ずる「相当ノ被害」も可能であろう。

　また、量の副詞にあっては、

　（54）　全員が両手にたくさんの石を抱えた。　　（加藤幸子「夢の壁」）

　（55）　少年たちは黄色い皮ごと汁気たっぷりの果肉をしゃぶり、…

（加藤幸子「夢の壁」）

などのように、連体格助辞の「ノ」を後接させるものが少なくない——もっとも、(54)と(55)では、名詞に対する修飾のし方が少し異なっている——。

　これらの現象は、基本的に、＜純粋程度の副詞＞＜量程度の副詞＞＜量の副詞＞の名詞性の高さの異なりによる。この順で名詞性が高くなっていく。名詞性の高さは、また、副詞の表す意味の抽象性に関わっている。抽象性が低い方が名詞的に捉えやすくなる。＜程度＞は＜量＞に比して抽象性が高い。

　さらに、「彼ラ全員ガ来タ」は極めて自然、それに対して、「タクサンガ来

タ」と言えないこともないが、「人ガタクサン来タ」であって、「??人タクサンガ来タ」は不自然、また、「人ガ多少来タ」は自然だが、「*人多少ガ来タ」は逸脱文、といった、連用格助辞「ガ」の後接可能性の現象をも加え、数量詞類を含めて、純粋程度の副詞・量程度の副詞・量の副詞の、単語(形式)としての名詞性を問題にすれば、次のようになろう。単語としての名詞性の高さは、

　[純粋程度の副詞(非常ニ)→量程度の副詞(多少)→量の副詞(タクサン)→数量詞類(全員)]、の順に高くなる。

【「十分」について】
　ここで、あり様的限定という様相を持ちながら、程度量的限定でもある「十分(ニ)」について触れておく。「十分」は、動きの量限定を行いうることによって、純粋程度の副詞とは異なるものの、形容詞に係り、その程度性を限定しうる。たとえば、

　　(56)　「そういうんじゃなくて、普通の結婚式だって、充分恥ずかしく
　　　　　ない?」　　　　　　　　　　　(新井素子「正彦くんのお引っ越し」)

や、「この部屋は十分暖かい」「彼の服は十分新しい」などのようにである。
　さらに、「十分」は、「??十分人が居る」のように、他の量程度の副詞が持つ個体そのものに対する数量限定—「カナリ人が居る」—を持たないものの、

　　(57)　清瀬社長の大手企業嫌いをじゅうぶん計算して、…
　　　　　　　　　　　　　　　　　　　(石沢英太郎「噂を集め過ぎた男」)

　　(58)　ギャンブルにのめりこんでゆく愚を、じゅうぶん知りながら、光
　　　　　野は競馬・競艇に凝り始めた。　(石沢英太郎「噂を集め過ぎた男」)

などのように、動きの量限定として使われる場合がある。これらは、「シッカリ、詳シク」のようなものに置換可能であるとともに、「ズイブン(ト)、カナリ」のような量程度の副詞に置換可能である。

5　量の副詞

　ここでは、量の副詞とその周辺に存在する数量限定を行う形式について、簡単に見ておく。
　まず、典型的な量の副詞に属するものには、
「タクサン、大勢、イッパイ、タップリ(ト)、タンマリ(ト)、シコタマ、ドッサリ(ト)、ゴッソリ(ト)、フンダンニ」
などが挙げられる。古いが「アマタ」などもこの類であろう。
　次に、その周辺に位置する存在である、
「全部、全員、大部分、半分、大多数、少数、総テ、ミンナ、アラカタ、オオカタ、残ラズ」
などが挙げられる。これらは、全体(数)量に対する割合のありようを表すもので、典型的な量の副詞に比して名詞性が高い。次の、いわゆる数量詞につながるものである。
　また、形式としての名詞性が高くなったものに、
「二ツ、3個、4台、5箇所、6本、数十人…」
などのような、いわゆる数量詞と呼ばれるものも存在する。
　まず、典型的な量の副詞について瞥見しておく。これらが、量程度の副詞とは類を異にする存在であることは、

　　　（1）　十年前には、一カ月間の旅もしたし、ずいぶんたくさん話しあってきているのに、改まっての対談は、これひとつしかない。

（「向田邦子対談集」）

のような、量程度の副詞(上掲の「ズイブン」)と共存することからも明らかであろう―もっとも、ここでは量程度の副詞は程度限定として使われている―。数量詞が程度の副詞を受けることはない。また、「全部」の類も、基本的に程度の副詞を受けない。ただ、「全部」の類には、「極メテ少数」「ズイブン大多数」のように、程度の副詞を受けるものが一部存する。
　典型的な量の副詞の具体例を少しばかり挙げておく。

（２）　村には私たちと同じような疎開者の家族がたくさんいて、…

(吉田知子「無明長夜」)

　（３）　「たくさん農園を作ったんだね」　　（筒井康隆「血みどろウサギ」）

　（４）　漢字をいっぱい書けるだろうか。　　　　（加藤幸子「夢の壁」）

　（５）　出されたコーヒーにたっぷりとミルクを入れながら、…

(綾辻行人「迷路館の殺人」)

　（６）　国会の予算審議は、まだたっぷり時間がある。(朝日新聞・1991.2.16)

　（７）　水稲栽培生活と弥生式土器をもちこんだグループが、同時に鉄器もどっさりもちこんだとは思えない。　　（司馬遼太郎「街道をゆく１」）

などが示しているように、典型的な量の副詞の中心的な用法は、主体や対象の個体の数量限定である。（３）を例に取れば、「タクサン」は対象である農園の数を指定し限定しているし、（６）では、「タップリ」は主体である「時間」の量を限定している。もっとも、量の副詞が動きの量限定をまったく行いえないわけではない。「タップリ」を中心に、

　（８）　昔のようにゆでて、たっぷり水にさらす必要はないし生でも食べられる。　　　　　　　　　　　　　　　　（朝日新聞・1985.11.14)

などのように、動きの量限定として働いているものが散見する。これは、［水ニサラス］という動きの時間量を指定し限定したものである。さらに、

　（９）　果実のうまい季節である。しかも、豊富だ。汗をぬぐいながら、自然の恵みをたっぷりと味わう。　　　（天声人語・1993.9.17)

のようなものも、対象「自然ノ恵ミ」の量限定を行っているのではなく、「味ワウ」という動きの量限定を行っていると考えられる。また、「僕は今日タクサン歩いた」のようなものも可能であろう。

　ただ、それにしても、量の副詞にあっては、動きの量限定は、中心的な働きではない、周辺的な存在である。量の副詞の代表的で中心的な働きは、主体や対象の個体の数量限定である。この点、動きの量限定を自らの重要な用法として持つ量程度の副詞とは、働きの上において異なる。

　また、「無数ニ」は、他の量の副詞が、「非常ニタクサン」のように程度の副

詞で修飾されうるのに対して、「*非常ニ無数ニ」とは言えないものの、「バスが<u>無数</u>に居並んでいた。(瀬戸内晴美「夏の終り」)」のように、主体の数量限定を行うことによって、数量詞に近い性質を持ちながらも、量の副詞の周辺的存在であると考えられる。

引き続き、「全部」の類についてごく簡単に見ておく。

(10) 日本のＮＴＴの支店が<u>全部</u>、別々の会社になったようなものだ。
(アエラ・1993.5.25)

(11) <u>全部</u>の人間が、一つ目だったら、一つ目が普通になるように、…
(安倍公房「飢えた皮膚」)

(12) 島民<u>全部</u>がそうするように、早速命令を出すべきかもしれない。
(安倍公房「鉄砲屋」)

(13) しだいに『あらわし班』<u>全員</u>がいらいらしてきた。
(加藤幸子「夢の壁」)

(14) わが国の株主は、<u>大部分</u>が沈黙した株主だ。(朝日新聞・1990.6.27)

などが、「全部」の類の用例の一部である。(10)のように、典型的な量の副詞と同じ使われ方—「子供がタクサン居る」—も、それなりに存在するが、(12)(13)や(11)のような連用格助辞や連体格助辞が後接する用法が、かなり多い。これは、「全部」の類では、典型的な量の副詞に比して、副詞的用法より名詞的用法が高くなっている、ということを表している。また、(14)のような例は、この種の類が、全体(数)量に対する割合のありようを表すものであることを、よく示している例である。「全部」の類は、名詞性が高く、全体(数)量に割合のありようというあり方で、主体や対象などの個体の数量限定を行っているのである。

最後に、いわゆる数量詞について、ごく簡単に見ておく。数量詞は、形式として格助辞を容易に後接させうるものである。その意味で名詞性が高いと言えよう。ただ、主体(ガ格名詞)や対象(ヲ格名詞)と共に使われる場合は、「日本人二三百人ガ～」と言えるにも拘わらず、

(15) すでに気の早い日本人が<u>二三百人</u>、校庭に整列しているのが見

えた。　　　　　　　　　　　　　　　　　　（木山捷平「耳学問」）
  (16)　村には、一軒だけ居酒屋がある。（草野唯雄「トルストイ爺さん」）
  (17)　女の子は、色とりどりの飴を五粒ほどつまんだ。
　　　　　　　　　　　　　　　　　　　　（戸板康二「グリーン車の子供」）

などのように、副詞的に使われることが多い―もっとも、よく知られているように、ニ格以下の名詞と共起する場合、「*男に三人仕事を言い付ける」のように使用するのは困難であり、「男三人ニ仕事を言い付ける」か「三人ノ男に仕事を言い付ける」のように、名詞的に使用しなければならない―。これらは、「二三百人ノ日本人が～」や「五粒ホドノ飴を～」と言い換えられるように、主体や対象の数量限定を行っている。ただ、

  (18)　「背中にも数カ所負傷しているのです」　　　　（麗羅「怨の複合」）

のようなものは、上掲のものとは少し趣を異にしている。ニ格名詞への数量限定であるにも拘わらず、副詞的に使われている。また、上掲の通例のものが、意味的に「数量詞ノ＋名詞」―つまり「五粒ホドノ飴」―の構造を持ち、者（物）の数量限定を行うのに対して、(18)も、者（物）の数量限定を行っているものの、意味的なあり方は、「数カ所ノ背中」ではなく、「背中ノ数カ所」である。「庭に穴を三カ所掘った」も同じで、「三カ所ノ庭」ではなく「庭ノ三カ所」である―もっとも、これらは、ニ格に対する数量限定ではなく、ヲ格へのそれであると解釈すべきかもしれない―。

さらに例を二三付け加える。たとえば、

  (19)　美濃紙が一枚、なにか小さな黒い石塊といっしょに、落ちていた。
　　　　　　　　　　　　　　　　　　　　（大河内常平「安房国住広正」）
  (20)　こども二人も大喜びでついてきたが、…　　（島尾敏雄「家の中」）
  (21)　その中から、たとえばタヒチ島とかクック諸島を見つけだすには、タバコを一本吸い終わるほどの時間がかかるくらいだ。
　　　　　　　　　　　　　　　　　　　　（北杜夫「クイーン牢獄」）
  (22)　私は宿屋のお上さんに、酒を一升ねだりうけ、…
　　　　　　　　　　　　　　　　　　　　（木山捷平「耳学問」）

(23)　私の近著「朱色の卵」十冊に署名をしてくれというので、…

(上林暁「ブロンズの首」)

などこれである。(19)(20)が主体(ガ格)の数量限定を、(21)(22)が対象(ヲ格)の数量限定を、(23)がニ格名詞の数量限定を行っている例である。

　数量詞は、主体や対象を中心とした者(物)の数量限定を行うものであって、量程度の副詞—部分的に量の副詞も—が行う動きそのものの量限定の働きを有していない。

　また、「私は、…、聞かれもしないのに、ひとりでこまかに言いたてた。(太宰治「富嶽百景」)」「雅楽と私は、二人でビール一本を飲み、…(戸板康二「グリーン車の子供」)」のように、「数量詞＋デ」は、既に、数量限定というより、動きの行われ方—「勝手ニ言いたてた」や「一緒ニ飲み」に近い—を表したあり方限定である。数量詞の使用の中には、者(物)の数量限定を行いながら、動きの実現のし方を規定する趣の存するものがある。たとえば、

　(24)　伯父は、…くさい臭いのする黄色い酒を二口三口あおる。

(草野唯雄「トルストイ爺さん」)

などは、まず「酒」の数量限定でありながら、「アオル」という動きの実現のし方にも関わるところがあると思われる。

　さらに、

　(25)　私は声を押え、二三歩歩いた。　(大岡昇平「歩哨の眼について」)

　(26)　すりよせた顔で彼女を見上げ、二声三声鳴いてからでないと、…

(島尾敏雄「家の中」)

　(27)　至極元気で、採集した植物の押し花を一つ一つ丹念にスクラップされていた。　(上林暁「ブロンズの首」)

などになると、数に関わる単語であるものの、もはや上述した数量詞としての存在ではなく、様態の副詞(的修飾成分)であろう。

6　概略・概括的な程度量の副詞

既に触れたところであるが、よく知られているように、極限に位置する属性(質)—たとえば「真ッ暗ダ」—や度合いを持たない点(極)において成り立つ関係—たとえば「等シイ」—などは、「??非常ニ真ッ暗ダ」や「*少シ等シイ」のように、通例の程度の副詞による修飾や限定を受けない。

程度量の副詞の章の最後として、そういった、極として成立することで程度性を持たない属性・状態、および量に対して、その属性・状態や量としての成り立ちへの度合いを表し、その成り立ちへの度合が、百パーセントではなくそれに近い度合いである、ことを表している副詞について、ごくごく簡単に見ておく。この種の副詞を＜概略・概括的な程度量の副詞＞と仮称しておく。この種の副詞には、

「ホボ、ダイタイ、ホトンド、オオムネ、オオヨソ」

などが挙げられる—もっとも、これらが概略・概括的な程度量しか表さない、ということを言っているのではないし、また、総てが同じように振る舞うと主張しているのでもない—。「ホボ」は概略・概括的な程度量の副詞の代表的なものである。たとえば、

（1）　その乱流の最小波長が、砂漠の砂の直径に、ほぼ等しいというのである。　　　　　　　　　　　　　　　　（安倍公房「砂の女」）
（2）　僕らの篭に草がほぼいっぱいになった時、…

　　　　　　　　　　　　　　　　　　　（田久保英夫「深い河」）
（3）　旅行における空間と時間の桎梏、それは、夢みられる慕わしい死の無拘束とは、ほぼ真反対のもので、…（清岡卓行「アカシアの大連」）

などが、これである。(1)を例に取れば、「ホボ」は、[最小波長ガ砂漠ノ砂ノ直径ニ等シイ]という事態が、百パーセントという度合いではないが、それに近い度合いで成立していることを示している。これらは、属性・状態という事態成立の完全度を限定している。また、

（4）　けさの検温は他の三頭がほぼ平熱の三十七度半ば、この馬が八度四

　　　　分だったから、また熱が上がったわけだ。　　　（田久保英夫「深い河」）
（5）　柳、ポプラ、アカシアなどの並木が、ほぼ五、六メートルの間隔
　　　　で植えられていた。　　　　　　　　（清岡卓行「アカシアの大連」）

などは、数量が、限定された1点ではなく、概括的な幅を持ったあり方で成り立っていることを表している。「さしこむ日差しの位置も、ほぼ正午を告げている。(安倍公房「砂の女」)」における「正午」も数量相当である。

さらに、「ホボ」は、

（6）　日程がほぼ確定していた昨年九月の訪日延長とは多少異なるが、
　　　　無責任で礼を失する言動を繰り返したことになる。
　　　　　　　　　　　　　　　　　　　　　　　　（日経新聞・1993.5.8）
（7）　萩原課長と下村の勧告退職は、ほぼ内定していた。
　　　　　　　　　　　　　　　　　　　　　　　（筒井康隆「ある罪悪感」）

などのように、動詞述語にも係りうる。もっとも、総ての動詞述語と共起するわけではない。「??ホボ雨が降っている」「??男はホボ笑った」「??彼はホボ太った」「??彼はホボ東京に行っている」などは、逸脱性を有している。動詞述語に「ホボ」が係りうる一つは、動きに成立・完成点が存在し、その成立・完成点に向かって動きが進展している、その進展量が取り上げられる場合である——語彙的なアスペクト素性からした完結性・終結性とは必ずしも一致しない——。たとえば、

（8）　二十歳前後からは、ほぼ完成した回路網を活用してさまざまな体
　　　　験を試みようとする。　　　　　　（市野義夫「産業医からの警告」）
（9）　[同・店内]ほぼ、食事を終えた頃のリカと永尾。
　　　　　　　　　　　　　　　　　（坂元裕二「シナリオ・東京ラブストーリー」）

などがこれである。「完成スル」や「(食事ヲ)終エル」などは、まさに動きの成立・完成を語彙的意味として有する動詞である。同様に、（6）「確定スル」や（7）「内定スル」も、その事態が、その事態として成立する点・境界が存在し、それに向かっての動きの進展が存する動きである。「ホボ」は、動詞に係って、動きの進展度が、事態が成立・完成したと近似的に言える段階にあ

ることを表している。「ホボ書いた」より、「ホボ書き終わった」や「ホボ書き上げた」の方が言いやすく現れやすいのは、成立・完成点が明示的に表されているからである。「??ホボ走った」は逸脱性を有しているが、「(目標の距離を)ホボ走り終わった」のように、成立・完成点を設定してやることで、「ホボ」の使用が可能になる。

また、成立・完成点を持っていない動詞が、

(10) 男たちはほぼ笑った。

などのように、「ホボ」を取りうるのは、存在する「男たち」の数量に対する概括的な捉え方を表すようになることによる。

これらは、いずれも、事態成立の完全度・近似度の限定という、概略・概括的な程度量の副詞の意味・用法が現れたものである。

さらに「ホボ」は、事態成立の近似度を表すという用法を通して、「奴がホボ犯人だ」のように、「奴が犯人｛ニ間違イナイ／ニチガイナイ｝」に近い、事態成立の蓋然性へと近づいた用法をも持つ。

他の概略・概括的な程度量の副詞の用例を一二付け加える。

(11) 自分の卵とだいたい同じ大きさの卵を産む鳥種の巣に卵を預け入れた場合にあたり、… 　　　　　(仁部富之助「野の鳥の生態・1」)

(12) 表情もおだやかで、ほとんど円に近い眼窩(がんか)のせいだろう。まったく攻撃性を感じさせないのだ。 　　　　　(安倍公房「飛ぶ男」)

(13) だいたい毎年一千人から二千人の患者が新規に発生するといわれている。 　　　　　(市野義夫「産業医からの警告」)

(11)(12)が、属性・状態の成立の近似的度合いを表したものであり、(13)は数量の概括的把握を表したものである。

ちなみに、上掲の事態成立の近似性に対するものが、事態成立の完全性であり、「完全ニ、完璧ニ」などで表される。たとえば、

(14) 「岩津の変死とは完全に無関係だと言えます」

　　　　　(佐野洋「証拠なし」)

(15) 弾に刻みこまれた発射痕を調べたところ、末松が奪われた拳銃の

ライフルリングと<u>完全に</u>一致した。　（菊村到「雨の夜、誰かが死ぬ」）
などが、その例である。(14)が形容詞述語の例であり、(15)が動詞述語の例である。これらは、「ホボ」の類と異なって、事態の成立・完成の度合いが百パーセントであることを表している。

　「ホボ」の類が担当する数量への概括的な把握に対するものが、「チョウド、キッカリ」などの表す限定的な把握である。たとえば、

　　(16)　この日付を四十世紀に投影して見ると、僕が出発してから｛<u>ちょうど</u>／ホボ｝三日後にあたる。　　　　　　（小松左京「時の顔」）
などがこれである。「チョウド」の類は限定的な数量把握を表し、「ホボ」の類は概括的な数量把握を表している。

　以上、従来、程度副詞と呼ばれるものを、いわゆる量の副詞とともに連関させながら、程度量の副詞として扱い、それらの下位類ならびに、およびその周辺に位置する存在を、いくらか詳しく見てきた。ただ、残した問題もある。比較の表現や累加性をもった副詞類には、詳しく触れられなかった。

第7章　時間関係の副詞とその周辺

1　はじめに

　この章では、＜時の状況成分＞と本書で位置づける成分にも触れるとともに、それへの関係をも考慮しながら、基本的に、事態そのものの有している時間的性格から引き出されたものとして捉えることのできる、時間の中での事態の出現や展開や存在のありようを表すことを通して、事態の実現・成立のあり方を限定し特徴づける副詞的成分を、＜時間関係の副詞＞と仮称し、その下位的タイプや文法的特性、および共起する動詞の語彙的特性などについても見ていくことにする。時に関わる副詞(的表現)については、本書で時の状況成分や頻度の副詞として位置づけるものをも含めて、既に、助動詞的言語層との打ち合いという考えを重視しながら、自らの立場できわめて組織的・包括的な考察を施した川端善明(1964)の論考がある。

2　時の表現の下位類

2.1　下位類化に向けて
　問題にしているものが、品詞として名詞か副詞であるか、さらに句的存在であるかを問わず、ここでは、広い意味で、文の表している事態の、時間的あり方に関わる成分を取り上げ見ていくことにする。
　そういった時間的あり方に関わる成分を、截然と分かたれ切るわけではないが、本書では、まず大きく、時の状況成分と時間関係の副詞とに分ける。

第2章「文の成分概観」でも少しばかり触れたが、＜時の状況成分＞とは、事態の外的な時間的位置づけ、言い換えれば、時間軸上における事態の出現・存在位置を指し示すものである。それに対して、＜時間関係の副詞＞と仮称するものは、事態そのものの有している時間的性格から引き出されたものとしての、時間の中での事態の出現や展開や存在のありようという、事態の内的な時間的特性に関わるものである。

　時の状況成分と時間関係の副詞との関係は、時間関係の副詞で修飾・限定された事態の、外的な時間的位置を表す、というあり方で、時の状況成分が時間関係の副詞を包み込んで現れる。これは、両者の作用域の違いでもある。たとえば、

　　（1）　津島はそのころ長らく住んでいた自宅と、…今一つの家とを、思いがけなく自分のものにすることができた。　　（徳田秋声「風呂桶」）
　　（2）　「わたしはあの翌日、早速外務部や法務部の旅券申請の記録を調査してみたのです」　　　　　　　　　　　（麗羅「怨の複合」）
　　（3）　その夜の十一時頃、柿沼はすでに死体になっていたのである。
　　　　　　　　　　　　　　　　　　　　　　　（菊村到「雨の夜、誰かが死ぬ」）

などが、その実例である。上掲の例において、「ソノコロ」「アノ翌日」「ソノ夜ノ十一時頃」が時の状況成分であり、「長ラク」「早速」「スデニ」が時間関係の副詞である。上掲の例が示すように、たとえば、［早速～調査シタ］という事態の実現が、「アノ翌日」という時間軸上に位置づけられて存在している。これが、時の状況成分と時間関係の副詞との関係のあり方である。

　さらに、次章で触れる＜頻度の副詞＞との関係においても、この両者は基本的に異なった振る舞いをする。まず、時の状況成分と頻度の副詞との関係であるが、これは、

　　（4）　四十八年間、黙って私といっしょに歩いてきた死というもの、そいつの相貌が、このごろ何かとしきりに気にかかる。
　　　　　　　　　　　　　　　　　　　　　　　　　　（尾崎一雄「虫のいろいろ」）

などから明らかなように、頻度の副詞「シキリニ」を包んで時の状況成分「コ

ノゴロ」が働いている。言い換えれば、時の状況成分は、頻度性を帯びた事態の、時間軸上の存在位置を示している。それに対して、頻度の副詞と時間関係の副詞では、

（５）　便秘が続いて、母はいつも長時間便所に坐る。(阪田寛夫「土の器」)

などが示すように、逆に、時間関係の副詞「長時間」を包んで頻度の副詞「イツモ」が働いている。つまり、ある時間的あり方を帯びた事態が、ある頻度で生じていることを表している。

時の状況成分・頻度の副詞・時間関係の副詞の、包み包み込まれ、したがって、作用域の大小関係は、たとえば、

（６）　あの頃我々はしばしば喫茶店で長時間話し込んだ。

のようになる。これを図示すれば、次のようになろう。

[時の状況成分[頻度の副詞[時間関係の副詞]]]

もっとも、基本的に時の状況成分に属すると思われるものの、

（７）　音楽に飢えていたためか、彼はときたま、朝、ピアノのひびきで眼を覚ますのが楽しかった。　　　　（清岡卓行「アカシアの大連」）

のように、時の状況成分「朝」が、頻度の副詞「トキタマ」に包み込まれて出現している。「朝」が時の状況成分であることは、[「いつ彼に会ったの?」「朝彼に会ったんだ。」]から明らかであろう。これは、「朝」が一定の間隔をおいて繰り返し現れる時間帯を表していることによる。この種の時の状況成分—後に触れるが、この種のものを＜循環型＞と仮称—に、「夕方」「土曜日ニ」「月ノ初メニ」などがある。また、時の状況成分が頻度の副詞を包み込むためには、時の状況成分が、ある頻度性で生じる事態が存在しうる時間幅を有していなければならない。したがって、「今朝彼を時折見かけた」は可能であるが、「＊今彼を時折見かけた」は逸脱性を有してしまう。

2.2　時の表現の二種

上で、時の表現を＜時の状況成分＞と＜時間関係の副詞＞とに分けた。ここでは、これら二種を簡単に概観しておく。

　まず、時の状況成分からごく簡単に見ていく。時の状況成分とは、既に触れたように、事態の外的な時間的位置づけを表すものであった。たとえば、

（１）　十二月十七日午後五時半ごろ、時田健一は、熱海市の周英マンション十階の石野英子の部屋の前に立っていた。

(川辺豊三「公開捜査林道」)

（２）　「あしたあたり須崎の方にご一緒しませんか」

(山村正樹+中野信「旅行けば」)

などの下線部が、時の状況成分である。本書では、この時の状況成分を、発話時を基準にする時の成分・不定時を基準にする時の成分・絶対的時点の時の成分に分ける。前二者は、何らかの時点を基準にしなければ、指示時点が定まらないものである。その意味で相対的な指示のあり方を取るものである。それに対して、絶対的時点の時の成分では、基本的に、ある時点との関係においてではなく、それ自体によって指示時点—本章では時点・時間帯というコトバを厳密には使い分けていない—が定まっている。

　まず最初に、＜発話時を基準にする時の成分＞から瞥見していく。発話時を基準にする時の成分は、発話時を含む時間帯・発話時以前・発話時以後に分けられる。「今、今日、今朝、今週、現在、この頃、…」などが、＜発話時を含む時間帯＞を表すものである。それに対して、「今しがた、昨日、ゆうべ、先週、この前、あの頃、…」などが、＜発話時以前＞を表すものである。さらに、「今に、明日、明朝、来週、近々、…」などが、＜発話時以後＞を表すものである。

　次に、＜不定時を基準にする時の成分＞を瞥見しておく。これは、ある特定の時点を基準としそれとの先後関係を元に、時点を指し示すものである。不定時を基準にする時の成分は、不定時を含む時間帯・不定時以前・不定時以後に分かれる。「その時、その日、その朝、その頃、ある日、…」などが、＜不定時を含む時間帯＞を表すものである。それに対して、「その前、前

日、前の夜、前年、…」などが、＜不定時以前＞を表すものである。また、「その後、翌日、翌朝、あくる日、次週、…」などが、＜不定時以後＞を表すものである。

　最後に、＜絶対的時点の時の成分＞に触れておく。両用の使われ方をするものが存在することを認めた上で、絶対的時点の時の成分を直線型・循環型とに分ける。既に触れたように、直線型と循環型とでは、頻度の副詞との関係のあり方において異なりが存する。＜直線型＞とは、一定の暦法にしたがって、過去から未来へと一直線に伸びる時間軸上に時点を位置づけるものであり、「昭和56年、1981年、イスラム暦1401年、紀元4世紀頃、…」などが、その典型である。それに対して、＜循環型＞とは、一定の間隔をおいて繰り返し現れる時節・時間帯を表すもので、「朝、晩、午前、午後：春、秋：月の初めに、年末に：正月に、お盆に：…」などが、それである。また、「12月17日午後5時頃」「二十日に」「9時過ぎに」などは、年を読み取るか不問に付し、直線型として解釈することが通常であると思われるが、当然、循環型としての使用法も可能である。

　引き続き、時間関係の副詞について、簡単に見ていく。時間関係の副詞とは、既に触れたように、時間の中での事態の出現や展開や存在のありようという、事態の内的な時間的特性を表したものである。たとえば、

（3）その笛を明夫が譲り受けて、中学で<u>ずっと</u>使った。
　　　　　　　　　　　　　　　　　　　　　　　　（庄野潤三「小えびの群れ」）
（4）「じっと我慢していると、村越さんと英子さんみたいに、<u>だんだん</u>うまくいかなくなるわよ」　　（鎌田敏男「金曜日の妻たちへ(下)」）
（5）十時二分、すべるように、新幹線は動き出した。<u>すぐ</u>検札が来た。
　　　　　　　　　　　　　　　　　　　　　　　　（戸板康二「グリーン車の子供」）

の下線部「ズット」「ダンダン」「スグ」などが、時間関係の副詞である。本章では、この時間関係の副詞を、概略、次の三つのタイプに分ける。一つは、「ズット」などに代表される、＜事態存続の時間量＞を表すものである。もう一つは、「ダンダン」などに代表される、＜時間の中における事態の進展＞を

表すものである。さらに一つは、「スグ」などに代表される、＜起動への時間量＞を表すものである。

　事態の存続の時間量とは、事態がいかほどの時間量を占めて存在しているのかに関わるものである。これには、「ずっと、長いこと、いつまでも、しばらく、しばし、少しの間、僅かの間、一瞬、…」などがある。また、「九時から十二時まで」「正月から」「四時過ぎまで」や「午前中」や「三時間で」なども、広い意味でこの類であろう。

　次に、時間の中における事態の進展とは、時間の展開に従って進展していく事態の進展のあり様、そして、そのことを通して、事態の進展の時間的あり方を表しているものである。「次第に、だんだん（と）、徐々に、…」などは、事態の進展のあり様といった趣の強いタイプであり、「年々、日毎に、日ましに、…」などは、事態の進展の時間的あり方といった趣の強いタイプである。前者は、時間関係の副詞としてではなく、動きの早さを表す＜様態の副詞＞の中で取り扱っても、さほど不都合はないだろう。本書で、こういったものをも、様態の副詞ではなく、時間関係の副詞として扱うのは、「年々、日毎に、日ましに」など、より時間性のあらわなものとのつながりと、事態の進展には、時間の持続・展開が前提になっていることによっている。

　最後に、起動への時間量とは、事態が生じるまでの時間量、事態への取り掛かりまでの所要時間に関わるものである。これはまた、例（5）から分かるように、先行事態との時間的距離を表すという側面をも持っている。「すぐ、たちまち、即座に、突然、程なく、おっつけ、しばらくして、やがて、ようやく、…」などが、この起動への時間量の代表的なものである。この類には、＜取り掛かりの早さ＞を表す様態の副詞—「素早ク」など—につながっていくところを有しているものが存する。また、「久しぶり」なども、この特殊なものとして取り扱っておく。さらに、想定事態との関係において、当該事態を、それに至る前の未実現事態や、それから展開した既実現事態として差し出している、「まだ、もう」の類をも、この種の周辺的存在として位置づけておく。

3　時の状況成分

　本書は、副詞的修飾成分について考察することを目的としているが、事態の時間的あり方という点で深いつながりがあると思われるので、時の状況成分についても、簡単にでも述べておくことにする。

3.1　発話時を基準にする時の成分
　まず、発話時を基準にする時の成分を取り上げる。既に触れたように、これを、発話時を含む時間帯・発話時以前・発話時以後に分ける。

【発話時を含む時間帯】
　最初に、＜発話時を含む時間帯＞から見ていく。これには、
「今、今日（きょう／こんにち）、今朝、今夜、今晩、今週、今月、今年、今世紀、今学期、今シーズン、今期：最近、近ごろ、近年、当節、昨今、近来、このごろ、このところ、今頃、…」「現在、目下、今のところ」
などのようなものが存在する。
　発話時を含む時間帯に属する成分は、まず、発話時点そのものを表す「現在、目下、今のところ」の類と、発話時を含む幅を持った時間帯を表すその他のものとに、大別できる。幅を持った時間帯を表す存在が、数も多く、発話時を含む時間帯の中心的な存在である。「今」は、この両者の性格を併せ持つ橋渡し的存在、したがって、その意味では、まさに、発話時を含む時間帯の代表的存在である。
　このタイプの多数的存在である、幅を持った発話時を含む時間帯を表すものは、基本的に、発話時を前後にまたいだ時間帯であることによって、共起する文のテンスには、過去もあれば現在もあり未来も存在する。このことを「今日」を含む文で示してみよう。たとえば、

　　（1）　「今日はどちらへお出かけでした」　　　　（高木淋光「妖婦の宿」）
　　（2）　みなさん、きょうは富士がよく見えますね、（太宰治「富嶽百景」）

（3）「今日、どっか行く？」　　　　　（鎌田敏男「金曜日の妻たちへ（下）」）

などがこれである。（1）の文のテンスは過去であり、（2）の文は現在テンスと共起しており、（3）のテンスは未来である。

さらに、実例をいくつか追加しておこう。

（4）「今年は真赤な変種が咲いたとか、夏じゅうは大騒ぎでございました」　　　　　　　　　　　　　　　　　（水上勉「赤い毒の花」）

（5）けさは、やけに富士がはっきり見えるじゃねえか、…

（太宰治「富嶽百景」）

（6）「事態はまことに急迫しとるのである。今夜、本首都において戦闘が開始せられる」　　　　　　　　　　　（木山捷平「耳学問」）

（7）「あたし今日はちょっとお母さんにあいにいきたいの」

（田辺聖子「ほとけの心は妻ごころ」）

（8）「とにかく今晩、夜が更けてから実験してみましょう」

（坂口安吾「能面の秘密」）

などの下線部が、発話時を含む時間帯を表す成分である。（4）の「今年ハ」は過去テンスと共存しており、（5）の「ケサハ」は現在を取っており、（6）の「今夜」は未来テンスと共存している。また、希望される事態は未実現事態に限られるが、（7）は、現在という希望の存在時を「今日ハ」が指し示している―「あたし今日はちょっとお母さんにあいにいきたかったの」と比較―。（8）の文は、誘いかけを表し、「今晩」は、現時点で未実現の事態が実現する未来の時点を表している。

既に触れたように、「今」は、発話時そのものを、また、発話時前後の時間帯をも指示する成分であった。そのことによって、文のテンスとして、過去も現在も未来も簡単に取りうる。

（9）「自分もいま来たばかりだが、…」（海渡英祐「死の国のアリス」）

（10）「今、そちらの海水の異常震動を感じたか？」

（橋本忍「シナリオ・日本沈没」）

（11）「今、テレビで、抽選をしているらしいが、…」

(山村美紗「恐怖の賀状」)
(12)　「オフィス・ラブなんて、今はやってるんでしょ?」
(鎌田敏男「金曜日の妻たちへ(下)」)
(13)　「いまお茶を入れるから…」「あ、もういいわよ」
(鎌田敏男「金曜日の妻たちへ(下)」)
(14)　「いまゆくの」「うん、都合によったら、泊まってくるかも知れない」
(水上勉「赤い毒の花」)

上掲の(9)(10)が過去と共存している例であり、(11)(12)が現在と共起しているものであり、(13)(14)が未来と共存している例である。「今」は、現在テンスを自由に取りうるだけでなく、「今」がまさに発話時点を指していること、したがって、時の成分が指し示す時間帯を超えて事態が拡がって行きうることによって、(11)のように、現在の動作の顕在的な持続を容易に表しうる。それに対して、「今日、今朝、今夜、今週、今月、今年、今期、…」などのような、発話時を含むものの、一定幅の時間帯を示す時の成分が生起する文での、現在、ないしは、テイル形は、どのようなものが中心であろう。今現在降っている雨を見て、「今日は雨が降っているね」と言えるものの、「今日は自宅で本を読んでいる」とか「今週は雨が降っている」の優先的な読みは、実現済みを表すパーフェクトであろう—もっとも、前者では発話時以後の動作の顕在的な持続の読みも可能—。この種の、一定幅の時間帯を示す時の成分の場合、テイル形が動きの顕在的な持続を表しうるためには、「今日は朝からずっと本を読んでいる」「今週は月曜から雨が降っている」のように、一定幅の終端を開いておく必要があろう。一定幅の時間帯を示す時の成分に出現する現在は、(2)(5)や「君、今日は顔色が悪いよ」「彼は今年はよく頑張っている」のように、状態や動きの繰り返し的持続の現在が中心であろう。

「今」を含む時の成分は多彩である。「今ニ」は、発話時を含む時間帯ではなく、既に発話時以後である。また、「今シガタ」は発話時以前である。「今」を含む時の成分には、さらに、「今ハ」「今デモ」「今デコソ」「今コソ」「今モ」「今

デモ」「今サラ」「今ヤ」「今シモ」などがある。これらの中には、「今」に取り立て助辞の意味を付加するだけでは、全体の意味・用法を取り出せない、慣用化したものも少なくない―個々の用法については興味深いところがあるが、ここでは触れえない―。

　発話時を含む時間帯を表す時の成分の多くは、いずれにしても、文のテンスとして、過去をも現在をも未来をも取りえた。ただ、すべてのものが、この三つのテンスを自由に取るわけではない。たとえば、「最近、近ごろ、昨今、近来、近年、…」などは、発話時以後の時間帯を指し示さない。したがって、未来テンスとは共存しないと思われる。

(15)　「(あれは)曾根さんも最近はよく使ってましたよ」
　　　　　　　　　　　　　　　　　　　　(海渡英祐「死の国のアリス」)
(16)　「最近、フィジー人とインド人を提携させて、白人にあたろうという大それた運動がある」　　　(北杜夫「クイーン牢獄」)
(17)　私は近ごろ読んだある論文を思い出していた。
　　　　　　　　　　　　　　　　　　　　(尾崎一雄「虫のいろいろ」)
(18)　「近頃はね、モテるんだからね、人妻って方が…」
　　　　　　　　　　　　　　　　　(鎌田敏男「金曜日の妻たちへ(下)」)

などが、これである。(15)(17)は過去テンスと結び付いており、(16)(18)は現在テンスと共存している。事実、これらは

(19)　「今度いつ彼に会う」「{*最近／*近頃／近いうちに}彼に会う」

のように、未来テンスに共起させると、逸脱性が生じてしまう。また、

(20)　近年世の中に、あほらしいことばかり流行している。
　　　　　　　　　　　　　　　　　　　(正宗白鳥「戦災者の悲しみ」)

の「近年」も、このタイプである。「近年日本は大きな地震に何度も見舞われた」は適格文であるが、未来テンスと共存した「このまま経済が悪化すれば、{*近年／近々}大恐慌が起こる」は逸脱文である。

　引き続き、「現在、目下(のところ)、今のところ」について触れておく。これらは、発話時を含む時間帯の類では特立すべき存在である。幅を持つこと

によって、発話時を含み込むのではなく、まさに発話時点そのものを表すものである。したがって、これは、現在テンスを取ることを中心的な働きとしている。たとえば、

(21) 「そうだ。<u>現在</u>はラツ・ララ二世がコロラブの酋長をしている」
(北杜夫「クイーン牢獄」)
(22) 「彼女は<u>現在</u>は韓国にはいませんよ」 (石川淳「普賢」)
(23) 「その後は不明だ。<u>目下</u>追求中だろう」 (麗羅「怨の複合」)
(24) 「政府関係は、<u>目下のところ</u>、たいした心配はなさそうです」と局次長は言った。 (小松左京「日本アパッチ族」)

などがこれである。発話時そのものを表すことによって、上掲の例が示すように、これらが共起する文のテンスは、現在テンスである——もっとも、「|現在／目下|読み終わったばかりだ」のように、直前に終わったことの生起は可能であろう——。未来になる「*父は目下東京に行く」は逸脱文である。これらは、指示時点が発話時であり、事態を自らの指示時点に閉じ込めてしまわないことによって、「現在彼は書斎で本を読んでいる」「父は目下京都に出張しています」のように、一回的な動きの顕在的な持続を容易に表しうる。また、

(25) 「えーと、<u>今の処</u>、仮予約をいれた形になっておりますので、…」
(新井素子「正彦くんのお引っ越し」)

などの「今ノ処」も、基本的に「現在、目下」と同じ振る舞い方をする。

さらに、「現在、目下」の類に隣接する「このごろ、このところ」を瞥見しておく。「現在、目下」がまさに発話時そのものを表したのに対して、「このごろ」や「このところ」は、発話時そのものというより、発話時への広がりを持った発話時間帯を指し示していると言えよう。たとえば、

(26) 四十八年間、黙って私といっしょに歩いてきた死というもの、そいつの相貌が、<u>このごろ</u>何かとしきりに気にかかる。
(尾崎一雄「虫のいろいろ」)
(27) 「わしの事業はなんだか、<u>このごろ</u>思わしくないのだ」

(高木淋光「妖婦の宿」)

のようなものが、この成分の代表的な使い方であろう。(26)は、ル形による動きの繰り返しの現在を表している。(27)は現在の状態を表している。「このごろ」は、動きの場合、繰り返し的持続を表すのが基本で、一回的な動きの顕在的な持続は表しがたいと思われる。また、

(28) 「あなた、この頃、そわそわして、ちっとも、落ちつきがなくなりましたね」　　　　　　　　　　　　　　(和田芳恵「接木の台」)

の「落チツキガナクナリマシタ」のように、結果の状態をタ形で表すことが可能になる。「現在、目下」では、「現在落チ着キガナクナッテイル」のように、結果状態の持続を表すテイル形を使うことが必要になろう。当然、未来テンスを取りえない。「このごろ」は、「最近、近ごろ」の類に近いところがあるものの、「最近、近ごろ」の類が、「最近一度彼に会った」のように、過去の一回的な事態に対しても使えるのに対して、「??このごろ一度彼に会った」のように、過去の一回的な事態を表すことはできない―「このごろよく彼に会った」のように繰り返し的事態にすれば、いくぶん座りは良くなる。もっとも、「このごろよく彼に会っている」の方が自然。ただ、「このところよく彼に会った」は、「このごろ」に比して自然に思われる―。ちなみに、「この頃」は「このごろ」と読めば、いま取り扱った発話時を含む時間帯を表す時の成分であるが、「このころ」と読めば、不定時を基準にする時の成分になる。

また、「このところ」も、

(29) 「ビタミン剤をのんだ。仕事が忙しくて疲れるから、このところ、いつものむようにしているんだよ」　　(斎藤栄「江の島悲歌」)

のように、動きに対しては繰り返し的事態になり、上述のような微妙な異なりはあるものの、基本的に「このごろ」と同類であろう。

ここで、発話時を含む時間帯を表す成分の最後として、「今頃」を瞥見しておく。「今時分」も基本的にこの類であろう。「今頃」は、

(30) 「朝の遅い廓では今ごろはまだ眠っているであろう」

(近松秋江「黒髪」)

のように、「現在、目下」と同様に、容易に現在の一回的な動きの顕在的な持続を表す。ただ、「現在、目下」などとは異なって、

  (31) (散歩の準備をしている人に向かって)「いまごろ散歩するの」

のように、発話時以後に生起する事態とも共存できると思われる。さらに、

  (32) 「あのバカ、今頃来やがって…」

(鎌田敏男「金曜日の妻たちへ(下)」)

のように、発話時以前に生起している事態とも共存できる―事実、(32)を「あのバカ、今頃来やがった」にすることも可能―。また、

  (33) 「柳家の蕩児(どらむすこ)だな。今時分何しに来た」（小松左京「易仙逃里記」）

などは、「今頃」と類を同じくする「今時分」が、タ形と共起している例である。「今頃」類は、中核的な用法を「現在、目下」と同じくしながら、「今」が持っている用法の広がりを有している。また、これには、「この頃」「今」などには困難な、「明日の ¦今頃／今時分¦」という用法が可能になる。

【発話時以前】

次に、＜発話時以前＞を指し示す成分について見ていく。これには、

「今しがた、たった今、さっき、先程、先刻、昨日、昨夜、ゆうべ、一昨日、おとつい、さきおとつい、先日、先週、先々週、先月、先々月、去年、昨年、一昨年、おとどし、さきおとどし、先年、過日：あの時、あの時刻、あの時間、あの朝、あの夜、あの晩、あの日、あの週、あの月、あの年、あの頃：当時：この間、この前：昔、…」

などのようなものが存在する。

 例を少しばかり挙げていく。

  (1) 「朝早く、修善寺のほうへ出かけていて、たった今帰ってきたところです」

(高木淋光「妖婦の宿」)

  (2) 「先刻、松本清張氏の推理小説の話がでました」

(佐野洋「証拠なし」)

  (3) 「ぼくは昨夜、ちゃんとこの家に帰って、一人で寝たんだぜ」

(山村正夫「厄介な荷物」)
（４）「実は昨日、息子を江の島へ遊びに連れて行ってました…」
(斎藤栄「江の島悲歌」)
（５）「今年はまだよ。去年は子供を連れて行ったけど」
(高井有一「仙石原」)
（６）翌日任意出頭の形で熱海署に現れた今井は一昨夜は九時から十一時まで新宿でのんで十二時前に帰宅していると述べた。
(坂口安吾「能面の秘密」)

などが、発話時以前を表す類の代表的な用例の一部である。発話時以前を指し示す時の成分が出現しているのであるから、当然、文末のテンスは過去テンスである。事実、（１）から（５）の例文は、タ形を取っている。また、「今シガタ、タッタ今、イマサッキ」などは、「〜シタ{バカリダ／トコロダ}」の文末形式と共存することが少なくない。もっとも、（６）―これは発言内容であるが―のように、発話時以前を指し示す時の成分であっても、経歴・経験を表す「テイル」のル形とは共存できる。

次に、「アノＮ」という形態を持つものを瞥見しておく。たとえば、
（７）「あのとき、ここらへん一帯のコンクリートをぬりかえていたんです」
(鮎川哲也「急行出雲」)
（８）「わたし、歌を…あの短歌ですけど、やっておりますので、あの日は勉強にまいりました」
(斎藤栄「江の島悲歌」)
（９）「私はね、あの晩は九時から十二時まで八百常で将棋をさしてましたよ」
(坂口安吾「能面の秘密」)

などが、その実例である。いずれも、過去テンスを文末に取っている。発話時以前を表す成分の元では、（８）のように完成相―「シタ」―で表される事態であれ、（７）（９）のように持続相―「テイタ」―で表される事態であれ、その振る舞いに異なりはない。さらに、前述した＜発話時を含む時間帯＞とは異なって、＜発話時以前＞には、一回的な動きの顕在的な持続と繰り返し的持続・状態の現れ方に差異を引き起こす下位的変種は存しない。

引き続き、「当N」という形態を持つものについて、ごく簡単に検討しておく。「当N」で、明確に発話時以前を表すものは、

(10) 「記録によると、享和三年に喉をついた堀内という家臣は、やはり刀をいじっておるうちに、乱心したようじゃ…。藩内では、病死―とあつかったが、当時は妖刀の祟(たた)りとして、江戸表までつたわり、噂されたようじゃ」　　　　　　（大河内常平「安房国住広正」）

のような、「当時」であろう。「当N」のうち、「当日、当夜、当座」などは、「来月３日会員総会を開く。当日はＡ氏に議長をやってもらう」「先月３日会員総会を開いた。当日はＡ氏に議長をやってもらった」／「来年からいよいよ営業を開始ですね。当座大変でしょうが、頑張ってください」「昨年度末から営業を開始した。当座大変だったが、頑張った」などから分かるように、不定時を基準とする時の成分である。それに対して、「当節」などは、「当節は、学生が減って、どの大学も教員の新規採用を｛しない／??しなかった｝」のように、基本的に発話時を含む時間帯に属するものであろう。

次に、「この間」の類の例を挙げる。

(11) 「君は…この間、俺や幸長と一緒に見たはずだよ」
　　　　　　　　　　　　　　　　（橋本忍「シナリオ・日本沈没」）

などがこれである。この類には、他に「この前」がある。

また、

(12) 「昔、よく会ってたんだよ。久子や村越と、ここで」
　　　　　　　　　　　　　　　（鎌田敏男「金曜日の妻たちへ(下)」）

などの「昔」も、発話時以前を表す時の成分である。当然、「むかしむかし、あるところに浜山がありました。(稲田浩二他編「日本昔話百選、えび・たこふぐとからす」)」もこれである。

また、「かつて、かねがね」は、

(13) 「犯人は、かつてこの旅館に泊まったことのある人間だと思いますね」　　　　　　　　　　　　（山村正樹＋中野信「旅行けば」）

(14) 「松下君、君の書いているものには、かねがね敬服しているのだがね」　　　　　　　　　　　　　　　　　（高木淋光「妖婦の宿」）

などのように、発話時を基準にし、発話時までの事態の有り無しを表すのが中心的な用法であろうと思われる。もっとも、「先月彼は政府に逮捕された。かねがね政治運動をしていたのだろう」のように、基準時点を過去に取り、過去の基準時点までの事態の有り無しは表しうるのであろう。ただ、それにしても、基準時点を未来に取り、その未来のある時点までの事態の有り無しを表すことは無理であろう—「彼は再来年の３月に自分の店を持つ。??かねがね準備をしておくだろう」は逸脱性を有していると思われる—。「かねて」なども、基本的にこのタイプであろう。

【発話時以後】

引き続き、＜発話時以後＞を指し示す成分についてごく簡単に見ておく。これには、

「今に、明日、明朝、明晩、明後日、あさって、しあさって、来週、さ来週、来月、さ来月、来年、さ来年、来世紀、来期：このあと、今後、…」「ちかぢか、近々、将来、…」

などのようなものがある。ただ、発話時以後と厳密に呼べるものは、前者であり、「ちかぢか」以降は、発話時に基準を置きそれ以後を表す用法を中心とするものの、過去のある時点を基準に取り、それ以後を表しもする。

例文を少しばかり挙げていく。

（１）　「十五分たったから、今にただいまって帰って来るわよ」
　　　　　　　　　　　　　　　　　（鎌田敏男「金曜日の妻たちへ(下)」）

（２）　＜いまに吠え面をかくな＞　　　　　　（小林久三「赤い落差」）

などが、「今に」の例である。（２）は心内発話であるが、いずれも、文のテンスは未来である。

さらに、また

（３）　「明日はその日本海溝へ行く！」　　　（橋本忍「シナリオ・日本沈没」）

（４）　「あした、何かおありなさるの?」　　　　　（太宰治「富嶽百景」）
　（５）　「会社から吉彦に正式に退職の扱いにするといってきました。来月退職金が出るそうです」　　　　　（吉田知子「無明長夜」）
　（６）　「でも、来年の春、銀座のＫ画廊で個展を開きます」
　　　　　　　　　　　　　　　　　　　　　　　　（井上靖「セキセイインコ」）
なども、発話時以後を表す成分が出現しているものである。これらにあっては、動きや状態、一回的で顕在的な持続か繰り返し的持続かを問わず、未来に出現・存在する事態を取る。

　また、「こんご」や「このあと」も
　（７）　「今日のことはみんな忘れて、こんご一切口に出してはならん」
　　　　　　　　　　　　　　　　　　　　　　（草野唯雄「トルストイ爺さん」）
のように、発話時以後に属する語である。

　次に、タ形は取りえないものの、過去のある時点に基準を置くことができ、その時点以後を表しうるものを瞥見しておく。「ちかぢか、近々、将来」などがこれである。たとえば、
　（８）　この松林もちかぢか建設省の手で伐られるのだという。
　　　　　　　　　　　　　　　　　　　　　　　（司馬遼太郎「街道をゆく１」）
　（９）　「何を唄わせても、お経のようになる。その点では、将来良い坊主になるのかも知れない」　　　　（剣持亘他「シナリオ・さびしんぼ」）
の「ちかぢか」「将来」は、発話時に基準を置き、それ以後を表している―当然この用法が中心である―が、
　（10）　つい先日、近々新しい院長が赴任し、老ツェラーが官舎を去ることが決定したのである。　　　　　　（北杜夫「夜と霧の隅で」）
の「近々」になると、基準時点が発話時ではなく、過去の「先日」に置かれ、それ以後を表している―(10)の例は容易に「将来」に交換可能―。また、「いずれ」も、このタイプであろう。

3.2　不定時を基準にする時の成分

【不定時を含む時間帯】

次に、不定時を基準にする時の成分を取り上げる。その最初として、＜不定時を含む時間帯＞から見ていく。これには、

「その時、その瞬間、その日、その朝、その夜、その晩、その週、その月、その年、その冬、その頃：この時、この日：当日、当夜、…」「ある時、ある日、ある朝、…」

などのようなものが存在する。

まず「ソノN」から見ていく。よく目につくタイプの使用例を挙げておく。

（１）　「小田原で乗車して空席をみつけて坐ると、ななめ前にかけていた婦人が若林さんでした。もちろんそのときは未知のひとにすぎませんでしたがね」
(鮎川哲也「急行出雲」)

（２）　「ドルフィン?」/「そう、横浜の…そこの駐車場で、中原さん、英子さんって人と激しいキスしてたのよ」/「……」/「その日、中原さん、ドルフィンで英子さんに会ったって話を奥さんにした?」
(鎌田敏男「金曜日の妻たちへ(下)」)

（３）　「十八日の晩です。その晩、姉は死んだんです」
(小林久三「赤い落差」)

（４）　刑事たちは、美和子に署内への同行を求めた。その頃、真下と中村は、周を訪れていた。　(川辺豊三「公開捜査林道」)

などのようなものが、それである。基準時が過去のある時点に置かれ、その基準時を含む時間帯を指し示すという用い方である。したがって、文末のテンス形式も過去形を取っている。当然、（４）や「伊佐はその時、包みを開いて弁当を食べていた。(小島信夫「アメリカン・スクール」)」のように、過去における一回的な動きの顕在的な持続事態も出現する。

また、基準時を過去のある時点に置くタイプに比して、使用数はかなり少ないと思われるが、未来のある時点に基準時を置き、その基準時を含む時間

帯を指示する使用法が取れないわけではない。たとえば、

(5) ＜仕方がない。あと一、二回、あの女と交渉を持とう。<u>そのとき</u>、自分がビタミン剤を常用しているように芝居をうつ＞

(斎藤栄「江の島悲歌」)

(6) 「それから十年経っても、まだ生きているようだったら、<u>そのとき</u>また作ろうではないか」　　　　　　　(上林暁「ブロンズの首」)

などがこれである。いずれも、未来のある時点に基準時を置き、その未来の基準時に出現・存在する事態を表している。事実、(5)の文は未来テンスを取っており、(6)は未実現事態でしかない誘いかけの文である。

不定時を基準にするということで、この類は、上述のように、過去のある時点をも、未来のある時点をも基準に取りえた。では、この類は、発話時・現在を基準に取ることができるのであろうか。「彼は今書斎で手紙を書いている。??その時彼女は自分の部屋で本を読んでいる」は、不自然な文であると思われる。この類が、現在を基準に取ることは、どうやら無理なようである。

もっとも、

(7) 「茶番のような受け渡しをやっている時は気づかれていない確信があるのだね」「そうです。<u>その時は絶対に気づかれていません</u>」

(坂口安吾「能面の秘密」)

のように、「テイル」の非過去形を取った例もあるが、これは、過去のある時点における事態の有り無し、いわゆる経歴・経験を表すテイル形である。事実、この文を「＊その時は絶対に<u>気づかれない</u>」のように、ル形—この例では否定形式ではあるが—にすることはできない。

次に、「コノN」という形態を持つものを瞥見しておく。たとえば、

(8) 「かしこまりました」と伊波はいったが、<u>この時</u>、今朝、団地を出るとき、妻の延子が何げなくいった言葉がよみがえった。

(水上勉「赤い毒の花」)

(9) 「坂口光子の供述によると、全くの事故だということです。<u>この</u>

　　　　　日、彼女は野上圭一を自宅つまりアパートに招待して、夕食をご馳
　　　　走することにしていたのです」　　　　　　　（佐野洋「証拠なし」）
において、基準時点は、（8）では伊波の発言時であり、（9）では事件の起こった時である。いずれも基準時を過去のある時点に置いたものである——そして、このタイプが「ソノN」より多い——が、「来年の3月3日、最後の会議が開かれる。この時、最終決定が言い渡される」のように、「コノN」の類も、未来のある時点を基準時に取りうる。

　引き続き、「当N」を瞥見しておく。これには「当日、当夜」などがある。たとえば、

（10）　「途中で、あらかじめ掘っておいた穴へ、弓を沈めたか…は計り
　　　　かねます。ともあれ弓は、すばやく始末し、小川の中へ、身をひそ
　　　　めました。当日に、簡閲点呼が木更津であったことは、事実なので
　　　　す」　　　　　　　　　　　　　　　　（大河内常平「安房国住広正」）

（11）　「来月10日総会が行われる。当夜、役員選挙が行われるはずだ」

などがこれである。（10）が基準時を過去のある時点に置いているタイプであり、（11）が未来のある時点に基準時を置いているものである。

　最後に、不定時を基準にする時の成分の特殊なタイプである「アルN」という形態を持つものに触れておく。これは、

（12）　あるとき、姑が次男の家に泊りにでかけ、義姉も学校の修学旅行
　　　　につき添っていったことがあった。　　　　　　（井伏鱒二「鯉」）

（13）　ある朝、氷の上に薄雪が降った。　（田辺聖子「坂の家の奥さん」）

（14）　三十余年前のある日、私は東京医専二年生の弟から…葉書きを受
　　　　取って淀橋の下宿へ行った。　　　　　　　　（藤枝静男「私々小説」）

などのように、実質的に、不定時を基準に持つというより、発話時を基準にして、発話時以前を表すと捉えてよいような用法が中心である。その意味で、発話時基準型の発話時以前に入れてもよいかもしれない。ただ、

（15）　こんな不摂生をこのまま続けていたら、ある日突然体が動かなく
　　　　なるということが起こるかもしれないよ。

などのような、未来のある時点を基準に取った用法も可能であろう。このような文で、発話時基準型の発話時以前である「アノ日」を使うことはできない―「*こんな不摂生をこのまま続けていたら、あの日突然体が動かなくなるということが起こるかもしれないよ」―。その意味で、この「アルN」という形態を持つものは、不定時基準型の一種であろう。

【不定時以前】

次に、不定時基準型の＜不定時以前＞についてごく簡単に触れておく。これには、

「その前、前日、前の日、前夜、前の夜、前の朝、前々日、前の週、前々週、前の月、前年：一週間ばかり前、ひと月ほど前、数年前、…」「事前に、あらかじめ、前もって…」

などのようなものが存在する。

　例文を少しばかり挙げておく。

（１）　ギヤをトップに入れ、地平に向かって車を走らせた。……。真夏の激しい太陽に灼かれ赤土の表面にカルメラ状の亀裂ができ、前日、珍しく一時間ほど降った豪雨の名残りの大きな水溜りに、子供の掌ほどの蜘蛛の死骸が幾つも浮んでいた。

（森禮子「モッキングバードのいる町」）

（２）　僕はその前年肺尖カタルをやり、いわばその予後の身分で、医師からのんびりした生活を命じられていた。　（梅崎春生「突堤にて」）

（３）　私はホテルへ彼女の名前で、大型のトランクを送り届けた。そしてその中に、数年前兄がひそかに作ってそのままにしておいた、彼女に生き写しの蝋人形を隠し…　（高木淋光「妖婦の宿」）

これらは、いずれも、基準時を過去のある時に置き、その基準時以前の時間帯を指し示している用法である。たとえば、（１）を例に取れば、「前日」は、車を走らせた日という、過去のある時点の前日であり、（３）の「数年前」は、トランクを送り届けたという過去のある時点の数年前である。

もっとも、不定時基準型の不定時以前が、基準時を過去にしか取れないわけではない。さほど多くはないが、

　　（４）「おっつけ電話が入ると思うのですが、その前に、中山と菅井、この二人のことを検討してみませんか」

(山村正樹＋中野信「旅行けば」)

　　（５）「今度はオドシか。よかろう。その前に、心中のおそれのある男女として、警察に保護してもらう手続きをとろう」（中薗英助「霧鐘」）

などのように、未来のある時点を基準時に取り、その未来のある基準時以前の時間帯を指し示す用法も存在する。たとえば、（４）の「その前」は、電話が入るという、未来のある時点の前の時間帯を指し示している。結果として指示時間帯が未来であることによって、文は、未実現事態を表す誘いかけを取りえている。

　では、この不定時基準型の不定時以前が、発話時・現在を基準に取ることはないのであろうか。「前（ノ）Ｎ」タイプないしは「ソノ前」では、このことは困難であると思われる。「前日彼に会った」や「その前に処理をしておこう」などには、やはり過去および未来のある時点が基準時として必要になろう。それに対して、「数量表現＋前」の類は、たとえば、

　　（６）「ひと月ほど前、家の庭で、このセキセイインコを見ましたよ」

(井上靖「セキセイインコ」)

などのように、裸のまま使われれば、基準時点が文脈から想定されでもしない限り――この種の例が（３）である――、優勢的な読みは、基準時点が発話時・現在である。基準時が発話時以外であることを明示するためには、「ソノ／アノ」などの付加が必要であろう。たとえば、

　　（７）「あの一週間ばかり前に、ある新興宗教の本部から、団体旅行をしたいからよろしく頼むという申し込みをうけました」

(鮎川哲也「急行出雲」)

などがそうである。これは、言い換えれば、「前（ノ）Ｎ」の類は、「ソノ／アノ」の付加なしに、それが付加されたのと相当の意味を持つということであ

る。この類が相対的な時の成分たるゆえんである。

不定時以前の最後として、「事前に」を瞥見しておく。たとえば、

（８）「裏山からしのび込んで老人を絞め殺した犯人は、旅館のどの部屋に老人が泊まっていたかを知ることはできなかったはずです。そうなると、誰かが部屋の位置を事前に、何らかの方法で犯人に教えていたとしか考えられないのです」

(山村正樹＋中野信「旅行けば」)

のようなものである。これは、「｜昨日／前日｜事情を事前に伝えておいた」や「｜明日／後日｜事情を事前に伝えておこう」のように、他の時の状況成分が自由に現れることからして、典型的な状況成分ではない。ただ、不定時以前として、事態成立の時間位置に関わることから、ここで取り上げておく。後で触れる時間関係の副詞、たとえば「スグ」「間モナク」などに比して、状況成分寄りの存在であろう。これに類するものに、「あらかじめ、前もって」などがある。

【不定時以後】

不定時基準型の最後として、＜不定時以後＞について極々簡単に見ておく。これには、

「翌日、翌々日、翌週、翌月、翌年、翌々年、翌朝：あくる日、あくる朝：その後、後日：次の日、次の瞬間、次の時、次の日の朝、次の日曜日、次週、次の週：一分後、二年後、…」

などのようなものが存在する。

まず、「翌N」という形態を持つものから見ていく。例文を少しばかり挙げておく。たとえば、

（１）「わたしはあの翌日、早速外務部や法務部の旅券申請の記録を調査してみたのです」　　　　　　　　　　　　　　　　（麗羅「怨の複合」）

（２）各宮殿下さえ泊まられたときき、光泉はますます恐縮した。翌日の午後には、…結城貞俊師が、供の僧二人を従え、恭しく刀を奉

じ、とどけてきた。　　　　　　　　（大河内常平「安房国住広正」）
（3）　まどかが『奇想』の新人賞を取り、<u>翌年</u>津村がそれにつづいた…今から丁度四年前の春の話である。　　（綾辻行人「迷路館の殺人」）
（4）　テレビを見てぼうっと贅沢にすごす。そのあくる日は、私たち夫婦が、夫婦だけでいられる最後の日である。夜は姑が帰ってきて、<u>翌日の午後</u>は義姉が帰ってくる予定だ。

（田辺聖子「坂の家の奥さん」）

などがこれである。（1）（2）（3）は、基準時を過去のある時点に取り、それ以後の時間帯を指し示しているものである。たとえば、（2）の「翌日の午後」は、光泉が恐縮した過去のある時点の翌日の午後である。（1）（2）（3）いずれも、文は、過去テンスを取っている。それに対して、（4）の「翌日の午後」は、未来の時点を基準に取り、それ以後の時間帯を指し示している。したがって、文は未来テンスを取っている。

不定時以後に属する他の形態の例も挙げておこう。
（5）　吉田に一泊して、<u>あくる日</u>、御坂に帰って来たら、……、十五の娘さんは、つんとしていた。　　　　（太宰治「富嶽百景」）
（6）　彼は、…敏捷くルバシュカのバットの吸いさしを盗んだ。<u>次の日も</u>同じ隙間を覗って吸いさしのコソ泥を働いた。

（嘉村礒多「崖の下」）
（7）　（良二は）五年のころ無くしてしまった。<u>このあと</u>、和子と明夫の使っていた笛を使った。　　　　　（庄野潤三「小えびの群れ」）
（8）　「確かにうちの庭に来たことはありますが、もう大分前のことです。<u>その後</u>一度も来ていませんし、もう来ないかもしれません」

（井上靖「セキセイインコ」）

（5）が「アクルN」という形を持つものであり、（6）が「次（ノ）N」という形態を取るものであり、（7）（8）が「後（ご/あと）」を含むものである。上掲の例は、いずれも過去のある時点—基準となる過去の時点は文脈などから判明—を基準に取っており、それ以後の時間帯を指し示している。ただ、（8）で

は、指示時間帯は現在に続くもので、それへの事態の存在の有無を表している。使用した資料体によるところもあるとは思われる―ただ、資料体を変えても基本的な傾向は変わらないと予測している―が、基準時以後を表すものの、この種のものも、未来テンスを取る文として現れるより、基準時を過去に置き、文のテンスが過去であるものの方が多い。また、基準時を発話時・現在に置いた形で使用することも困難であろう。

　それに対して、「数量表現＋後」では、

　　（9）　「ね、たーさん。あたし達二年後にはあの家出なきゃいけないんだよね」　　　　　　　　　　　（新井素子「正彦くんのお引っ越し」）

のように、裸のまま使うと、基準時点を発話時・現在に取り、それ以後を表すのが普通である。基準時を過去に置くためには、

　　（10）　銃弾が、人間の形だけを残してドア全体をささくれ立たせた。二分後、銃声はやんだ。　　　　（筒井康隆「その情報は暗号」）

のように、文脈などから、基準時が発話時以外であることが明らかになるようにしてやることが必要になろう。

3.3　絶対的時点の時の成分

　次に、時の状況成分の最後として、〈絶対的時点の時の成分〉をごく簡単に取り上げる。絶対的時点の時の成分とは、その指示する時点が、発話時であれ、何らかのある時点であれ、それとの先後関係において決まる―言い換えれば、基準が決まらなければ指示時点が決まらない―、というあり方で定まるのではなく、基本的に、それ自体が指示時点を確定的に示しているものである。したがって、逆に、その時点が、過去に存在するのか未来に存するのか、発話時をまたいで存在する時間帯なのかは、それ自体では決まらない。発話時が暦法上のいつに当たるのかによっている。この絶対的時点の時の成分には、「昭和三十三年七月、1980年、紀元 4 世紀頃、九月三十日午後七時二十分、九時ちょっと過ぎ、…」のような、一定の暦法にしたがって、

過去から未来への一直線に伸びる時間軸上に位置づけられる時間帯を表す＜直線型＞と、「朝、晩、午前、午後：春、秋：月の初めに、年末に：正月に、お盆に、…」のような、一定の間隔をおいて繰り返し現れる時節・時間帯を表した＜循環型＞とがある。

例文を少しばかり挙げておく。

（1） 昭和三十三年七月、第二十創作集「春の坂」をちくま書房から出した。
(上林暁「ブロンズの首」)

（2） 「二十日はあなたと弟さん御夫妻、二十一日は弟さん御夫妻がこの部屋に泊まりました。二十二日は誰が泊まったのでしょう」
(川辺豊三「公開捜査林道」)

（3） 「たしか玲子は、帳場から九時ちょっと過ぎに中山の家に電話し、菅井には十時ごろ、やはり帳場の電話で電報を打っていたんでしたね？」
(山村正樹＋中野信「旅行けば」)

などは、絶対的時点の時の成分の指示時点が過去に存在するものである。したがって、文は、完成相と持続相を問わず、タ形を取って現れている。また、

（4） 林の方も、今日は午前八時三十分に出社したといった。
(山村美紗「恐怖の賀状」)

などは、絶対的時点の時の成分の指示時点を包む形で、発話時基準型の発話を含む時間帯の時の成分が共起しているものである。

当然、絶対的時点の時の成分の指す時点は、未来にも存する。たとえば、

（5） 「いいかい、大学は四時に退けるんだ。お茶の水駅には四時二十分にゆける」
(水上勉「赤い毒の花」)

（6） 「今晩、夜が更けてから実験してみましょう。十二時ごろ拙宅にお越し下さい」
(坂口安吾「能面の秘密」)

（7） 彼は池袋のレストランを指名し、夕方の六時キッカリに待っていると答えた。
(鮎川哲也「割れた電球」)

などがこれである。指示時点が未来に位置づけられることによって、文は、

未来テンスの文であったり、未実現事態を取る依頼文であったりする。また、(7)は、未来における一回的で顕在的な動きの持続を表すテイル形を取っている。

ところで、絶対的時点の時の成分が「テイル」のル形と共起すれば、どうなるであろうか。一つは、(7)が示すように、未来における動きの持続である―厳密な直線型に属する絶対的時点の時の成分の場合、現在における繰り返し的持続を表しえない―。他の一つは、

(8) その夜、―詳述しておくと、九月三十日の午後七時二十分に伊波豊次は鶯谷駅に近い正明荘という宿に休憩している。
　　　　　　　　　　　　　　　　　　　　　　　（水上勉「赤い毒の花」）

(9) 記録によると、石上は午後一時三十分に閲覧室に入り、午後四時に帰っている。　　　　　　　　　　（斎藤栄「江の島悲歌」）

などのように、経歴・経験や記録を表すテイル形である。

絶対的時点の時の成分が現在テンスを取るのは、たとえば、

(10) いつも彼は十一時半に警察を出て、車で五分ほどの官舎に帰り、午後三時近くになってやっと署へ戻る。　（北杜夫「クイーン牢獄」）

(11) 「東京駅で乗車されたのですか」「いいえ、小田原です。午前零時ごろに停車します」　　　　　　　（鮎川哲也「急行出雲」）

などのように、習慣や決まりのような、潜在的な広げられた現在を表す場合である。

暦法上の時間軸に位置づけられたものではないが、

(12) まだ独身のころに、バーのホステスと仲良くなった。
　　　　　　　　　　　　　　　　　　　（田辺聖子「ほとけの心は妻ごころ」）

(13) 「中学生のころ、アチーヴメント・テストというのをやらされたことがありますか」　　　　　　（山村正樹+中野信「旅行けば」）

などのようなものは、人の人生の展開における時間帯を差し出したものであり、直線型の絶対的時点の時の成分の特殊なものとして捉えておきたい。

以上、基本的に直線型に属するものを見てきた。以下、循環型の例に少し

ばかり触れておく。たとえば、

(14) <u>真夜中</u>、私は目を覚まし、好奇心にかられて月にぬれたベランダに出てみました。　　　　　　　　　　　（遠藤周作「男と九官鳥」）

(15) <u>日曜日</u>に息子とサイクリングして遠出した。

（市野義夫「産業医からの警告」）

などは、一回的な指示時点が過去にあり、文が過去テンスを取っているものである。循環型であることから、一回的な指示時点を明示的に示す場合は、

(16) 「その娘さんなら、たしか<u>この夏</u>、一度ここで働いていました」

（小泉喜美子「冷たいのがお好き」）

(17) <u>その年の冬</u>、私は素人（しろうと）下宿へ移った。　　（井伏鱒二「鯉」）

(18) 「<u>今日</u>、お母さんは<u>昼間</u>、会社をぬけだしてＸＸホテルへ行ってみました」　　　　　　　　　　（新井素子「正彦くんのお引っ越し」）

(19) <u>或る日</u>、とうとう<u>昼</u>にその発作がきた。

（島尾敏雄「家の中」）

などのように、指示時点を時間軸上に位置づける限定を添えたり―(16)(17)―、基準型の時の成分と共に使われたりする―(18)(19)―ことが少なくない。

　上掲の例は、いずれも、指示時点を過去に置くものであったが、当然、指示時点を未来に置けないわけではない。たとえば、

(20) 「<u>夕方</u>にでも電話をちょうだい。ぜひ聴きに行きましょうって」

（吉目木晴彦「寂寥郊野」）

(21) 「<u>こんどの日曜日</u>に、彩子さんのところへゆくんですって…」

（中里恒子「乗合馬車」）

などのようなものは、指示時点を未来に置くものである。また、循環型であることによって、「テイル」のル形で、

(22) 「<u>日曜日</u>にいっ<u>つもラクビーやってる</u>やろ」／「そう」

（金秀吉＋金佑宣「シナリオ・潤（ユン）の街」）

などのように、動きの繰り返し的持続を表しうる―「彼は<u>1982年</u>に彼女に

会っている」は、経験・記録のテイルとしてしか解釈されえない。ただ、「彼は7月7日に彼女に会っている」は、動きの繰り返し的持続としての解釈も可能である。これは、「1982年」が厳密な直線型であるのに対して、「7月7日」が、直線型としても循環型としても使用されることによっている——。

4　時間関係の副詞

　ここでは、時間関係の副詞と仮称するものについて見ていく。本章では、時間関係の副詞を、大きく、[1]「ずっと」「ちょっとの間」のように、＜事態存続の時間量＞を表すもの、[2]「だんだん」「年々」のように＜時間の中における事態の進展＞を表すもの、[3]「すぐ」「おっつけ」のように＜起動への時間量＞を表すものに分ける。

4.1　事態存続の時間量を表す副詞

　時間関係の副詞の最初として、まず、事態存続の時間量を表す副詞類を取り上げる。既に触れたように、＜事態存続の時間量＞とは、当該事態がいかほどの時間量を占めて持続・存在するのか（しているのか）を表す副詞的成分である。事態存続の時間量として働く副詞には、様々なものが存するが、ここでは、これらを、持続時間量との関係から、[1]「永遠に」「ずっと」などの、＜存続量の大＞を表すもの、[2]「しばらく」「当分」などの、＜存続量の中程度＞に属するもの、[3]「少しの間」「暫時」などの、＜存続量の少＞を表すもの、[4]「一瞬」「瞬間」などの、＜存続量の極少＞を表すものに、便宜分けて見ていく。個々の副詞の表す意味は、類別しきれない多様性を持ったものであり、したがって、いくつかに類別することが、かなり恣意的で、便宜的なところの存することを認めた上で、記述の組織化のため、上述のように分かち見ていく。

【存続量の大】

事態存続の時間量を表す副詞への考察の最初として、まず、存続量の大に属するものを取り上げる。これには、
　「ずっと、いつまでも：長く、長らく、長いこと、長い間、長時間、長期、長年(の間)、多年：一生、(一)生涯：永久に、永遠に、永劫に、…」
などのようなものを属させておく。
　少しばかり例文を挙げておく。
　（1）　その笛を明夫が譲り受けて、中学で<u>ずっと</u>使った。
　　　　　　　　　　　　　　　　　　　　　　　（庄野潤三「小えびの群れ」）
　（2）　「いまも<u>ずっと</u>使っている。和ちゃんから続いている笛を」
　　　　　　　　　　　　　　　　　　　　　　　（庄野潤三「小えびの群れ」）
　（3）　「僕たち二人で死体を見つけてから、<u>ずっと</u>動いていません」
　　　　　　　　　　　　　　　　　　　　　　　（山村美紗「恐怖の賀状」）
などがこれである。(1)では持続性を持った動詞のタ形が、(2)では現在につながる動きの持続を表すテイル形が、(3)では現在まで続く否定事態を表す否定述語が使われている。いずれにしても、「ずっと」が事態の存続時間量大であることを表すため、事態は持続性を持ったものでなければならない。さらに、事態が持続的であれば、
　（4）　(夫は)婚約期間中も<u>ずうっと</u>元気だった。
　　　　　　　　　　　　　　　　　　　　　　　（田辺聖子「もう長うない」）
　（5）　「奥さんは<u>ずッと</u>無言だね」「そうです」（坂口安吾「能面の秘密」）
などのように、状態性述語を持つ文も生起する。
　また、「ずっと」などは、
　（6）　英子の死亡後の取り込み中、美和子は<u>ずっと</u>周を助けて、まめまめしく働いてきた。　　　　　　　　　（川辺豊三「公開捜査林道」）
　（7）　「夜七時から深夜の一時ごろまで、喫茶店で<u>ずっと</u>話し合っていました」　　　　　　　　　　　　　　　（小林久三「赤い落差」）
などが示すように、「ずっと」は、「〜中」や「NカラNマデ」のような期間成分と共存しやすく相性がいい―もっとも、共存しやすいということは、深いつ

ながりを有するとともに、あるレベルで違いを有しているということでもある─。「ずっと」は、相当期間、時間的切れ目なしに事態が存続することを意味している。

次に、「いつまでも」について瞥見しておく。たとえば、

（8）　（小夜子は）背のびして、いつまでも手を振っていた。

　　　　　　　　　　　　　　　　　　　　　　　（水上勉「赤い毒の花」）

（9）　「あたし、アンナ。いつまでも可愛がってね」

　　　　　　　　　　　　　　　　　　　　　　　（高木淋光「妖婦の宿」）

などがこれである。「いつまでも」は、基本的に事態の存続量が極大であることを表すものの、永遠に続く存続時間量として使われることは、かえって稀であろう。事実、（8）は、過去におけるかなり長時間にわたる事態の存続を表している─その点で「ずっと」に近づいていく─。もっとも、「いつまでも」には、永続的に続く存続量という意味合いが存することによって、期間を明確に限定すると、「6時から8時までずっと部屋にいた」が適格であるのに対して、「？6時から8時までいつまでも部屋にいた」のように、逸脱性が生じる。

引き続き、「長〜」という形態を有する様々なものの例を挙げておく。

（10）　祖母は、…境内の蝉時雨を浴びて社殿に長く掌を合せていたが、…

　　　　　　　　　　　　　　　　　　　　　　　（高井有一「仙石原」）

（11）　津島はそのころ長らく住んでいた自宅と、…今一つの家とを、思いがけなく自分のものにすることができた。　（徳田秋声「風呂桶」）

（12）　長いこと、男の体はその姿勢のまま動きつづけた。

　　　　　　　　　　　　　　　　　　　　　（赤江瀑「八月は魑魅と戯れ」）

（13）　「俺はろくでなしだ。長い間、うっちゃりぱなしさ」

　　　　　　　　　　　　　　　　　　　　　　　（辻亮一「異邦人」）

（14）　私たちは…かなり長い時間、ぽつりぽつりと話をしていた。

　　　　　　　　　　　　　　　　　　　　　（吉行淳之介「食卓の光景」）

（15）　「先生、わだつみを長期チャーターなんかして、どこをお調べに

　　　　なるんです」　　　　　　　　　　　　（橋本忍「シナリオ・日本沈没」）
　　（16）　そのもうろくした博士を、伊波の研究室は、永年研究室長に仰
　　　　ぎ、植物研究をつづけてきているわけだったが、…
　　　　　　　　　　　　　　　　　　　　　　　（水上勉「赤い毒の花」）
などのようなものが、これである。(13)は状態性述語を取っており、(16)は発話時からの事態存続を表している。

　また、「一生、（一）生涯」は、人の在命中の全期間を表すため、当の人間が亡くなっていない限り―「彼は生涯清廉潔白を貫いた」―、「海老原牧師は…自分の軽率なふるまいを一生後悔するにちがいない。（鮎川哲也「急行出雲」）」のように、タ形を取らない。

　さらに、「永久に、永遠に、永劫に」などは、未来に向けて事態の存続量の極大を表すために、
　　（17）　「熱田さんが、親戚の一人として、永久にボクの傍にいることに
　　　　なりますからね」　　　　　（石沢英太郎「噂を集め過ぎた男」）
　　（18）　「ことにジョルジュ・サンドとの命をかけた恋は永遠に人々の心
　　　　に悲恋として記憶されるだろう」　　（剣持亘他「シナリオ・さびしんぼ」）
などのように、タ形を取ることはない。

【存続量の中程度】
　次に、存続量の中程度に属するものを取り上げる。これには、
「しばらく、しばらくの間、当分、当分の間、しばし、しばしの間、暫時、暫時の間、…」
などがある。
　例文を少しばかり挙げておく。たとえば、
　　（1）　主任はそういって、…しばらく書類をひっくり返していた。
　　　　　　　　　　　　　　　　　　　　　　（鮎川哲也「急行出雲」）
　　（2）　「萩野小夜子といったよ。しばらく構内を散歩してくるといってた」
　　　　　　　　　　　　　　　　　　　　　　（水上勉「赤い毒の花」）

（3）「私も、しばらく高松屋さんの舞台を見ていないんです」

(戸板康二「グリーン車の子供」)

のようなものが、「しばらく」の例である。（1）は、テイタ形を取って過去における事態の中程度の存続量を表している。（2）は、動作主体の発話時からの中程度の存続量を表している。（3）は、テイナイ形を取って、現在までそれなりに長く続く事態の非存在を表している。また、「しばらくの間、私はなかば放心状態で、夢想の世界をさまよっていた。(海渡英祐「死の国のアリス」)」などが、「しばらくの間」の例である。さらに、

（4）「復旧まで、今しばらくお待ちくださいますようおねがいいたします」

(夏樹静子「特急夕月」)

のように、「今しばらく」にすると、「今」の付加によって、発話時から未来に向けて事態の存続になるとともに、存続時間量は、単なる「しばらく」よりも短くなる。

次に、「当分」の例を瞥見しておく。

（5）チーホアの第十五号に入ったとき、私は、当分、フランスの言葉を信じていたんだ。　　　　　　　(古山高麗男「プレオー８の夜明」)

（6）「僕はブレーンワークには興味がない。当分潜水艇ですよ」

(橋本忍「シナリオ・日本沈没」)

などがこれである。（6）は状態性述語を取っている例である。「当N」のうち、既に、「当時」は発話時基準型の発話時以前、「当日、当夜」は不定時基準型の一類として、いずれも時の状況成分として記述した。それは、これらが事態の外的な時間的位置づけを行っていることによる。それに対して、「当分」は、（5）が示すように、事態の外的な時間的位置づけを行う時の状況成分を必要とする―この場合、節の形であるが―。時の状況成分ではなく、時間関係の副詞である。また、「服部君が…当分の間、私たち三人が交代で鳥の世話をしようと申しました。(遠藤周作「男と九官鳥」)」は、「当分の間」の例である。

引き続き、「しばし」の例を挙げておく。

(7) 「うーむ。なつかしいコトバだなあ」とお弓は、しばしうなっていた。　　　　　　　　　　　　　　（田辺聖子「復古亭主」）

(8) そこはオハラも見抜いていて、しばし待てと制すると、フロントへ必要なものを取りに行った。　　（唐十郎「佐川君からの手紙」）

などがその例である。(7)は、テイタ形と共起し過去における事態の存続を表しており、(8)は、動作主体の発話時からの事態の中程度の存続量を表すのに使われている。

存続量の中程度の最後として、「暫時」に触れておく。たとえば、

(9) 「ともかくそれでは御邪魔して、暫時休ませて頂こう、…」

　　　　　　　　　　　　　　　　　　　　　　　　　　（島崎藤村「破戒」）

(10) 暫時二人は無言であった。　　　　　　　　（島崎藤村「破戒」）

などがこれである。「暫時」は文体的に古いものである。また、「暫時」は、「ざんじ」であるが、「しばし」と読ませているものもある。両者の近さを示している現象であろう。

【存続量の少】

引き続き、存続量の少に属するものについて見ておく。存続量の中程度と存続量の少のあるものとの間に、存続量についてさほど大きな差はない。その意味で両者の類別は、記述の上での便宜のためでもある。これには、

「少し、ちょっと、少しの間(に)、ちょっとの間(に)、一時、一時的に、いっとき、僅かの間(に)、つかのま、…」

などがある。

このタイプの中で、存続量の中程度の近くに位置するものに観察される特徴は、程度の副詞の一用法からのもの、といった特徴である。たとえば、

(1) 「ふろから部屋にもどり、少したったとき、隣の老人の部屋から、ただならぬ声が聞こえてきて―」（山村直樹+中野信「旅行けば」）

(2) 「どうかいま少し、研究いたさせて下さい。いますぐには、おろそかに批判など、申し難いほどです」（大河内常平「安房国住広正」）

（3）　ちょっと部屋を開けていた間に、男はまた目立ってふくらみ、蛹(さなぎ)のようになって、ころがっていた。　　　　（安倍公房「水中都市」）

（4）　「ちょっと待って下さい」とおっさんは控えのメモを取ってきた。
　　　　　　　　　　　　　　　　　　　　　　　　　（田辺聖子「かんこま」）

などの「少し」「ちょっと」が、これである。運動量の程度性の大小は、結果としてその運動が実現・存続する時間量の大小に跳ね返る。そのことによって、基本的に運動量の程度性の大小を表す用法が、事態の存続量にずれていく、あるいは、事態の存続量が表面化する、というものがこれである。したがって、

（5）　「そうねえ」由梨は少し考えた。　　　（大庭みな子「三匹の蟹」）

（6）　ちょっとまあ聞きなさい。　　　　　　（安倍公房「ノアの方舟」）

のように、考える・聞くという運動量の度合いの低さと、事態の持続時間つまり存続量の短さとの、そのどちらが優勢なのかが、きわめて微妙な場合も出てこよう。それに対して、「〜ノ間」を付加すれば、事態の時間的な存続量であることが明示化される。

（7）　その時は、俺だってやはりちょっと興奮し、熱っぽい後書きを書き、そして、少しの間幸福になるだろう。
　　　　　　　　　　　　　　　　　　　（柴田翔「されどわれらが日々―」）

（8）　中支の戦線で、ちょうど花期のさ中にあった一面の棉(わた)の畑を見出した時、ちょっとの間、故郷のネリ畑に立った錯覚におちたのである。
　　　　　　　　　　　　　　　　　　　　　　　　　（東野邊薫「和紙」）

などがこれである。また、「金のことでもめたんだろう。ちょっと間に二人殺しやがった。（小松左京「時の顔」）」のように、「〜間ニ」型は、その時間量で事態が終結・完了することを表している。

次に、存続量の少の中で、極少につながっていく方向にあるものについて、例を挙げておく。

（9）　一時、三田稔はかなり売れっ子になった。（鮎川哲也「急行出雲」）

（10）　…全身に凄まじい重力がかかる。一時的に視野が狭まる。

7章●4　時間関係の副詞

(森村誠一「紺碧からの音信」)

(11)　<u>いっとき</u>悪い時期になっても、いつかまた好転する…
(田辺聖子「気になる男」)

(12)　「鯛の活きづくりを観光用に研究して、鯛が<u>わずかの間</u>生きていられる限界まで身を剥ぎ取って泳がすことに成功したんですって」
(津村節子「玩具」)

(13)　小原は…ズルズルと深みに入っていきそうな不安に<u>束の間</u>ふるえた。
(川上宗薫「七色の女」)

などがこれである。

また、微妙でありながら、この存続量の少が、存続量の中程度に比して、存続時間量が短いことは、

(14)　<u>ほんのわずかの間</u>、母親は階段の空洞に、カッコン…カッコン…と間をおいてひびく下駄の音をきいた。　(小松左京「蟻の園」)

のような例からも分かろう。(14)のように、数量を少ないものとして評価する「ほんの」などのモーダルな副詞が、存続量の中程度に比して、このタイプでは、ごく自然に共起する例が少なくないだろう—存続量の中程度の「ほんの当分、ほんのしばし」などと、存続量の少の「ほんのちょっと、ほんのいっとき、ほんの束の間」などとの出現数・自然らしさを比較されたい。後者の方が自然で現れやすい—。

【存続量の極少】

事態存続の時間量を表す副詞の最後として、存続量の極少を表すものを極々簡単に触れておく。これには、

「一瞬、瞬時、瞬間：一拍、一呼吸、…」

などがある。

たとえば、

（１）　わたしたちは、<u>一瞬</u>、みつめ合いました。

(小泉喜美子「冷たいのがお好き」)

（2） 『五百万』と書きこみ、一瞬、首をかしげた。

(石沢英太郎「噂を集め過ぎた男」)

（3） 久子は、一瞬声も出なかった。(鎌田敏男「金曜日の妻たちへ(下)」)

などのようなものが、この代表的な使用例である。上掲の例に現れている事態は、いずれも持続性を持ったものであるが、「一瞬」などは、存続量が極少であることによって、

（4） のんびりとモルディヴのパンフレットを見ていた正彦くんと陽子さん、一瞬びくっとして。　　(新井素子「正彦君のお引っ越し」)

などのように、持続性がない事態に対しても共起しうる。上掲の「びくっとする」などは、「*びくっとしつづける」とは言えないし、「びくっとしている」にしても、パーフェクトを表し、持続状態を表しえない。したがって、「??つかの間びくっとした」なども逸脱性を帯びてしまう。

以下、この類に属すると思われるものの例を挙げておく。

（5） 羽島も、この豹変ぶりに瞬時呆気にとられ、咄嗟に言葉も出なかった。　　　　　　　　　　　　　　　　(夏樹静子「特急夕月」)

（6） 声は、瞬間、途絶えたが、次に烈しい叫びに変わった。

(遠藤周作「白い人」)

なども、この類であろう。もっとも、「瞬間」は、（6）のように「一瞬」相当で、存続量として使われることは、かえって稀で、

（7） （小夜子は）ひくい声でいった。伊波は瞬間体をはなしていた。

(水上勉「赤い毒の花」)

などのように、「即座に」に近い＜起動への時間量＞の副詞として使われることの方が多い。さらに、

（8） その制止が一拍遅れて、彼は石につまずいて転んだ。

(森村誠一「紺碧からの音信」)

（9） 慌てて身体を支えようとしたが、のばしきった手が手すりから戻るのが一呼吸遅かった。　　(森村誠一「紺碧からの音信」)

などのようなものも、存続量の極少を表すものに入れておく。

【「時点(時間帯)カラ＋時点(時間帯)マデ」】

ここで、事態存続の時間量を表す副詞との関連で、「時点(時間帯)カラ＋時点(時間帯)マデ」、および「Nカラ」「Nマデ」のどちらかを取り、期間を表す成分に極々簡単に触れておく。期間表現は、

（１）「夜七時から深夜の一時ごろまで、喫茶店でずっと話し合っていました」
　　　　　　　　　　　　　　　　　　　　　（小林久三「赤い落差」）

（２）その日は朝からずっと薬局にも顔を出さなかったが、彼女は信弘と気まずい沈黙をつづけていることに、だんだん息苦しさをおぼえてきた。
　　　　　　　　　　　　　　　　　　　　（山村正夫「厄介な荷物」）

（３）「ま、それまでずっと我慢してたんだろうけど…」東彦が思い起こすように言った。
　　　　　　　　　　　　　（鎌田敏男「金曜日の妻たちへ(下)」）

などのように、事態存続の時間量を表す副詞と共起している。これらと共起しているということは、事態存続の時間量を表す副詞と密接な関係を持ちながら、ある点で異なりを有しているということでもある。ここで扱う期間表現は、期間を客観時間量的に表現したものである。それに対して、事態存続の時間量を表す副詞は、事態の存続時間量に長短の把握を添えて差し出したものである。客観的な時間量か、長短の把握を加えた存続量なのかの違いが、両者の異なりであり、共存を許す基因なのであろう。事実、（１）に含まれている時間量に対して、「夜七時から深夜の一時ごろまで、喫茶店でしばらく話し合っていました」のように、存続量の中程度の副詞を共起させることも可能だろうし、さらに言えば、「ここ何年も会っていないのだ。昨夜、夜七時から深夜の一時ごろまでつかの間逢瀬を楽しんだ」のように、存続量の少の副詞とも共存可能であろう。

以下、例文をいくつか挙げるに止める。

（４）「私はね、あの晩は九時から十二時まで八百常で将棋をさしていましたよ」
　　　　　　　　　　　　　　　　　　　　（坂口安吾「能面の秘密」）

（５）先ず五月から六月にかけてイチモチソウという細長い白い花が咲いた。
　　　　　　　　　　　　　　　　　　　　　（水上勉「赤い毒の花」）

(6) 「凶行時間の十時から十二時の間、廊下では、花村さんが見張り
    を続けておりました」　　　　　　　　　（高木淋光「妖婦の宿」）

などのようなものがこれである。（4）は「NカラNマデ」という形式で、（5）
は「NカラNニカケテ」という形式で、（6）は「NカラNノ間」という形式で、
期間が表現されている。文末は、（4）（6）がテイタ形を、（5）がタ形を取っ
ているものの、いずれも、持続性を持った事態である。

さらに、

(7) 「朝の八時からは、新聞、通信、テレビのトップクラスを招いて
    事態を説明し、二週間の報道管制と、発表後の世論動向についての
    協力を求めます」　　　　　　　　　（橋本忍「シナリオ・日本沈没」）
(8) まぎれもない彼女である。それは、去年の五月以来八九カ月見な
    かった容姿である。　　　　　　　　　（近松秋江「黒髪」）

などが、「Nカラ」や「N以来」の形式で、事態の存続の起点が表示されている
ものである。また、

(9) 「待合わせの相手が来たので、レストランへ誘って、四時過ぎま
    で話をしました」　　　　　　　　　（海渡英祐「死の国のアリス」）

などは、「Nマデ」で、期間の終点が表示されているものである。

【Nマデニ】

　期間表現との関連で、終端時点が「ニ」を伴っているものを瞥見しておく。
このタイプと「Nマデ」との違いについては、既によく知られていることなの
で、触れるに止める。たとえば、

(1) （唐沢が）九時半までに宝来荘をたずね、…三田を殺したとは考
    えられなかった。　　　　　　　　　（鮎川哲也「急行出雲」）
(2) 「今までに一千万もゆすられているからもうイヤです」
　　　　　　　　　　　　　　　　　　　（坂口安吾「能面の秘密」）
(3) 昼頃までに、連続して二十数回も電話がかかってきた。
　　　　　　　　　　　　　　　　　　　（麗羅「怨の複合」）

7章●4　時間関係の副詞　　239

のようなものがこれである。「Nマデ」がその時点まで事態が持続することを表しているのに対して、「Nマデニ」は、その時点までに事態が実現済みであることを示している。「Nマデニ」の「N」が単一事態の実現・終了時点を表している場合は、「正午まで論文を執筆する」「正午までに論文を執筆する」や「3時まで寝る」「3時までに寝る」のように、両者の違いは明瞭である。また、(1)を「*九時半マデ〜殺した」とは言えない。それに対して、繰り返し事態が表現されている場合、持続の終端時点か実現の終端時点かの、基本的な違いは堅持されているものの、繰り返しであることによって、複数事態の実現済みと捉えられるとともに、複数事態の持続とも捉えられ、その差は希薄になる。(3)を「昼頃マデ、連続して二十数回も電話がかかってきた」のようにしても、上述の基本的な違いを保持しながら、あまり差がないあり方で併存しうる。

　さらに、「Nマデデ」の形式でも、
　　(4) 仕事は午後十時までで切りあげ、彼は馴染みのバー「夏子」で今までグラスをかたむけていたのだ。　　　　　　(斎藤栄「江の島悲歌」)
などのように、その時点までに事態が実現済みであることを表している。

【「期間＋デ」と「時点＋デ」】
　ここで、「期間＋デ」の形式をも挙げておく。たとえば、
　　(1) 「一日か二日でかえるんだって」　　(尾崎一雄「虫のいろいろ」)
などがその例である。「彼はあんなに厚い本を一週間で読む」など、持続性を持った事態を含め、これは、事態実現までの時間量を表している。
　時の状況成分の所で触れるべきものであるが、「時点＋デ」をも瞥見しておく。たとえば、
　　(2) 正午で授業の終った土曜日、私はその方へ足を向けてみた。
　　　　　　　　　　　　　　　　　　　　　　(高井有一「北の河」)
などがこれである。この「時点＋デ」は、単なる事態実現の時を示しているのではない。たとえば、「三時に｜彼に会った／彼を見た｜」「*三時で｜彼に会っ

た/彼を見た」」や「先月の三日に報告書を読んだ」「?先月の三日で報告書を読んだ」「先月の三日で報告書を読み終わった」などの、適格性・逸脱性・座りの悪さなどからして、「時点＋デ」は、実現・終了に向かって進展・展開する事態の実現・終了時を表している。このことが、「朝の11時に気温は既に32度だ」と「朝の11時で気温は既に32度だ」にも、その違いとして存在している。後者は、気温上昇の展開を踏まえての事態実現時である。

4.2　時間の中における事態の進展

次に、時間関係の副詞として、時間の中における事態の進展を表す副詞を取り上げる。＜時間の中における事態の進展＞の副詞とは、時間の展開に従って進展していく事態の進展のあり様、そして、そのことを通して、事態の進展の時間的あり方を表すものである。これは、本章では、「次第に、だんだん」「いよいよ、ますます」などの＜進展様態型＞と、「年々」「日毎に」などの＜進展時間型＞とに大きく分けておく。

【進展様態型】

時間の中における事態の進展を表す副詞として、まず進展様態型を取り上げる。＜進展様態型＞は、時間の展開に従って、事態が進展していき、その進展とともに、事態の内実である変化が漸次的に拡大していくことを表しているものである。変化のあり方という点において、様態の副詞的でもある。また、変化の程度性の拡大という点において、程度量の副詞的でもある。これには、

「次第に、次第次第に、だんだん(と)、徐々に、おいおい(と/に)、漸次、…」「いよいよ、ますます、どんどん、少しずつ、…」

などがある。前者は変化の進展性を表し、後者は変化の程度性拡大に関わっている。

例文を少しばかり挙げておく。

（１）　「この生き物としての生態が分かることによって、地震の原因な

　　　　　ども次第にはっきりしてきた」　　　　　（橋本忍「シナリオ・日本沈没」）
（２）　秋が深まるにつれて、次第に私の心からもセキセイインコのことは薄れて行った。　　　　　　　　　　　　　（井上靖「セキセイインコ」）
（３）　軍医生活を送って帰還した今日では、しだいに名探偵としての名声を挙げつつある。　　　　　　　　　　　　　（高木淋光「妖婦の宿」）
（４）　春も次第次第に深まり、…　　（柴田翔「されどわれらが日々―」）
（５）　「家庭に入ってる女は、だんだん女じゃなくなって行くんだって…」
　　　　　　　　　　　　　　　　　　（鎌田敏男「金曜日の妻たちへ(下)」）
（６）　雪の乱舞も、だんだん空恐ろしいものに変わりはじめた。
　　　　　　　　　　　　　　　　　　　　　（草野唯雄「トルストイ爺さん」）
（７）　だんだんと薄暗くなって来た。　　　　（志賀直哉「城の崎にて」）
（８）　事件が展開するにつれて、そのアリバイは徐々に崩れて、…
　　　　　　　　　　　　　　　　　　　　　　　　（斎藤栄「江の島悲歌」）
（９）　中津は…、徐々に逢瀬の間隔をひらくようにした。
　　　　　　　　　　　　　　　　　　　　　（阿部牧郎「やけぼっくい」）

などが、変化の進展性を表す進展様態型の代表的な例である。この類が出現している上掲の例は、いずれも変化を表す事態である。（１）（２）および（４）から（８）までは、主体が変化する事態であり、（３）は、再帰用法の他動詞であり、したがって結果として主体変化を招来するものである。（９）は対象が変化する事態である。また、その変化は持続性を持つものである。変化が持続性を持つことによって、時間の中で持続・展開していく変化は、漸次その変化の度合いを拡大させていくことになる。事態が時間の中で持続・展開していくに従っての、変化の漸次的進展性を表したものが、この類である。変化の漸次的進展性に対応する文末形式が、テクル形―（１）（７）―や、テイク形―（２）（５）―や、ツツアル形（３）などである。

　上で見たように、「次第に」などの進展様態型の副詞が生起する事態は、持続性を持った変化であった。ただ、変化という事態しか取れないわけではない。多くはないが、

(10) 伊波はしだいに先の萩野館での蛙の声のはげしかった夜を思いだしていた。　　　　　　　　　　　　　　　（水上勉「赤い毒の花」）
(11) 彼女は信弘と気まずい沈黙をつづけていることに、だんだん息苦しさをおぼえてきた。　　　　　　　　　（山村正夫「厄介な荷物」）

の「思イ出ス」「息苦シサヲ覚エル」のように、基本的に変化として位置づけることのできない事態をも共起させうる。これらは、変化ではないものの、事態の存続・展開によって、事態の実現度に漸次的拡大の生じるものである。ただ、単なる運動を表す事態には、「*彼は次第に走った」「*A氏はだんだん本を読んだ」のように、このタイプの副詞は共起しない。もっとも、「子供たちが｛次第に／だんだん｝走りだした」のように、繰り返し事態にすれば、事態が塁加性を持つことによって、事態の塁加的側面に漸次的拡大を読み取ることができ、共起は可能になろう。

さらに、例を追加しておく。

(12) 彼が大酋長としていかに有能な政治軍略家であったかはおいおいわかることだ。　　　　　　　　　　　　（小松左京「日本アパッチ族」）
(13) 海の青は追々と明るさを増してくる。　　　（近藤啓太郎「海人舟」）
(14) 江礼は、…中等学校への入学に関心を持ち出した児達が、漸次自分から遠ざかって行くのを、淋しい気持ちで見送って来た。
　　　　　　　　　　　　　　　　　　　　　　（長谷健「あさくさの子供」）

などである。(12)(13)は「おいおい(に／と)」の使用例であり、(14)は「漸次」が出現している例である。

次に、進展様態型の周辺として、変化の程度性拡大を表すことによって、時間の持続・展開の中での、変化の漸次的進展性を表すものに触れておく。例を挙げるに止める。たとえば、

(15) 目つきがますますけわしくなった。　　　（鮎川哲也「急行出雲」）
(16) 同期生は、どんどん減っていった。　　　（森村誠一「紺碧から音信」）
(17) 秋は少しずつ深くなっていきました。　　（遠藤周作「男と九官鳥」）
(18) 妻のからだはいよいよ弱ってきた。　　　　（島尾敏雄「家の中」）

などがこれである。これらに共通して見られるのは、程度量の副詞との密接なつながりである。(15)の「ますます」は累加性と、(16)の「どんどん」や(17)の「少しずつ」は量性と、(18)の「いよいよ」は極限性と、それぞれ深いつながりを有している。

さらに、「次第に」の類に近接するものとして、「みるみる」の例を瞥見しておく。たとえば、

　　(19)　前方上空のごま粒はみるみる拡大してきた。

　　　　　　　　　　　　　　　　　　　　　　(森村誠一「紺碧からの音信」)

などがこれである。これは、漸次的に進展する変化の、その進展の時間的早さを表したものである。また、これには、

　　(20)　金利は金利を呼び、みるみる中に借財はふくれあがっていった。

　　　　　　　　　　　　　　　　　　　　　(石沢英太郎「噂を集め過ぎた男」)

の「みるみる中に」のような派生タイプがある。これが変化の漸次的進展性に関わることは、文末にテクル形・テイク形がよく現れることからも分かる。

【進展時間型】

引き続き、進展時間型と仮称するものを簡単に見ておく。＜進展時間型＞とは、漸次的進展性を持つ事態が展開していく、その時間的あり方を差し出したものである。こちらの方が、時間関係の副詞としての性格を色濃く有している。これには、

「年々、年々歳々、日々、日々刻々と、日毎に、年毎に、日ましに、年とともに、刻々と、刻一刻と、…」

などがある。このタイプは、変化の漸次的進展性の表示に限られているわけではない。変化の漸次的進展性を表すとともに、運動の繰り返しにも使われる―事態の繰り返しを表す用法については、次章でも触れる―。

少しばかり例文を挙げていく。

　　(１)　台湾や韓国からも輸入しているが、年々高くなっている。

　　　　　　　　　　　　　　　　　　　　　　　　(辻原登「村の名前」)

(2) 明子や私たちの痛みは年々私たちだけの問題になりつつある。

(林京子「祭りの場」)

(3) 自然を求めて都会の人々がやって来る。今年も多かった。作法が年々悪くなる。

(天声人語・1992.9.10)

(4) 「…、地球の核は年々歳々大きくなりつつある」

(橋本忍「シナリオ・日本沈没」)

(5) すり抜けるときのなめらかさだけが日々増していき、いまでは摩擦係数はゼロにちかい。

(松村栄子「至高聖所」)

(6) 仲買の者には夢かとおもうほど日々刻々と具体化してきている。

(芝木好子「青果の市」)

(7) 日毎に体力の充ちてくるのが、はっきり判るのだった。

(河野多恵子「蟹」)

(8) その日ばかりではなく父母との不和は日毎につのっていった。

(李恢成「砧をうつ女」)

(9) 加里、燐酸などの肥料の入手は年毎に難しくなってはいたが、…

(東野邊薫「和紙」)

などがこれである。(1)(2)(3)が「年々」の例、(4)が「年々歳々」の例、(5)が「日々」の例、(6)が「日々刻々」の例、(7)(8)が「日毎に」の例、(9)が「年毎に」の例である。上掲の例では、共起している事態は、いずれも漸次的進展性を持った変化である。文末にテクル形やテイク形やツツアル形がよく現れることも、これに関係する。その変化の漸次的進展性を時間的あり方の側面から捉えたものが、上掲の副詞類である。

既に触れたように、このタイプは、それが多いにしても、変化の漸次的進展性に限られるわけではない。運動の繰り返しにも現れる。たとえば、

(10) さらに「思いやり予算」の名目で年々増額を続けてきた。

(朝日新聞・1990.2.17)

(11) …日々職捜しにあけくれている者たちが多いのだ。

(青野聰「愚者の夜」)

 (12) 太平洋から吹き上げてくる軽い風に、<u>日毎に</u>快適な晴天が続いた。
（多田裕計「長江デルタ」）
 (13) <u>年毎に</u>希望が湧いてきた。   （櫻田常久「平賀源内」）

などが、運動の繰り返しに使用されている例である。たとえば、(10)を例に取れば、[増額ヲ続ケル]という運動を「年々」繰り返してきた、ということを表している。

 さらに、進展時間型の例を一二挙げておく。
 (14) <u>日ましに</u>戦死告知がふえてゆくドイツの新聞にも、…
（北杜夫「夜と霧の隅で」）
 (15) 彼女は<u>年とともに</u>情熱と栄華と勢力を加えていき、…
（高木淋光「妖婦の宿」）
 (16) …、ボウーと上部が緑で下部が強い赤色に輝く光塊が現れ、<u>刻々</u>
   <u>と</u>光を増し始める。 （橋本忍「シナリオ・日本沈没」）
 (17) カルジンの体も、その中で<u>刻一刻と</u>冷たくなってゆくだろう。
（草野唯雄「トルストイ爺さん」）

などがこれである。(14)が「日ましに」の、(15)が「年とともに」の、(16)が「刻々と」の、(17)が「刻一刻と」の使用例である。これらも、また、変化の漸次的進展性の時間的あり方を表している。

4.3　起動への時間量

 時間関係の副詞の最後のタイプとして、起動への時間量を表す副詞類を取り上げる。既に触れたように、＜起動への時間量＞とは、事態への取り掛かりまでの時間量、事態が発生・実現するまでの所要時間量に関わるものである。これを、截然と分かたれるわけではないことを前提にしながらも、大きく、[1]「すぐ」「突然」などのように、＜僅少所要型＞を表すもの、[2]「程なく」「おっつけ」のように、＜中期所要型＞を表すもの、[3]「ようやく」「やっと」のように、＜長期所要型＞を表すものに分ける。

【僅少所要型】

　起動への時間量を表す副詞として、最初に僅少所要型に属するものを取り上げる。起動への時間量の中心はこの類にあり、語彙数も他のものに比して格段に多い。＜僅少所要型＞とは、事態の取り掛かり・起動までに要する時間量がきわめてわずかであることを表すものである。これには、
「急に、至急、不意に、いきなり、やにわに、突然、突如、咄嗟に、唐突に、だしぬけに、にわかに、すぐ(に)、じき(に)、直ちに、たちまち、たちどころに、さっそく、即刻、即座に、すかさず、とたん(に)、…」
などがこれである。このタイプの中には、取り掛かりの早さを中心に動きの早さを表す様態の副詞に、近接していくものがある。特に「急に、至急、不意に」などがこれである。

　まず、これから見ていく。例を少しばかり挙げる。
　（1）「いま急に創作集を出すわけに行きませんが、…」
　　　　　　　　　　　　　　　　　　　　　　（上林暁「ブロンズの首」）
　（2）私は交番の前まで来た時、きゅうに小便がしたくなった。
　　　　　　　　　　　　　　　　　　　　　　（木山捷平「耳学問」）
　（3）…山本の顔が、急にふっと眉の根を寄せ、考えこむようにする。
　　　　　　　　　　　　　　　　　　　（橋本忍「シナリオ・日本沈没」）
　（4）「僕は、先生に至急御指示を仰ぎたいことがあったので、今日の
　　　午後二時頃にここへ電話をかけました」
　　　　　　　　　　　　　　　　　　　　（海渡英祐「死の国のアリス」）
　（5）そのとき、不意に肩を叩かれ、振り向くとそこに猿がたっていた。
　　　　　　　　　　　　　　　　　　　　　　（佐野洋「証拠なし」）
　（6）素早く私のそばに歩み寄ると、不意に私の前に恭しく上体を折り
　　　屈めるや否や、…　　　　　　　　　　（北原武夫「男を喰う人妻」）
などがこれである。（1）（2）（3）が「急に」の例、（4）が「至急」の例―類例に「大至急おめにかかりたいといってきた。(小林久三「赤い落差」)」―、（5）（6）が「不意に」の例である。これらは、「素早く」「急いで」のような、動きの

早さを表す様態の副詞に近い所—「彼は｜急に／不意に｜立ち上がった」と「彼は｜素早く／急いで｜立ち上がった」の近似性—を有するものの、やはり異なった類であろう—「＊彼は｜急に／不意に｜食べ切った」と「彼は｜素早く／急いで｜切った」との適格性・逸脱性を参照—。「急に、至急、不意に」などが表すのは、事態の起動までの時間量である。また、「急速に、急激に」なども、僅少所要型の「急に」に近いところがあるものの、別に位置づけておいた方がいいだろう。「急に」が、「彼は急にやせだした」「彼は急に大声で笑った」のように、変化・運動の双方に使えるのに対して、「急速に、急激に」は、「彼は｜急速に／急激に｜やせだした」「??彼は｜急速に／急激に｜大声で笑った」のように、変化動詞では問題ない—したがって、「次第に」などの進展様態型の一類か—ものの、運動動詞では座りが悪い。

　さらに、例文を追加する。たとえば、

（7）　（女は）男たちが近づくと、いきなりヒステリックに叫んだ。
　　　　　　　　　　　　　　　　　　　　　　（草野唯雄「トルストイ爺さん」）

（8）　伊波は激しい衝動にかられた。やにわにうしろから羽搔（はが）いじめにした。
　　　　　　　　　　　　　　　　　　　　　　　　　（水上勉「赤い毒の花」）

（9）　（九官鳥は）中川さんが引きとると突然この言葉を発声したのです。
　　　　　　　　　　　　　　　　　　　　　　　（遠藤周作「男と九官鳥」）

（10）　人事課長の宇佐美木太郎が、突如苦悶し始めた。
　　　　　　　　　　　　　　　　　　　　　（石沢英太郎「噂を集め過ぎた男」）

（11）　青年はぶつかる直前、とっさに車から身を投げだすようにして飛びおりてしまったので、…　　　　　（菊村到「雨の夜、誰かが死ぬ」）

（12）　唐突にその映画の質問をされて、電話の女性が奇妙に印象にのこっていたのだ。　　　　　　　　　　　（小林久三「赤い落差」）

（13）　「あなた、…お子さんにだけはいくら何でも執着がおありでしょう?」千登世は時たまだしぬけに訊いた。　（嘉村礒多「崖の下」）

（14）　みんな、遠慮のない大声でしゃべりあって、セットのなかは…にわかに喧騒をとりもどした。　　　　　（小林久三「赤い落差」）

などがこれである。これらは、いずれも、突然性や唐突性に関わり、事態の起動・取り掛かりまでの所要時間がきわめて少しであることを表している。

次に、僅少所要型の代表的な副詞である「すぐ(に)」について、例を挙げ、少しばかり考察を施す。たとえば、

(15) 「すぐ、日東証券へ行ってくれ」　　　　　(山村美紗「恐怖の賀状」)
(16) 「今申し込んですぐに使えるか」　　　　　(橋本忍「シナリオ・日本沈没」)
(17) 帰京後すぐ、念のため殿村と夏子が勤めていたという私立高校にも照会して見たが、…　　　　　(中薗英助「霧鐘」)
(18) その電話は受話器を上げると、すぐに切れてしまった。
　　　　　(川上宗薫「七色の女」)
(19) 十時二分、すべるように、新幹線は動き出した。すぐ検札が来た。
　　　　　(戸板康二「グリーン車の子供」)
(20) かなり激しく顔を叩いた。すると、すぐに桂子は薄く眼を開け、やがて、ギョッとしたように下から小原の顔を見つめてきたものだ。　　　　　(川上宗薫「七色の女」)

などがこれである。上掲の例から分かるように、「すぐ(に)」は、事態の起動・取り掛かりまでの所要時間量が僅少であることを示している。起動までの所要時間は、起動までの過程であり、事態の発生・出現の準備段階であると捉えられる。したがって、事態の実現・存在のありようの一種である。起動までの所要時間が短ければ、所要時間は、事態そのものに付随する、事態の実現・存在のありようとして捉えられることになろう。「急に」「突然」などでは、この傾向は強い。それとともに、事態起動までの所要時間は、ある基準時や他の事態から、当該事態の発生・出現までの時間間隔でもある。上掲の例では、(15)(16)などが、事態の起動・取り掛かりまでの所要時間量が前面に出ているものである―これにしても、発話時からの時間間隔をも含んでいる―。(17)は、事態起動への所要時間に含めて、「帰京後」という基準時からの事態起動までへの時間間隔が表されている。(18)(19)(20)は、いずれも先行事態との時間間隔が併せて表面化している。(18)では、「ト節」で基準に

7章●4　時間関係の副詞　249

なる起点時点が顕在化しているし、(19)(20)では、先行文の事態成立が基準時をなしている。この種の使い方では、起動への時間量を表す副詞が何らかのあり方で、文と文とをつなぐ役目をも果たしている。また、「すぐ(に)」には、類例として、「今すぐ(に)」「もうすぐ」「すぐさま」「すぐまた」などがある。

　例文のみを今少し追加しておく。

(21) Fホテルは<u>じき</u>にわかった。　　　　　　　　（小林久三「赤い落差」）

(22) 爆弾を投下すると<u>直ちに</u>機首を引き上げ急上昇する。

　　　　　　　　　　　　　　　　　　　　　　（森村誠一「紺碧からの音信」）

(23) …機首を引き上げ急上昇する。<u>たちまち</u>、大地と空が逆転して全身に凄まじい重力がかかる。　　　　　　（森村誠一「紺碧からの音信」）

(24) 「呼びかけると待ちかまえていたようにあのホステスが飛んできた。そして彼女の口から<u>たちどころに</u>11号車の客の所在が判った」

　　　　　　　　　　　　　　　　　　　　　　　　（鮎川哲也「急行出雲」）

(25) 「これから<u>早速</u>電話をかけておきましょう」

　　　　　　　　　　　　　　　　　　　　　（戸板康二「グリーン車の子供」）

(26) 組合がなんといおうと、<u>即刻</u>馘(くび)にしてやる。

　　　　　　　　　　　　　　　　　　　　　　　　（夏樹静子「特急夕月」）

(27) 中西から大至急おめにかかりたいといってきた。吉川は<u>即座に</u>ＯＫした。　　　　　　　　　　　　　　　　　　（小林久三「赤い落差」）

(28) 「彼は手が三本、足が四本くらいの人物となって現れるかもしれん。そこを<u>すかさず</u>捕まえてしまうのだ」

　　　　　　　　　　　　　　　　　　　　　　　　（北杜夫「クイーン牢獄」）

(29) じっとその薄気味悪い畸(きけい)形の足を凝(み)視めていた。<u>とたん</u>、その女は千登世を振り返った。　　　　　　　　（嘉村磯多「崖の下」）

(30) メモしたような走り書きだった。その<u>途端</u>、稔は、はっきりと男の顔を想い出した。　　　　　　　（赤江瀑「八月は魑魅と戯れ」）

などは、いずれも、事態の起動・取り掛かりまでの所要時間量がわずかであ

ることを表している。また、最後の「とたん」などは、事態起動への所要時間量より、先行事態との時間間隔が前面化しているものである。そのことが、(30)のように「その途端」という使い方を招来している。「瞬間」などもこのタイプであろう。

【中期所要型】
　次に、中期所要型に属すると思われるものを取り上げる。＜中期所要型＞とは、事態の起動・取り掛かりまでにそれなりの一定程度の所要時間量が存することを表している。これには、
　「程なく、間もなく、おっつけ、そのうち(に)、近いうちに、やがて、ややあって、しばらくして：四、五日して、数年して、二、三日すると、二、三日たって、十年もたって、…」
などのようなものがある。それなりの一定程度の所要時間量である、ということから、この類の指し表す所要時間量には、かなりの幅がある。「程なく」のような比較的短いものから、「数年して」のようにかなり長いものまで、多岐にわたっている。
　例文を少しばかり挙げていく。たとえば、
　（１）　弟子らしい女性が玄関からでていく。ほどなく襖があいて吟松が入ってきた。　　　　　　　　　　　　　　（鮎川哲也「割れた電球」）
　（２）　「しばらくお待ちになってみたらいかがですか？ほどなくお帰りになるとおもいますけど…」　　　（山村正夫「厄介な荷物」）
　（３）　「では間もなく、東と西にお別れするので御座いますね」
　　　　　　　　　　　　　　　　　　　　　　　　　（大仏次郎「帰郷」）
　（４）　しばらく、自分で咽喉仏をかきむしっていた。が、まもなく、その動作も止めた。　　　　　　　　　　（水上勉「赤い毒の花」）
　（５）　院長先生の一行はもう二時間も前に出発されました。おっつけ駅に到着するころでしょう、という返事である。
　　　　　　　　　　　　　　　　　　　　　　　（北杜夫「楡家の人々」）

（6）　彼は…その死体をゆさぶっていましたが、そのうち今ひとつの恐ろしい事実に気がついたのでした。　　　　　　（高木淋光「妖婦の宿」）

（7）　また近いうちに山を下りてゆくということを言ってやると、女から簡単な返事が来て、…　　　　　　　　　　（近松秋江「黒髪」）

（8）　かなり激しく顔を叩いた。すると、すぐに桂子は薄く眼を開け、やがて、ギョッとしたように下から小原の顔を見つめてきたものだ。　　　　　　　　　　　　　　　　　　（川上宗薫「七色の女」）

（9）　稔は、しばらく呼吸を整え、やがて山荘の建物へしのびよった。
　　　　　　　　　　　　　　　　　　（赤江瀑「八月は魑魅と戯れ」）

（10）　その後しばらくして、いよいよブロンズができて来た。
　　　　　　　　　　　　　　　　　　（上林暁「ブロンズの首」）

（11）　夫は…私に茶碗をつきつけた。三ぜん目。ややあってぽつんと、「ミカちゃんが明日からやめる、というとった」といった。
　　　　　　　　　　　　　　　　（田辺聖子「ほとけの心は妻心」）

などがこれである。（1）（2）が「程なく」の例、（3）（4）が「間もなく」の例、（5）が「おっつけ」の例、（6）が「そのうち」の例、（7）が「近いうちに」の例、（8）（9）が「やがて」の例、（10）が「しばらくして」の例、（11）が「ややあって」の例である。これらの用例の中には、先行事態が基準時となり、それからの時間間隔をも明確に表しているものが少なくない―（1）（4）（5）（8）（11）など―。また、（8）には、「すぐに」という僅少所要型と、「やがて」という中期所要型が、基準時となる先行事態から時間間隔の違いに対応する形で出現している。また、（9）では、中期所要型の「やがて」の表す時間量・時間間隔に対応するものとして、存続量の中程度に属する「しばらく」が使用されている。

　上掲の例では、所要時間量は、形式によって固定的で、その所要時間量もさほど長いものではなかった。それに対して、

（12）　それから、四、五日して、私は塑像を久保君の家に届けた。
　　　　　　　　　　　　　　　　　　（上林暁「ブロンズの首」）

(13) 彼は終戦後もしばらくその島に留まったが、数年して日本へ帰ってきた。　　　　　　　　　　　　（森村誠一「紺碧からの音信」）
(14) …あれだけ勇ましい啖呵(たんか)をきった手前、引くに引けなかったのです。二、三日すると、服部君はもう我慢ができぬと言いだしました。　　　　　　　　　　　　　　　　（遠藤周作「男と九官鳥」）
(15) 私の方は十年もたってその誤りに気付くのだから、いかにもおそい。　　　　　　　　　　　　　　　　　（田辺聖子「気になる男」）
(16) 私は…二日たっても三日たっても具合のわるいのはなおらなかった。　　　　　　　　　　　　　　（田辺聖子「もう長うない」）

などの形式は、構成要素の一部である、数量表現を変更することによって、その所要時間量を自由に変更できるものである。この種のものも、本章では、事態実現までの時間量が長いものであるという意味に、固定されていないことから、中期所要型に所属させておく。

【長期所要型】

　起動への時間量を表す副詞の最後として、長期所要型についてごく簡単に触れておく。＜長期所要型＞とは、事態が長期の時間的経過を経て、起動し実現したと捉えられていることを表している。このタイプは、事態の起動・実現までの所要時間が長期にわたっている、ということを表すだけでなく、それ以上に、事態の起動・実現に至るまでの経過に多大の労力・エネルギーが費やされたという、事態実現までへの心理的な長さ・遥かさとでも言えばよいような、モーダル的な意味合いが表されている。したがって、同じ副詞が使われていても、必ずしも物理的な時間の長さが一致するわけではない。これには、

　「ようやく、やっと、とうとう、ついに、…」

などのようなものが属する。

　例文を少しばかり挙げておく。

　　（１）ずいぶん時間が経ったように思われてから、司まゆみがようやく

あとをつづけました。　　　　　　　（小泉喜美子「冷たいのがお好き」）
（２）　七分あまりたった頃に<u>ようやく</u>女が入ってきた。

（鮎川哲也「急行出雲」）
（３）　さしあたって質に入れられたものを、津島は取り戻そうとした。そして、しまいには自分で金を払って、<u>ようやく</u>取り返すことができた。

（徳田秋声「風呂桶」）

などがこれである。(1)では、「ずいぶんな時間」の経過が「ようやく」として捉えられ、(2)では、「七分あまり」の経過が「ようやく」として捉えられている。また、(3)では、事態実現までの時間の長さより、労力の大変さが表面化している。

　さらに、例を追加する。たとえば、
（４）　李は何度も辞退したすえに、<u>やっと</u>受け取った。（麗羅「怨の複合）
（５）　「わたしも、いま<u>やっと</u>分かりかけてきたのですが」

（中薗英助「霧鐘」）
（６）　久保君は一週間くらい通ったであろう。<u>とうとう</u>塑像は出来上がった。　　　　　　　　　　　　　　（上林暁「ブロンズの首」）
（７）　根気よく被害者の部屋を調べた鑑識課員は、<u>とうとう</u>石上の右手小指と親指の指紋採取に成功した。　（斎藤栄「江の島悲歌」）
（８）　私がこのホテルに勤めるようになってから、もう二十年になる。早いもので、私も頭に半白の霜をいただく年配となり、数代の経営者を送り迎えつつ、<u>ついに</u>支配人の地位についた。

（高木淋光「妖婦の宿」）
（９）　事件が展開するにつれて、そのアリバイは徐々に崩れて、<u>遂に</u>犯人は逮捕されてしまう。　　　　　（斎藤栄「江の島悲歌」）

などが、このタイプの使用例である。(8)のように、事態実現までの所要時間が長い場合にあっても、単なる所要時間の長さだけではなく、それとともに、事態実現までの経過や労力の大変さが含まれている。上掲の例から分かるように、長期所要型の表す意味は、事態実現までの、単なる物理的な所要

時間の長さではなく、事態の起動・実現に至るまでの経過や労力の大変さを通しての、長さである。（7）などは、「根気よく」という表現の共存から、そのことがよく分かる例であろう。

【まだ、もう】
　最後に、「まだ、もう」の類をごく簡単に取り上げる。これらは、事態の起動への時間量を表すわけではないが、これらには、想定された事態が存し、その想定事態との関係において当該事態が描き出されている。想定事態との関係において当該事態を描き出すことから、これらを、基準時となる先行事態との時間間隔をも表しうる起動への時間量を表す副詞について述べた本節で触れておく。
　まず、用例を見てみよう。
　　（1）　陽はもう落ちているが相模湾はまだ明るい。
　　　　　　　　　　　　　　　　　　　　（橋本忍「シナリオ・日本沈没」）
これには、「まだ」「もう」の両者が使われていて、両者の違いを一例で見ることのできるものである。この例を元に、「まだ」と「もう」の表す意味をごく簡単に説明しておこう。「まだ」は、［暗イ］事態を想定していたが、当該事態はそれに至る以前の［明ルイ］という事態であることを表しており、「もう」は、［陽ガ落チテイナイ］事態を想定していたのに対して、当該事態はそれを通り越したその後の事態であることを表している。言い換えれば、「まだ」は、想定事態との関係において、当該事態を、それに至る前の未実現事態として捉えていることを表し、「もう」は、当該事態を、想定事態との関係において、時間の展開の中にあって、その後に出現する事態として捉えている。
　「まだ」や「もう」を共起させる事態は、変化や運動という動的な事態であることが多いが、（1）の「まだ明るい」からも分かるように、静的な事態であってもよい。ただ、その事態が、時間の展開の中で、その事態でないものに変わりうるものでなければならない。その存在が時間的限定を有している事態でなければならない。したがって、

(2) *彼は｛まだ／もう｝日本生まれだ。

(3) 彼は｛まだ／もう｝前科三犯だ。

の(2)のような文は、逸脱性を有している。生まれは、生まれついてしまえば、永遠に変わることがない。(3)が可能なのは、前科は犯罪を重ねることによって、増えていくからである。

まず、「まだ」の例を少しばかり挙げておく。たとえば、

(4) 昨夜からの雨はまだ小やみなく続いている。

(遠藤周作「男と九官鳥」)

(5) 「だって…宏さん、まだ酔ってるでしょ」

(鎌田敏男「金曜日の妻たちへ(下)」)

(6) 久子の顔からは、まだ驚きが去らない。

(鎌田敏男「金曜日の妻たちへ(下)」)

(7) 小原も自分の腕の時計を見た、まだ四時半である。

(川上宗薫「七色の女」)

などのようなものがこれである。これらは、いずれも、想定事態に至る前の未実現事態として差し出されている。(4)を例に取れば、[雨ガ小ヤミナク続イテイル]事態は、想定した事態[雨ガ止ム]に至る前の未実現事態として差し出されている。上掲の例からも分かるように、未実現事態は、現に存在している持続事態であることが多い。そのことが、テイル形や否定形や静的述語を取らせている。しかし、多くはないが、動詞のル形が出現しないわけではない。たとえば、

(8) 「まだ頭が痛むよ」 (遠藤周作「男と九官鳥」)

(9) 「…もう千万円もゆすったあげくにまだゆすると はあつかましい」

(坂口安吾「能面の秘密」)

のようなものがある。(8)は、まだ、治る前の[痛ム]という現存の持続事態がル形で表されているものとして、捉えられるものである。(9)になると、既に、持続というより、引き続いて起こっている事態ではあるものの、当該事態はこれから起こるものである。

次に、「まだ」の類例を挙げておく。
　（10）　州鼻(すはな)通りには、人影が未だ相当あった。

　　　　　　　　　　　　　　　　　　　　　（斎藤栄「江の島悲歌」）
　（11）　今井については…依然アリバイは不明確だが、…

　　　　　　　　　　　　　　　　　　　　　（坂口安吾「能面の秘密」）
などがこれである。(10)が「未だ」の例、(11)が「依然」の例である。いずれも、事態を、想定事態に至る前の未実現事態として差し出している。
　引き続き、「もう」の例を少しばかり挙げておく。たとえば、
　（12）　「これから食うのか、神谷」「いいえ、もう終わりました」

　　　　　　　　　　　　　　　　　　　（鎌田敏男「金曜日の妻たちへ(下)」）
　（13）　浮きみたいな針はもうゆれていなかった。

　　　　　　　　　　　　　　　　　　　　　（庄野潤三「小えびの群れ」）
　（14）　私はもう往来を軽やかな昂奮に弾んで、…歩いていた。

　　　　　　　　　　　　　　　　　　　　　（梶井基次郎「檸檬」）
　（15）　もう寒いから、羽虫の類は見えないが、…

　　　　　　　　　　　　　　　　　　　　　（尾崎一雄「虫のいろいろ」）
　（16）　「もう須藤は四十よ」　　　　　（川上宗薫「七色の女」）
などのようなものがこれである。これらには、いずれも、想定された事態があり、当該事態は、その想定事態が時間の中で展開し、その後に出現した事態として差し出されている。(13)を例に取れば、[ユレテイナイ]という事態は、想定していた[ユレテイル]という事態が展開してしまった後に、出現した事態として差し出されている。上掲の例から分かるように、想定事態の展開・変化後に出現した事態であれば、既実現事態であることが基本であった。ただ、
　（17）　「もう鎌倉へ帰るの?」　　　（鎌田敏男「金曜日の妻たちへ(下)」）
のように、これから実現しようとしている事態を、想定事態の展開・変化後に出現した事態として差し出せないわけではない。
　最後に「もう」の類例を挙げておく。

(18) 陽はまだ昇っていなかったが、夏の夜はすでに明けていた。

(麗羅「怨の複合」)

(19) 街はすでに暗かった。　　　　　　(小林久三「赤い落差」)

(20) 私はもはや、老眼鏡のいる四十二歳であった。

(木山捷平「耳学問」)

などがこれである。(18)(19)が「既に」の例、(20)が「もはや」の例である。いずれも、当該事態を、想定事態が展開してしまった後に出現した事態として差し出している。

　以上、時間関係の副詞ならびに時の状況成分について、なるたけ組織的な分析・記述を目指して、いくらか詳しく見てきた。ただ、述べ残したことも少なくない。

第8章　頻度の副詞とその周辺
●●●

1　はじめに

　この章では、いわゆる頻度の副詞と呼ばれるもの、およびその周辺に位置する副詞的修飾成分を取り上げる。頻度の副詞についての、まとまった研究は、管見のかぎりでは存していない。ここでは、それらがどのような意味―統語的な働きを持った修飾成分なのか、頻度の副詞およびその周辺に位置する副詞的修飾成分には、どのような下位タイプが存し、それらはどういった特性を有するのか、といったことを、少しばかり詳しく見ていくことにする。

　本章で、頻度の副詞とその周辺に位置するもの―便宜これらを合わせて頻度の副詞類と呼ぶことがある―として取り上げる副詞的修飾成分は、

（1）　「曾根の弟の義雄さんは、しょっちゅうお金を借りに来ていたみたいですわ」　　　　　　　　　　（海渡英祐「死の国のアリス」）
（2）　コロンブスの卵のたとえもあるとおり、真に正しい解答とは、しばしば馬鹿らしいほど単純なものである。　（安倍公房「砂の女」）
（3）　二度三度、竹蜻蛉は気持ちよく飛んだ。（日影丈吉「かむなぎうた」）
（4）　室内はふたたび真っ暗になった。　　　（鮎川哲也「割れた電球」）
（5）　年々歳々河川が氾濫するので、低地に巣づくるおびただしいヒバリの雛や卵が流され、また無数の卵がどろをかぶったままになる。
　　　　　　　　　　　　　　　　　　　（仁部富之助「野の鳥の生態・1」）

などのようなものが、それである。頻度の副詞およびその周辺に存する副詞類の特性を、他のタイプの副詞類と比較しながら、まず概略的に見ておくこ

とにする。

（6）　内職の造花つくりをして指先が色紅で<u>真赤に</u>そまっている。

（島尾敏雄「家の中」）

（7）　佳代は<u>グッと</u>ビールを飲み干した。

（鎌田敏男「金曜日の妻たちへ(下)」）

（8）　中津は<u>すこし</u>苛立った。　　（阿部牧郎「やけぼっくい」）

（9）　稔は裏木戸の錠を確かめ、<u>しばらく</u>、その場で闇のなかに突っ立っていた。　　　　　　　　　　（赤江瀑「八月は魑魅と戯れ」）

（10）　<u>ずっと</u>働く気かなどと、ここのうちの人でもなさそうなのにしつこく云う。　　　　　　　　　　　　　　　　　（幸田文「流れる」）

　まず、（6）（7）から見ていく。（6）「指先が…真赤にそまっている」の「真赤ニ」が、いわゆる結果の副詞と仮称されるものであり、（7）「グッと…飲み干した」の「グット」は、様態の副詞と呼ばれるものである。既に見たように、結果の副詞は、動きの結果の局面を取り上げ、動きが実現した結果の、主体や対象の状態のありように言及することによって、動詞の表す動きの行われ方・実現の仕方を特徴づけたものである。それに対して、様態の副詞は、動きの展開過程の局面に内属する側面のありように言及することによって、動きの実現のされ方を特徴づけたものである。両者にはこのような異なりが存するものの、両者は、いずれも、動詞の表す動きの行われ方・実現の仕方を限定し特徴づける、という働きを有するものである。また、（8）「すこし苛立った」の「スコシ」は、程度量の副詞と呼ばれるものであり、程度性・度合い性という側面を有するタイプの動きや状態の、その程度的・度合い的あり方に言及することによって、動きや状態の実現の仕方を限定し特徴づけたものである。さらに、（9）「しばらく…突っ立っていた」の「シバラク」、（10）「ずっと働く」の「ズット」は、時間関係の副詞と仮称するもので、動きや状態に内在している時間的側面の、その時間的ありように言及することによって、動きや状態という事態の実現のあり方を限定し特徴づけたものである。

　上に見たように、これら―（6）から（10）―は、事態に存在している諸側面

の一つを取り上げ、そのありように言及することによって、事態の実現のあり方を限定し特徴づけたものであった。それに対して、(1)「しょっちゅう…借りに来ていた」、(2)「しばしば…単純なものである」、(3)「二度三度…飛んだ」や(4)「ふたたび真っ暗になった」、(5)「年々歳々…氾濫する」の、「ショッチュウ」「シバシバ」「二度三度」「フタタビ」「年々歳々」といった、頻度の副詞およびその周辺に位置する副詞的修飾成分は、事態の内側から、言い換えるなら、事態に内在的に存在している側面を取り上げ、そのありように言及する、というものではない。これらは、事態そのものに内在している側面にではなく、事態の外側から、事態の成立のありようや成立状況を限定し特徴づけたものである。これらの副詞は、事態に対して、おおよそ［義雄サンガオ金ヲ借リニ来テイタコトガ<u>ショッチュウ</u>｛ダ／起コッタ｝］［竹蜻蛉ガ気持チヨク飛ンダコトガ<u>二度三度</u>｛ダ／生ジタ｝］や［河川ガ氾濫スルコトガ<u>年々歳々</u>｛ダ／存在シタ｝］、といった類いの意味的関係を有している。つまり、頻度の副詞およびその周辺に位置する副詞的修飾成分は、事態生起の回数的なあり方から、事態に対して、事態の成立のありようや成立状況を付加し特徴づけたものである。

　さらに、事態の内側からではなく、事態の外側から、事態の成立のありようや成立状況を付加し限定・特徴づけたものには、前章でも見たように、

　　(11)　まっずいなあ、何だろう、<u>最近</u>怒られるようなことしただろうか。
　　　　　　　　　　　　　　　　　　　　　　　（新井素子「正彦くんのお引っ越し」）

の「最近」などのようなものがある。これは、いわゆる時の状況成分と呼ばれるものであり、［怒ラレルヨウナコトヲシタノハ<u>最近</u>ダ］とでも、概略表せるように、その事態の生じた時間位置に言及することによって、事態の外側から、事態の成立状況を付加し限定づけている。頻度の副詞類も、時の状況成分も、事態の外側から事態の成立状況を付加し限定・特徴づけているものの、この二つは異なった類の存在である。事実、この両者は、

　　(12)　「ユリは<u>最近</u>、<u>しきりに</u>胃が変だというんでね、妊娠したのではいかと思っている」
　　　　　　　　　　　　　　　　　　　　　　　　　　　（大庭みな子「三匹の蟹」）

（13）　昨今、環境が回復したという記事がときおり新聞紙上をにぎわし
　　　　ますが、あまり楽観的、希望的にすぎるのではないでしょうか。
　　　　　　　　　　　　　　　　　　　（仁部富之助「野の鳥の生態・1」）
のように、同一の文の中で併存・共起しうる。「シキリニ」「トキオリ」が頻度
の副詞であり、「最近」「昨今」が時の状況成分である。「最近」「昨今」といった
時の状況成分は、[シキリニ胃ガ変ダトイウ][記事ガトキオリ新聞紙上ヲニ
ギワス]という、頻度の副詞の限定・特徴づけを受けた事態に対して、それ
が生じた時間位置を表している—もっとも、前章で述べたように、時の表現
には、状況成分以外に時間関係の副詞があり、多様で、その作用域の相互関
係が上述のようにならない場合も当然ある—。

2　頻度の副詞類のタイプ

　ここでは、頻度の副詞およびその周辺に位置する副詞的修飾成分—頻度の
副詞類—として、本章で取り扱うものの下位的タイプについて、ごく簡単に
触れておく。
　まず、頻度の副詞が上げられる。＜頻度の副詞＞とは、
　（1）　加代：ときどき神主さんの片棒をかついでいるのがこわくなる。
　　　　　　　　　　　　　　　　　　　　　（井上ひさし「闇に咲く花」）
などのように、ある一定の間隔をおいて生起する事態の回数を、ある程度
性・多寡性をもって差し出したものである。これは、言い換えれば、一定の
期間の中で事態がいかほどの回数でもって生起するかということでもある。
　次に、度数の副詞と仮称するものが取り出される。＜度数の副詞＞とは、
　（2）　わたしは奴らに五回捕まった。……。そして五回とも奴らから逃
　　　　げ出すことに成功した。　　　　　（筒井康隆「その情報は暗号」）
などのように、事態の生起・存在の回数（そのもの）を表したものである。
　また、それにつながるものとして、
　（3）　「その霧鐘が突然、また鳴り出したんですよ」（中薗英助「霧鐘」）

などのように、事態の生起・存在が再度のものであることを表す副詞がある——これを＜再発を表す副詞＞と仮称——。

さらに、繰り返し期間の副詞と仮称するものが取り出される。＜繰り返し期間の副詞＞とは、

(4) <u>毎日</u>、その日の日課のように私たちは堀口主任看護婦のすべてをスミズミまでほじくり出して、欠点を並べたてます。

(遠藤周作「男と九官鳥」)

などのように、繰り返し生起する事態の、その繰り返しの単位となる期間を差し出しながら、事態の繰り返しを表すものである。これは、前章で述べた、時の状況成分や時間関係の副詞につながるところを有している。

3 頻度の副詞とは

3.1 頻度の副詞のタイプ

まず、本章の中心的取り扱い対象である頻度の副詞から見ていく。頻度の副詞は、様態の副詞などとは異なって、語彙的に限定を有している副詞類である。極めて少数というわけではないが、かなり数の限られた存在である。頻度の副詞には、「イツモ」「常ニ」「タエズ」「シジュウ」「ショッチュウ」「頻繁ニ」「シキリ{ニ／ト}」「シバシバ」「タビタビ」「チョクチョク」「チョイチョイ」「時々」「時折」「時タマ」「タマニ(ハ)」「マレニ」「メッタニ」などがある。さらに、「ヨク」も頻度の副詞としての用法を持っている。また、「時々」や「時折」につながるものに、「時ニ(ハ)」がある。さらに、「常々」や「サイサイ」「折々」「ママ」なども、頻度の副詞であろう。また、「繁ク」などは、「頻繁ニ」や「シキリニ」と近い使われ方をする。

以下、実例を挙げながら、これらの頻度の副詞を具体的に見ていく。これらは、頻度性の高さという点から、大きく、[1]「イツモ」「常ニ」の類、[2]高頻度を表す「タエズ」「シジュウ」「ショッチュウ」や「ヨク」の類、[3]中頻度に属する「シバシバ」「タビタビ」「チョクチョク」「チョイチョイ」「時々」の類、

[4]そして、低頻度を表す「時タマ」「タマニ(ハ)」「マレニ」「メッタニ」の類に、分けることができよう。また、「時折」は、基本的に中頻度に属すると思われるものの、低頻度に近い存在である―もっとも、この類別は、つながっていくところを有し、非連続に分かれ切っているわけではない―。さらに、これら全体から異なるものとして取り出される「シキリ{ニ／ト}」があり、高頻度を表しながら「シキリ{ニ／ト}」につながるものとして、「頻繁ニ」がある。

3.2 「イツモ」「常ニ」の類

まず、「イツモ」「常ニ」の類から見ていく。実例を挙げておこう。

（１）　「そういう風に生きたいといつも考えています。いっぱいいろんな事があっても、取り込み方によって、どんどん幸せになれるから」
　　　　　　　　　　　　　　　　　　　　　　（アエラ・1993.5.25）
（２）　彼はいつも夕ぐれどきに、自分の家を出てから、西の方に大きな楕円を描くように散歩した。　　（清岡卓行「アカシアの大連」）
（３）　「それに似たことを言ったわよ。だいたい、あなたはいつもサチにひどいのよ」　　　　　　　　　　（加藤幸子「夢の壁」）
（４）　平尾「強い者が弱い者を食いものにして大きくなっていく社会だ。強者は常に弱者を支配している」　（中島丈博「シナリオ・郷愁」）
（５）　稲垣：左目が悪い。そのためにゴロは常にからだの右側で捕った。
　　　　　　　　　　　　　　　　　　　　　　（井上ひさし「闇に咲く花」）
（６）　私の酒は常に冷やであった。　　（山口瞳「酒呑みの自己弁護」）

などが、「イツモ」「常ニ」の例である。ここで、この類、さらに頻度の副詞の特性を考えるために、例文（１）「そういう風に生きたいといつも考えています」と、この文の「イツモ」を「ズット」に変えた、

（７）　そういう風に生きたいとずっと考えています。

とを比べてみよう。ともに、ある時間幅を事態が継続して―切れ目なく―占めていることを表しているように見えるが、例文（１）はそうではない。

(8) ??さきほどからそういう風に生きたいといつも考えています。
(9) さきほどからそういう風に生きたいとずっと考えています。

始まりの時点を表す「サキホドカラ」などの語句を付け加えると、「イツモ」と「ズット」で適格性が変わってくることが分かる。「ズット」は問題なく適格であるが、「イツモ」を伴う(8)は、逸脱性を帯びてしまう。「イツモ」が存在しながら適格であるためには、「少年の頃からそういう風に生きたいといつも考えています」のように、間隔を置きながら――事態が生じていない時間を含みながら――事態が複数回生じ存在しうるほど、始まりの時点が離れていなければならない。「イツモ」や「常ニ」は、事態が継続していることを表しているわけではない。問題になる間隔・インターバルのどれを取ってみても、事態が存在していることを表しているのである。頻度の副詞にとって、間隔・インターバルの存在は不可欠である。頻度の副詞にあっては、事態は、事態の不在に挟まれて一定の間隔を置き、生起するのである。事態の生起・存在が一定の間隔を置いてのものであることが、よく分かる例に、

(10) ある別荘地の朝。林のなかの小道を、エヌ氏はひとりで散歩していた。彼は大きな会社の経営者だが、週末はいつも、この池でくつろぐことにしているのだ。　　　　　　　　（星新一「ボッコちゃん」）

などがある。「週末」という生起間隔を作り出す語句が出現しており、その生起間隔のどれを取ってみても、事態が生じ存在していることを表しているのが、例文(10)である。

　事態が、事態の不在を挟み一定の間隔を置いて、生起・存在するということは、事態が数えられる存在として存する、ということでもある。また、事態が繰り返し反復される、ということでもある。繰り返され反復し、その生起回数を数えうる事態は、事態そのものが、始まれば終わるという、存在する時間の限界を持っているのが、通例である。つまり、いわゆる＜動き＞に分類される事態である。事実、頻度の副詞の生起する事態は、動詞述語しかも動きを表す動詞述語によって、形成されていることが多い。もっとも、事態そのものが内的な存在時間の限界性を持たないものであっても、つま

り、あり様の同質的な広がりである＜状態性＞の事態であっても、ある間隔でのその事態の存在を取り出し認定することによって、事態は、繰り返され数えられるものになる。したがって、多くはないものの、形容詞述語や名詞述語で形成された事態にも頻度の副詞が出現する、ということが起こってくる。

頻度の副詞の、状態性の事態への出現は、頻度の副詞によって、出現のしやすさが異なっている。「イツモ」「常ニ」は、状態性の事態をよく取る頻度の副詞である。それが、また、「イツモ」「常ニ」を、他の類の頻度の副詞から分ける一つの特性でもある。たとえば、

(11) 「お兄さんたち、朝はいつもひどく御機嫌わるいの。気に入らないと、きっと会議を招集して、あなたを不利な立場におとしいれるわ」
　　　　　　　　　　　　　　　　　　　　　（安倍公房「闖入者」）

(12) 白石少尉は、いつもビリだった。
　　　　　　　　　　　　　　　　　　　（古山高麗雄「プレオー８の夜明」）

(13) 母がいなくなってから、夕食はいつも父が持ち帰る折り詰めだ。
　　　　　　　　　　　　　　　　　　　　　　（安倍公房「飛ぶ男」）

(14) そしてあの幽鬼のようなすり鉢型の山の姿は、いかに山々がせまっても、やはりあらゆる山々の上に常にそびえていた。
　　　　　　　　　　　　　　　　　　　（小松左京「ホクサイの世界」）

(15) 雄物川の支流、玉川河原は、私には重要なコマドリの観察地の一つであるが、その河原の一部は、地勢の関係でつねに風は強い。
　　　　　　　　　　　　　　　　　　　（仁部富之助「野の鳥の生態・１」）

(16) 死は生物の宿命とはいえ常に不意うちだ。　（大岡信「折々の歌」）

などが、状態性の事態を取った「イツモ」「常ニ」である。(11)から(16)は、いずれも、名詞や形容詞さらに状態動詞、といった状態述語によって構成されている。

「イツモ」や「常ニ」は、問題にしている間隔・インターバルのどこを取っても、事態が存在していることを表しているのであって、生起・存在する事態

と事態との間隔が短いことを表しているのではない。言い換えれば、間隔の時間的隔たりには関わらない。したがって、「ここ十数年は<u>ときたま</u>にしか会わないが、<u>いつも</u>この場所で会う」のような表現が可能になる。「トキタマ」と捉えなければならない間隔の空きであっても、その間隔の総てにおいて事態が存在することによって、「イツモ」が共起可能になる。それに対して、「??ここ十数年は<u>ときたま</u>にしか会わないが、<u>しょっちゅう</u>この場所で会う」は、意味的に矛盾を含む表現である。これは、「トキタマ」と「ショッチュウ」が、ともに、一定期間における事態生起の回数性に関わり、その回数の多寡において、両者が異なっているからである。上で見たように、「イツモ」や「常ニ」は、間隔の時間的隔たり、したがって、生起回数の絶対的な多数性には、関わらなかった。それに対して、高頻度を表す頻度の副詞や、中頻度に属する頻度の副詞、および低頻度を表す頻度の副詞は、一定期間における事態の回数の多寡を表している。一定期間における事態の回数の多寡を表しているということは、見方を変えれば、間隔の時間的隔たりの短さ・長さを表しているということでもある。

3.3 高頻度を表す副詞

上述したように、「イツモ」や「常ニ」が、高頻度・中頻度・低頻度を表す頻度の副詞類に対して、タイプの異なった頻度の副詞として、まず、取り出された。ここで、高頻度・中頻度・低頻度を表すタイプに移ろう。まず、高頻度を表す頻度の副詞について、実例を挙げておく。高頻度に属する頻度の副詞には、「タエズ」「シジュウ」「ショッチュウ」「ヨク」があった。

（1）「一寸先は闇」といいながら、人間は<u>たえず</u>未来の青写真を描く。

(朝日新聞・1985.5.24)

（2）…廊下では、その時間中<u>たえず</u>一人の人間が監視していた。

(高木淋光「妖婦の宿」)

などが、「タエズ」の使われている例である。そして、

（3）ホテルとしての効率がわるいため、経営のことで、<u>始終</u>ごたごた

　　　　している。　　　　　　　　　　　（山口瞳「酒呑みの自己弁護」）
（４）　ずいぶん酔ったが、町子のことが始終念頭からはなれなかった。
　　　　　　　　　　　　　　　　　　　　（阿部牧郎「やけぼっくり」）
などが、「シジュウ」を含む例である。また、

（５）　「割安・割高」という言葉が、株の世界ではしょっちゅう使われる。
　　　　　　　　　　　　　　　　　　　　　　（朝日新聞・1989.3.13）
（６）　「僕はちょうどその時、渋谷署にいたんだけども、…、そうする
　　　　と、しょっちゅう彼女が僕の受け持ちになったんで、やってきたわ
　　　　けです」　　　　　　　　　　（新藤兼人「シナリオ・さくら隊散る」）

などのようなものが、「ショッチュウ」の出現している例である。さらに、

（７）　石上は職業柄、よく本を読む。　　　　（斎藤栄「江の島悲歌」）
（８）　「これは…、門灯や街路灯などに最近よく使われていますよ」
　　　　　　　　　　　　　　　　　　（山村直樹＋中野信「旅行けば」）
（９）　自分はよく怪我のことを考えた。　　（志賀直哉「城の崎にて」）

などが、「ヨク」が頻度の副詞として使われている例である。これらの頻度の副詞は、いずれも、事態が高頻度に繰り返され反復することを表している。高頻度を表す「タエズ」「シジュウ」「ショッチュウ」「ヨク」の中にあって、「タエズ」は少し異なったところを有している。「いつもたえず体を動かしていないと調子が出なかった」と「?いつもしょっちゅう体を動かしていないと調子が出なかった」には、微妙ではあるが、適格性・逸脱性に差がある。「タエズ」は、「いつもしきりに目をしばたたかせていた」につながるところを有している。さらに、「シキリニ」は、頻度の副詞ではあるものの、「さかんに目をしばたたかせていた」につながる、事態ではなく、事態を組み立てる動作の多回性に関わるといった様態の副詞への傾きが存する。

3.4　中頻度を表す副詞

　引き続き、中頻度に属すると思われる頻度の副詞の実例を見ておく。既に触れたように、中頻度のタイプに属すると思われるものには、「シバシバ」

「タビタビ」「チョクチョク」「チョイチョイ」「時々」などがある。たとえば、

(1) 実際にその調査にあたってみると、しばしば、いろいろの難関に遭遇する。　　　　　　　　　　(仁部富之助「野の鳥の生態・1」)

(2) 折口信夫は、民俗資料採集のためしばしば山間離島を旅した。
　　　　　　　　　　　　　　　　　　　　　(大岡信「折々の歌」)

(3) (北村は)金利に追われてふところは苦しく、英子からしばしば急場凌ぎの金を借りていた。　(川辺豊三「公開捜査林道」)

などが、「シバシバ」が使用された例である。そして、

(4) 公正な選挙が行われれば、同候補が10％の差で勝つ、との見通しも出ているぐらいだ。フィリピンでは、過去の選挙の不正がたびたび指摘されている。　　　　　　　　(朝日新聞・1986.2.4)

(5) 私は、それまでにも、たびたび同じようなことを経験していた。
　　　　　　　　　　　　　　　　　　　(山口瞳「酒呑みの自己弁護」)

などが、「タビタビ」の共起している例である。また、

(6) 「あのメンバーで、僕達、ちょくちょく遊びにでるからな…」
　　　　　　　　　　　　　　　　　　　(赤江瀑「八月は魑魅と戯れ」)

(7) 「あの男はね、前にちょくちょくうちにも来てたのよ」
　　　　　　　　　　　　　(中島丈博「シナリオ・おこげOKOGE」)

などが、「チョクチョク」の出現例であり、

(8) ぼくみたいな初年兵が、その後も、ちょいちょい、このドラム罐のアルコールを飲んでいたということはあるまい。
　　　　　　　　　　　　　　　　　　　　　(田中小実昌「魚撃ち」)

などが、「チョイチョイ」の使用例である。そして、

(9) 探偵「旅行なんか行かなくてもいい。時々会ってくれればいい」
　　　　　　　　　(荒井晴彦「シナリオ・ありふれた愛に関する調査」)

(10) 黄土色の水面を持ちあげて魚がときどき跳ねた。
　　　　　　　　　　　　　　　　　　　　　　(加藤幸子「夢の壁」)

(11) ＜何か石油の井戸のようなデザインの鉄骨が組んであって、上の

方で時々炎が燃えあがっていた＞
　　　　　　　　　　　　　　　　　　(庄司薫「赤頭巾ちゃん気をつけて」)
などが、「時々」が使われている例である。「トキドキ」は、「イツモ」とともに、使用例の多い頻度の副詞の一つである。
　頻度の副詞の中心は、中頻度を表すこれらであろう。語の数も使用例も多い。中頻度に属するこれらの副詞は、それが表す頻度性が他の類とは異なっていることによって、高頻度や低頻度に属する頻度の副詞と違った文法的な振る舞い方を呈する。ここでは、高頻度の副詞との異なりを少しばかり見ておく。たとえば、高頻度に属する副詞は、それらの表す頻度性が高頻度であることによって、「次から次へとしょっちゅう人が来る」のように、ひっきりなしであることを表す「次カラ次ヘト」という語句と共起するが、中頻度の副詞は、それが表す頻度性のあり方からして、「??次から次へと｛しばしば／時々｝人が来る」のように、意味的に不整合が生じ、その共存には逸脱性が生まれる。

　また、
　　(12)　追突事故を起こしてから四年半もたったというのに、いまも時折、腕や肩がしびれたり痛んだりする。　　　　(朝日新聞・1993.8.12)
　　(13)　チョウ・ヨンピルの歌を東京・中野のホールで聴いた。約2時間、聴いているほうもくたくたになるほどの熱唱で、時折胸が熱くなった。　　　　　　　　　　　　　　　　　　(天声人語・1987.3.2)
などのようなものが、「時折」が生起している例である。「時折」は、どちらかと言えば、中頻度に属するものの、その頻度性は高くなく、低頻度に近い存在であろう。「そんな事が起こるのは、しばしばではなく、たまにだ。」は、ごく自然であると思われる。それに対して、「?そんな事が起こるのは、時折ではなく、たまにだ。」は、前例に比して自然らしさが落ちる。これは、「タマニ」の表す頻度と「シバシバ」の表す頻度には、それなりの差があるのに対して、「時折」では差が少ないからであろう。

さらに、「時ニハ／時ニ」は、中頻度から低頻度へと歩を進めたところに位置する存在である。たとえば、

(14) 悪寒がやむと、<u>ときには</u>四十一度をこす高熱がでてくるが、…
(田中小実昌「魚撃ち」)

(15) (この女性は)<u>時に</u>とっぴな行動にでるが、嫌味なところは少しもない。
(小林久三「赤い落差」)

のようなものが、「時ニハ／時ニ」の使用例である。これが、典型的な低頻度の副詞よりは、頻度性が高いものの、中頻度と低頻度の間に位置するような頻度性を表している。そのことは、

(16) 女はその後、柏木重男の入院中、<u>ちょくちょく</u>、見舞いにきて、<u>時には</u>私とぶつかることもあった。　　(田辺聖子「かんこま」)

のような例がよく示しているであろう。「チョクチョク」と「時ニハ」の共存から、「時ニハ」が、「チョクチョク」という中頻度の中に収まりきる頻度である、ということが分かる。

3.5　低頻度を表す副詞

引き続き、低頻度に属する頻度の副詞を見ていく。低頻度に属する副詞には、「時タマ」「タマニ(ハ)」「マレニ」「メッタニ」がある。まず、「時タマ」から実例を挙げる。たとえば、

(1) 社会に巣立ち、全国に散っていった、かつての常連たちが<u>ときたま</u>店を訪れる。
(天声人語・1986.11.6)

(2) 千登世は<u>時たま</u>だしぬけに訊いた。　　(嘉村礒多「崖の下」)

などが、「時タマ」の使われている例である。そして、

(3) 中村「…<u>たまには</u>いい事を言いますね…ボクも…」
(じんのひろあき「シナリオ・桜の園」)

(4) 三上「<u>たまには</u>引けよ、押してばかりじゃ男は疲れるんだよ」
(坂元裕二「シナリオ・東京ラブストーリー」)

(5) 「父親は、<u>たまに</u>そんなことを漏らしていたけど、でも母親に言

　　　　わせると、大違い…」　　　　　　　　　　　　　（安倍公房「飛ぶ男」）
などのようなものが、「タマニ」が出現している例である。また、

　　（6）　ひとつの決断が、国の空気をがらりと変える。そんなことが政治
　　　　の世界でまれに起こる。　　　　　　　　　　（朝日新聞・1988.6.30）
　　（7）　まれに、彼はあの谷底の出来事を思い出した。（古井由吉「杳子」）
などが、「マレニ」の使用されている例である。さらに、

　　（8）　デスクワークがもっぱらで体をめったに動かさない。
　　　　　　　　　　　　　　　　　　　　　　（市野義夫「産業医からの警告」）
　　（9）　銀色のタマゴはずっと待ちつづけていた。砂漠地方なので、めっ
　　　　たに雨は降らなかった。　　　　　　　　　　（星新一「ボッコちゃん」）
などが、「メッタニ」が生起している例である。「メッタニ」は、よく知られて
いるように、文末に否定形式を要求する。これもまた、用例を少し集めれば
すぐに気づくことではあるが、「タマニ」は、例文（3）（4）のように、「タマ
ニハ」で使われることの方が普通でかつ多い。また、「マレニ」がよく出現す
る構文は、「ことしのソ連はまれにみる豊作だった。（朝日新聞・1990.9.23）」
のようなフレーズである。

　これら「時タマ」「タマニ（ハ）」「マレニ」「メッタニ」といった副詞は、いずれ
も、事態の繰り返し・反復の頻度性が低いことを表している。事態の繰り返
し・反復の頻度性が低いことを表していることによって、これらの頻度の副
詞には、

　　（10）　東京行きの列車すら時たまにしか走らない。
　　　　　　　　　　　　　　　　　　　　　　（市野義夫「産業医からの警告」）
　　（11）　大阪の局は、たまにしかドラマをやらなかったんですね、当時は。
　　　　　　　　　　　　　　　　　　　　　　　　　　　（「向田邦子対談集」）
　　（12）　ぬれた傘はできるだけ手もとに引きつけて、他人の迷惑にならな
　　　　いようにするのが基本だろう。しかし近ごろでは、そんな配慮はま
　　　　れにしか見られない。　　　　　　　　　　　（朝日新聞・1985.6.9）
のように、取り立て助辞の「シカ」が後接しうる。「シカ」が後接しうるのは、

「シカ」が、「百人しか集まらなかった」の例から分かるように、数量などを少ないものとして捉える、という意味を有している、ということに関わっているのであろう。高頻度を表す「タエズ」「シジュウ」「ショッチュウ」「ヨク」が「シカ」を後接させえないことは、明らかである。また、中頻度を表す「シバシバ」「タビタビ」「チョクチョク」「チョイチョイ」「時々」も、「シカ」を後接させることは困難だろう。後接が可能であるという判断が出てくるかも分からない「時々」にしても、手持ちの実例では、後接の例はない。芥川賞全集に収録されている作品や推理小説やシナリオなどから取った手持ちの225例の中に、「シカ」を後接させた例は一例もない。それに対して、低頻度を表す「時タマ」「タマニ(ハ)」「マレニ」は、「時タマシカ」「タマニシカ」「マレニシカ」のように、「シカ」の後接が起こりうる。既に文末に否定形式を取っている「メッタニ」に対しても、「そんな出来事はめったにしか起こらない」のように、「シカ」が後接しうる—「マレニ～Vスル」「マレニシカ～Vシナイ」「メッタニ～Vシナイ」「メッタニシカ～Vシナイ」の四形式の相互関係には、注意すべきところがある。これら四形式は、「｛??来ないとはいえないが／??来ることは来るが｝、彼はまれに来る」「｛来ないとはいえないが／来ることは来るが｝、彼はまれにしか来ない」「｛??来ないとはいえないが／来ることは来るが｝、彼はめったに来ない」「｛来ないとはいえないが／来ることは来るが｝、彼はめったにしか来ない」のような、相互関係を有している。「マレニシカ～Vシナイ」と「メッタニシカ～Vシナイ」が同じ方向性から捉えているものである、ことが分かろう—。

3.6 状態性の事態と「シキリ{ニ／ト}」

既に実例を挙げながら触れたように、「イツモ」や「常ニ」は、状態性の事態を比較的容易に取りうる頻度の副詞であった。それに対して、事態の生起間隔の長短に関わる頻度の副詞は、状態性の事態を取りえないわけではないが、稀である。たとえば、

（1）　もっと金がほしい、名誉がほしい。うまいものが食いたい…。こ

れは現代日本の風景そのものではないか。これを願わぬ者は時代お
くれのダサイ連中だ、と狂ったような欲望に、われわれは駆り立て
られている。そしてたえず不安で、むなしい。

(天声人語・1989.3.18)

（２） 山形出身の運転手さんのタクシーに乗り合わせた。「子供のころ
は、朝窓を開けると、しょっちゅう背丈ほどの積雪でした。それが
今は、正月に帰省するたびに雪が少ないんです」

(天声人語・1992.3.5)

（３） クリントン米大統領は、まさかあの発言が表ざたになるとは思っ
てもみなかったろう。「日本人のイエスは、しばしばノーのこと」と
ロシアに助言した。　　　　　　　　　　　　(朝日新聞・1993.4.8)

（４） 主婦B「佐代ちゃん、ママ好き?」／佐代「時々怖いけど…好きに
なった」　　　　　　　　　　　　　(旭井寧㟁「シナリオ・宇宙の法則」)

（５） 常用茶の研究家で、自分でもお茶作りもする小川八重子さんは、
厳しい。「たまにおいしいものがありますが、いただけないものが
多い」　　　　　　　　　　　　　　　　　　　(アエラ・1993.5.25)

（６） これほどグロテスクな場面はそうめったにないだろう。

(安倍公房「飛ぶ男」)

などが、その例である。（５）（６）は、存在という状態性の事態を取っている
例である。状態性の事態を稀にしか取らないということは、見方を変えれ
ば、状態性の事態を稀には取るということである。事実、「彼はしょっちゅ
う優しい」「僕はしょっちゅうお腹が痛い」や「彼は時々優しい」「僕は時々お腹
が痛い」や「彼はたまに優しい」「僕はたまにお腹が痛い」などのように、事態
の生起間隔の長短に関わる頻度の副詞には、状態性の事態が出現しうる。頻
度の副詞に状態性の事態が出現可能になるのは、既に述べたように、頻度の
副詞によって、事態の生起・存在をある間隔において認定することになるか
らである。したがって、状態性の事態を出現させない（ないしはきわめて困
難な）ものがあれば、それは、頻度の副詞の中で、少しタイプの異なったも

のである、ということになろう。「シキリ{ニ／ト}」は、そのようなものである。たとえば、「シキリ{ニ／ト}」は、

(7) 「ユリは最近、しきりに胃が変だというんでね、妊娠したのではないかと思っている」　　　　（大庭みな子「三匹の蟹」）

(8) 黙って私といっしょに歩いてきた死というもの、そいつの相貌が、このごろなにかとしきりと気にかかる。

（尾崎一雄「虫のいろいろ」）

(9) 仏間。拝み屋が、しきりにお経を唱えている。

（石堂淑朗他「シナリオ・黒い雨」）

(10) 黄色い頰のとがった学生が激しい弁舌をふるっている前で、目の小さな肥えた娘が、しきりに顔にかかる唾をぬぐっていた。

（安倍公房「デンドロカカリヤ」）

などのように使われる。(7)(8)などは、事態の繰り返し・反復が明確な例である。つまり、頻度の副詞としての用法である。(8)は「シキリト」の例である。それに対して、(9)(10)は、事態の繰り返しなのか、事態を構成している動作の繰り返しなのかが、はっきりしがたい例である。「シキリ{ニ／ト}」は、頻度の副詞としての性格を有しながら、一方では動作の量性・多回性に関わる様態の副詞への傾きを有している。様態の副詞への傾きを有している「シキリ{ニ／ト}」が状態性の事態を取りえないことは、「*彼はしきりに優しい」「*僕はしきりにお腹が痛い」の逸脱性から明らかであろう。属性を表す「優シイ」だけでなく、時間幅を持ってしか存在しない状態を表す「痛イ」にあっても、「シキリ{ニ／ト}」の出現は無理であろう。

また、「シキリ{ニ／ト}」に近づいているものに、

(11) お洒落の彼だから、頻繁に整髪をするらしいのだ。

（鮎川哲也「割れた電球」）

(12) 東独、チェコ、ルーマニア、それにブルガリアの間では、このところ党・政府要人がひんぱんに往来している。

（朝日新聞・1989.7.2）

のような、「頻繁ニ」がある。「頻繁ニ」は、基本的に事態の繰り返しを表すが、典型的な頻度の副詞から少しずれている。「頻繁ニ」のこのような性格は、「頻繁に手を動かしている」と「時々手を動かしている」を比べてみることによって分かろう。「頻繁ニ」の出現している文にあっては、多回的動作によって形成された一つの事態という読みが可能になってくる。

　ここで、使用頻度数の多くない周辺的な頻度の副詞について、実例のみを挙げておく。

(13)　青木の愛人が<u>常々</u>はいていた可憐な女靴が急ぎ足に脱いであったので、…　　　　　　　　　　　　　　　　　　　　(井伏鱒二「鯉」)

(14)　英子の部屋に最も<u>繁く</u>出入りしている美和子が、…すぐかけつけた。　　　　　　　　　　　　　　　　　　　(川辺豊三「公開捜査林道」)

(15)　科学技術庁長官「…。むしろこうなったら、さっきからも<u>際々</u>いっているように、外国にスッパ抜かれたほうが混乱は遥かにずっーと大きくなる」　　　　　　　　　　　(橋本忍「シナリオ・日本沈没」)

(16)　東京行の家具調度を満載した荷馬車が、<u>おりおり</u>木の間をとおして見られるが、…　　　　　　　　　　　(正宗白鳥「戦災者の悲しみ」)

(17)　代々の広正は、まま快心の刀をもとめるときは、古法にしたがい、…<u>玉鋼</u>（たまはがね）までみずからおろす念のいれかただった。
　　　　　　　　　　　　　　　　　　　　(大河内常平「安房国住広正」)

　以上、頻度の副詞をいくつかのタイプに分けながら、それらの特性について簡単に見てきた。ここで、とりあえず頻度の副詞の規定を行っておく。＜頻度の副詞＞とは、一定期間内に、ある間隔を置いて生起する事態の生起回数のあり方を多寡性をも含めて表す副詞である、とでも規定できるだろう。

4　度数の副詞

　次に、本書で度数の副詞と仮称するものについて見ていく。とりあえず、ここでは、＜度数の副詞＞を、事態の生起・存在の回数を表した副詞である、と規定しておこう。度数の副詞は、既に触れたように、頻度の副詞とともに、事態の外側から、事態生起の回数的なあり方の点において、事態に対して、事態の成立のありようや成立状況を付加し特徴づけたものである。既に見たように、頻度の副詞は、ある間隔を置いて生起する事態の生起回数の多寡性を語るのみで、事態生起の回数を具体的に述べているわけではない。言い換えれば、事態生起の回数の全体量を語っていない。事態生起の回数は、開かれていて限界づけられていない。それに対して、度数の副詞では、事態生起の回数の全体量や絶対数が語られている。言い換えれば、事態生起の回数は、閉じられていて限界づけられている。この点は、頻度の副詞と度数の副詞との性格の重要な異なりである。

　上述のような、性格を持つ度数の副詞は、大きく二つのタイプに分かれる。一つは、事態生起の回数は限界づけられてはいるものの、その絶対数は不定である、という類である。それに対して、もう一類は、事態生起の回数の絶対数を、概括的である場合があるにしても、指し表しているタイプである。

4.1　絶対数の不定の度数の副詞
　まず、絶対数が不定である類から見ていく。
　（１）　「同じ夢ばかり見るんです、朝から何度も」
　　　　　　　　　　　　　　　　　　（唐十郎「佐川君からの手紙」）
　（２）　同大統領は現憲法の「１期だけ」という規定に従い、未練なく退陣することを何度も表明している。　　　（朝日新聞・1987.3.9）
　（３）　「あの男はそういう仕事の天才。あたしのディレクターが、占領時代に北海道で仕事をしたとき、何度か使ってますの。」

(中薗英助「霧鐘」)

(4) 三上「おまえが勝手に誤解していただけだからな、<u>何回も</u>言ったけど」／さとみ「<u>何回も</u>聞いた」

(坂元裕二「シナリオ・東京ラブストーリー」)

(5) 「いままでに<u>何回か</u>診察してもらいました。そして、少しもおかしい所はないと言われているのです」　　(星新一「ボッコちゃん」)
(6) 私は…、無花果の葉を<u>幾度</u>もつまみあげてみた。(井伏鱒二「鯉」)
(7) 石上が真夜中に、大野木アキコの部屋に出入りするのを、アキコの隣室に住む主婦が<u>いくどか</u>確認していた。

(斎藤栄「江の島悲歌」)

などが、それである。これには、「何〜」という形式を持つものと、「幾〜」という形式を持つものがある。「何〜」のタイプが(1)から(5)の例であり、「幾〜」が(6)(7)の例である。「何〜」には、「何度モ」「何度カ」「何回モ」「何回カ」があり、「幾〜」には、「幾度(ド/タビ)モ」「幾度(ド/タビ)カ」がある。さらに、「わたしは<u>何度となく</u>シャツの袖口をまくって腕時計をみた。(鮎川哲也「割れた電球」)」のように、「何度トナク」「何回トナク」「幾度トナク」といった形式も存する。また、「Xモ」型は、事態生起の回数を多い回数として捉えており、この類には、「<u>何度も何度も</u>宮本は笑った。(アエラ・1993.5.25)」のような、多回性を強調する繰り返し形式が存在する。それに対して、「Xカ」型は、事態生起の回数を多数として捉えているわけではなく、「彼は何回か何回か試みた」のような例が無いとは言えないものの、存在しても繰り返し形式は稀である。さらに、次に述べる絶対数を指し示すタイプには、繰り返し形式は生じない―「<u>三度三度</u>白い飯を喰う」ような特例がないわけではないが―。

「モ」や「カ」を伴わない「何{度／回}」や「幾度」は、疑問詞である。通例の使用にあっては、「先月何度彼に電話した?」のように、回数を尋ねても、事態の回数を表してはいない。これらの疑問詞が、度数の副詞相当として機能するには、

（8） 田辺澄子の家へ連絡しようとしたが、何度電話をかけても応答がなかった。　　　　　　　　　　　　（海渡英祐「死の国のアリス」）
（9） 電車の座席に腰をおろして山手線をぐるぐる廻りながら、何度そう後悔したことだろうか。　　　　　（鮎川哲也「割れた電球」）

のような、ある種の構文環境が必要になる。この種の疑問詞が度数の副詞相当として機能するのは、「〜シテモ、」に代表される逆条件節(譲歩節)や、「〜コトダロウカ」のような感嘆の文においてである。

4.2　絶対数指示の度数の副詞

次に、絶対数を指し示すタイプの度数の副詞を、実例を挙げることを中心にしながら、見ていくことにする。このタイプに属する度数の副詞は、語彙的に制限がない。原理的にその数には限界がない。まず、概括的把握を含むものから見ていく。

（1） 十代のころに江戸と萩のあいだを数度往復したというから、…
　　　　　　　　　　　　　　　　　　　　　　　　（司馬遼太郎「街道をゆく1」）
（2） 雄物川と玉川の合流点へは数回連れて行かれました。
　　　　　　　　　　　　　　　　　　　　　　　　（仁部富之助「野の鳥の生態・1」）
（3） 午前九時ごろ、109円台半ばの水準で、ニューヨーク連銀が円売り・ドル買いの市場介入に入り、その後も規模は小さいながら、小刻みに十数回実施している。　　　　　　　（朝日新聞・1993.4.28）

などが、まず挙げられる。これらは、「数｛回／度｝」を含むものである。さらに、

（4） 「K国から帰ってから、姉は二度ほど村地さんをたずねています」
　　　　　　　　　　　　　　　　　　　　　　　　（小林久三「赤い落差」）

などのように、「ホド」「バカリ」などの概括的把握を表す取り立て助辞に伴われたものも、このタイプの一種である。また、

（5） 一、二度滑って失敗したが、三度目に成功して例の枝の上に出た。　　　　　　　　　　　　　　（草野唯雄「トルストイ爺さん」）

（６）　石上芳夫はアキコと四度も五度も関係を持ってしまった。

　　　　　　　　　　　　　　　　　　　　　（斎藤栄「江の島悲歌」）

などのようなものも、事態生起の回数をある幅でもって示しているものである。つまり、概括的把握を含むものとは、絶対数を点でなくある幅で指し示しているものである。

　引き続き、絶対数を限定的に指し示している度数の副詞の例を挙げる。

　（７）　五年の間に、社長・専務の追い出し劇が二回あった。

　　　　　　　　　　　　　　　　　　　　（石沢英太郎「噂を集め過ぎた男」）

　（８）　「あ」と心に叫んで、ギメーシは三たび一歩前に進んだ。

　　　　　　　　　　　　　　　　　　　　　　　（北杜夫「クイーン牢獄」）

　（９）　わたしは奴らに五回捕まった。……。そして五回とも奴らから逃げ出すことに成功した。　　　　（筒井康隆「その情報は暗号」）

　（10）　馬鹿げている、馬鹿げていると、百万べんもどなりつけてやりたかった。　　　　　　　　　　　　　　（中薗英助「霧鐘」）

などのようなものが、このタイプの度数の副詞の一例である。

　上で見た、概括的把握の絶対数指示の度数の副詞と限定的把握の絶対数指示の度数の副詞の間には、統語的特性の異なりは、ほとんど存しない。基本的に、この両者は、概括か限定かといった、数に対する意味的な把握のあり方が異なるだけである。

　さらに、最少回数を表す、

　（11）　百合子「学校の帰りに、一度お会いしました」

　　　　　　　　　　　　　　　　　　　　（剣持亘他「シナリオ・さびしんぼ」）

などの「一度」も、上で見た絶対数指示の度数の副詞である。最少回数を表すものには、他に、「(山茶花は)一回、鉄砲虫にやられて、途中から鋸で切った。(庄野潤三「小えびの群れ」)」の「一回」や、「私、いっぺんちゃんと調べてもらおうと思って…(鎌田敏男「金曜日の妻たちへ(下)」)」の「イッペン」などがある。また、「八雲さんは、庭へいったん降りなければならなかったのです。(高木淋光「妖婦の宿」)」の「イッタン」なども、この種のものとして扱っ

てよいだろう。

さらに、事態生起の回数がゼロであることを表す、
 (12) 石宮は、万一つ記録されることを心配して、大橋福子あてに国際電話を<u>一度も</u>かけなかった。 (麗羅「怨の複合」)
 (13) 中学を卒業してから<u>一ぺんも</u>稽古していない熊本君と、しょっちゅう稽古している久保君とでは、… (上林暁「ブロンズの首」)
なども、絶対数ゼロを指し示すものとして、度数の副詞の特殊なものとして位置づけてよいだろう。ただ、生起の絶対数ゼロを表すことと、生起を完全に否定すること——たとえば「全ク」や「全然」などで表されるもの——との間には、連続しつながっていくところがあるだろう。

4.3　状態性の事態と度数の副詞の表す複数生起

　動詞の表す動きの中には、一連の小さな動きが集まって、動詞の表す全体的な動きが形成されているようなものもあれば、単位的な動きが繰り返され、そのいくつか繰り返された動き全体で、動詞の表す一つの動きとして捉えられているものもある——もちろん単位的な動きが一回しか生じない場合もある——。前者には、「走ル」「泳グ」「食ベル」「書ク」「叱ル」「捜ス」「教エル」等々があり、後者には、「鳴ル」「震エル」「揺レル」「回ル」「動ク」「叩ク」「殴ル」「コスル」「回ス」「鳴ラス」等々がある。

　既に触れたように、頻度の副詞は、「シキリ{ニ／ト}」などを除いて、全体的な動きが単位的な動きの繰り返しによって成る場合に対しても、一つの事態(全体的な動き)を構成する単位的な動きの繰り返しではなく、事態の反復・繰り返しを表した。それに対して、度数の副詞では、全体的な動きが単位的な動きの繰り返しによってなる場合にあっては、事態(全体的な動き)ではなく、単位的な動きの繰り返し・複数生起を表しうる。たとえば、
 (1) 更に<u>何度か</u>ドアを叩く。 (綾辻行人「迷路館の殺人」)
 (2) (唐沢は)<u>何回となく</u>首を左右にまわし、神経質に鼻の奥をなら

　　　　した。　　　　　　　　　　　　　　　　（鮎川哲也「急行出雲」）
　（３）　チャイムを押した。続けて笠原が二、三回ならしたが、ドアはあ
　　　　かなかった。　　　　　　　　　　　　　（山村美紗「恐怖の賀状」）
などは、事態の反復・繰り返し生起ではなく、一回の事態の中に生じている単位的な動きの複数生起を表す、として捉える方が普通であろう。それに対して、「たまにドアを叩く」「しばしば首を左右にまわし」「しょっちゅうならしたが」のように、頻度の副詞に代替すると、表されているのは、単位的な動きの繰り返し・複数生起ではなく、事態の反復・繰り返しになろう。

　既に触れたように、頻度の副詞も度数の副詞も、ともに、事態の外側から、事態生起の回数的なあり方の点において、事態の成立のありようや成立状況を付加し特徴づけうるものであった。ただ、上で見た現象は、度数の副詞は、頻度の副詞に比して、事態の内側で働きうる副詞であることを物語っている。度数の副詞は、その意味で、回数性に触れた様態の副詞的存在への傾きを有している、ということである。また、両者の異なりは、

　（４）　彼は時々二三度手をピクピク動かした。
　（５）＊彼は二三度時々手をピクピク動かした。

のような、両者の作用域の違いとなって現れている。（４）のように、度数の副詞の加わった事態に対して、頻度の副詞で限定・特徴づけることは可能だが、（５）のように、頻度の副詞による頻度性を事態に付与した後で、それに度数の副詞による回数性を加えることはできない。

　さらに、状態性の事態を取りうるか否かといった現象も、このことと関係があるものと思われる。

　（６）＊彼女は何度か僕に優しい。
　（７）＊僕は何度もお腹が痛い。
　（８）＊彼女は二三度僕に優しい。
　（９）＊僕は数回お腹が痛い。

などが示すように、度数の副詞は状態性の事態を取りえない──もっとも、「これから何度か手弁当だ」のように、名詞述語には、適格性の高いものもあ

る―。それに対して、頻度の副詞は、既に述べたように、状態性の事態を取りうる。この点は、頻度の副詞と度数の副詞の大きな違いである。

　もっとも、度数の副詞と状態性の事態とが絶対に共存しない、というわけではない。

　　（10）　彼女は何度か僕に優しかった。
　　（11）　僕は何度もお腹が痛かった。
　　（12）　彼女は二三度僕に優しかった。
　　（13）　僕は数回お腹が痛かった。

のように、タ（過去）形にしてやることで、適格な文になる。述語を過去形にすることによって、事態は、生起の時間枠を与えられ、事態の存在時間に限界が付与されることになる。まず、そのことによって、状態性の事態は数えうるものになる。

4.4　「周期性期間＋度数の副詞」

　既に述べたように、頻度の副詞は、ある間隔を置いて反復生起する事態回数の多寡性を表しており、事態の生起の全体量を語っていない。それに対して、度数の副詞は、事態生起の回数の全体量や絶対数を表していた。言い換えれば、事態生起の多回性を表しても、反復性は表さない。そういった度数の副詞を、周期性を持った期間表現とともに用いることで、度数の副詞は、その繰り返され反復する期間の中での度数を表すことになる。したがって、「周期性期間＋度数の副詞」全体として、事態の生起の全体量を指し示すことにはならず、ある間隔をおいて生起する事態の回数性を表すことになる。つまり、度数の副詞の、頻度の副詞的使用が起こっている。たとえば、

　　（１）　太陽が一日に一回明り窓からぎらぎら射しこんだ。
　　　　　　　　　　　　　　　　　　　　　　　　（嘉村磯多「崖の下」）
　　（２）　この宿では、週に一度、乾蕎麦をもどして馳走する。
　　　　　　　　　　　　　　　　　　　　　　　　（大坪砂男「天狗」）
　　（３）　仕方なく周は月に三、四回、妻のもとへきて一泊してゆく。

(川辺豊三「公開捜査林道」)

などが、こういった使用例である。文全体の時間的あり方から来る意味的類型も、頻度の副詞と同じく、反復・繰り返しや習慣、さらに特性を表すようになる。

また、

（4） 彼は一週間に二三度私にすごく優しい。

のように、前節「4.3」で見た状態性の事態との共起関係も、度数の副詞単独の場合とは異なって、座りが良くなってくる。これは、度数の副詞を周期性を持った期間表現(「一週間」)とともに用いることで、度数の副詞は、その期間ごとでの度数を表すことになり、事態生起の回数は、開かれた限界づけられていないものとなることによっている。度数の副詞の、頻度の副詞的使用が起こっていることを表している。

5　「｛スル／シタ｝コトガ＋頻度の副詞類＋アル」

次に、頻度の副詞や度数の副詞が、「｛スル／シタ｝コトガアル」という構文に出現しうるか否かといったことを問題にする—ここでは、「アル」と「アッタ」の異なりを問題にしない—。「｛スル／シタ｝コトガアル」という構文は、事態が存在する(した)ことを表す構文である。また、「シタコトガアル」は、経験を表すものとして考察されることもある構文である。いずれも、事態の存在を表す構文である。したがって、事態の生起・存在の回数的なあり方を限定し特徴づける頻度の副詞や度数の副詞の、この構文への出現のありようは、これらの副詞の中に存する異なりを差し出してくれる。

まず、この「｛スル／シタ｝コトガアル」の構文になじまない頻度の副詞類を取り出す。「イツモ、常ニ」の類がこれである。

（1）＊彼はいつも遅れてくることがある。
（2）＊私はあなたのことを考えていたことが常にある。

などのように、「イツモ、常ニ」を「｛スル／シタ｝コトガアル」の構文の中に出

現させると、逸脱性が生じてしまう。これは、次のことによっているのであろう。「｛スル／シタ｝コトガアル」という構文は、事態の存在を表すことにおいて、また、問題にしているある期間内に、事態の存在しなかった時があることを表す構文である。「～｛スル／シタ｝コトガアル」ということは、「～｛シナイ／シナカッタ｝コトガアル」ということでもある。それに対して、「イツモ、常ニ」は、既に見たように、問題にしている間隔・インターバルのどこを取っても、事態が存在していることを表す頻度の副詞であった。構文と副詞の表す意味のあり方が異なることによって、逸脱性が生じているのである。他の頻度の副詞類とは異なる、「｛スル／シタ｝コトガアル」と「イツモ、常ニ」との共起関係は、「イツモ、常ニ」の類の、他からの取り出しが正しかったことを示している。

　それに対して、他の頻度の副詞類、すなわち、高頻度・中頻度・低頻度という事態の生起間隔の長短に関わる頻度の副詞や度数の副詞は、「スルコトガアル」「シタコトガアル」という構文の双方、ないしは少なくとも後者を取りうる。たとえば、

（３）　高速度の演技の流れの中で跳び、しかも氷の上に降りる。当然、足をくじいたり、骨折することが<u>しょっちゅう</u>ある。

（天声人語・1989.3.21）

（４）　こんな衝動買いをすることが<u>よく</u>あった。（小林久三「赤い落差」）

（５）　マスコ「…、教育ママって<u>時々</u>ああなることがあるんだって」

（剣持亘他「シナリオ・さびしんぼ」）

（６）　<u>ときたま</u>、…、一日中、私と娘さんと、ふたり切り、峠の上で、ひっそり暮らすことがある。　（太宰治「富嶽百景」）

（７）　「山西のはずれに住んでいるそうだ。隣りは蒙古の砂漠だ。父さんは蝗の調査で<u>何回も</u>行ったことがある」

（加藤幸子「夢の壁」）

（８）　男は…少なくとも<u>五、六度</u>は其女と同じ電車に乗ったことがある。

（田山花袋「少女病」）

(9)　<u>一度</u>妻が買物をしているすがたを遠くから見たことがある。

(島尾敏雄「家の中」)
(10)　その時から、彼のあがきを<u>一度</u>も見たことはなかった。

(尾崎一雄「虫のいろいろ」)

などのように、これらの頻度の副詞類は、いずれも、少なくとも「シタコトガアル」の構文を取りうる。

さらに、「シタコトガアル」だけでなく、「スルコトガアル」の構文の中に出現するか否かの点において、事態の生起間隔の長短に関わる頻度の副詞と度数の副詞とに、異なりが生じる。事態の生起間隔の長短に関わる頻度の副詞は、「シタコトガアル」だけでなく、「スルコトガアル」を容易に取りうる。たとえば、

(11)　もっと簡単なシーンで、かえって手こずったこと<u>も</u><u>しばしば</u>あった。　　　　　　　　　　　　　(岩崎昶「チャーリ・チャップリン」)
(12)　向田さんの作品を、ぼくはいつも、「貝柱の缶詰の汁」だなと思いながら読んだ。ウマさが濃すぎて、むせる思いをすることが<u>しばしば</u>あった。　　　　　　　　　　　　　　　　　(「向田邦子対談集」)
(13)　これまでにも、どういうつもりで、何をねらって発言したのかがわからず、人々を慌てさせたことが<u>たびたび</u>ある。

(天声人語・1992.8.28)
(14)　戦後になってからも、私は<u>たびたび</u>花香さんと会うことがあった。　　　　　　　　　　　　　　　　(山口瞳「酒呑みの自己弁護」)
(15)　ことしの冬はこの型が流行するのではないか、と予測して製造を始めるのだが、日本では、大量に生産するため、予測の時期がかなり早い。そのせいか当たったことは<u>めったにない</u>。

(朝日新聞・1987.6.14)
(16)　日本では、薬の名を尋ねただけでも不機嫌になる医者や患者にきちんと説明をせず新薬の試験をする医師が大勢いる。しかも同僚の非難を浴びることが<u>めったにない</u>。　　(朝日新聞・1989.1.16)

などのようである。(11)(13)(15)が「シタコトガアル」の構文を取っている例であり、(12)(14)(16)が「スルコトガアル」の構文に出現している例である。これらの副詞が、「シタコトガアル」だけでなく、「スルコトガアル」の構文に出現しうることには、これらの副詞の表す事態生起の回数が、開かれていて限界づけられていないことが、関わっているものと思われる。

それに対して、度数の副詞、特に絶対数を限定的に指示する度数の副詞が、「スルコトガアル」の構文に出現することは、きわめて困難である。

(17)　A氏は日展に入選したことが二度ある。

(18)　＊A氏は日展に入選することが二度ある。

「スルコトガアル」の構文を取る(18)は、逸脱性を有した文である。過去は、事態に対して、その生起回数を限界づける時間枠になる。そのことが、「シタコトガアル」に絶対数を限定的に指示する度数の副詞が出現する、ことを可能にしている。それに対して、未来は、事態に対しその生起回数を限界づける時間枠にはならない。そのことが、このタイプの度数の副詞の、「スルコトガアル」の構文への出現を困難にしているのであろう。

事実、度数の副詞は、「何度モ」「何回カ」などの絶対数の不定のタイプや、絶対数を概括的に指示するタイプを含め、

(19)　さとみ「もうダメかなって思ったこと何度もあったし―」

（坂元裕二「シナリオ・東京ラブストーリー」）

(20)　「ヘッセは若いころ、二度ほど自殺を考えたことがあるんです」

（天声人語・1990.11.29）

(21)　「…名前を言っていましたか?」「一、二度だか聞いたことがあります」

（麗羅「怨の複合」）

などのように、「シタコトガアル」の構文の中に現れている。もっとも、「スルコトガアル」への出現の困難さは、絶対数を限定的に指示する度数の副詞に比して、絶対数の不定の度数の副詞や、絶対数を概括的に指示する度数の副詞では、少しずつ減少していく。「これからも彼に会いたくなることが何度かある」「これからも彼に会いたくなることが二三度はあるだろう」など

は、ありうるだろう。「スルコトガアル」への出現の困難さは、絶対数の不定の度数の副詞の方が、概括的に指示する度数の副詞に比して低いだろう。

6 頻度の副詞類への程度限定

　副詞が基本的に文あるいは命題のどこで働いているのか、そのことから来る副詞の作用域の相互関係がどうであるのか、といったことは、原則的に決まっている。
　程度性・度合い性を帯びた事態の内部に働き、その程度的・度合い的あり方に言及する程度の副詞と、事態の外側から事態生起の回数的あり方を限定・特徴づける頻度の副詞類とでは、両者の作用域は、程度の副詞の作用域を頻度の副詞類の作用域が包み込む、という形で存在している。たとえば、
　　（１）　彼は物思いに耽ったり、書きものをしたりするとき、なぜか、人
　　　　　間の声を聞くのがいつも非常に嫌だった。

（清岡卓行「アカシアの大連」）

などのようにである。（１）は、まさに、上述の作用域の相互関係が、「イツモ（頻度の副詞）＋非常ニ（程度の副詞）」という語順を通して実現しているものである。程度の副詞と頻度の副詞類が同一文中に共存するとき、（１）のようなあり方を取るのが通例であり多い。
　したがって、通例のあり方とは逆に、程度の副詞が頻度の副詞類を限定・修飾することがあれば、その理由が問われなければならないし、また、それは、程度の副詞によって限定を受ける、その頻度の副詞類の特徴を物語ってもいる。事実、
　　（２）　日産自動車の辻義文社長は十四日の記者会見で、…「現在検討中
　　　　　で、まだ詳細を話す段階ではないが、今後完成車や部品の相互融通
　　　　　や共通仕様が相当ひんぱんに出てくると思う」と述べた。

（朝日新聞・1993.1.14）

　　（３）　昔の大連のなにかが、ごくまれに過去の深い闇から色あざやかに

　　　　浮かびあがってくるのは…　　　　　　（清岡卓行「アカシアの大連」）

などのように、頻度の副詞類が程度の副詞によって限定・修飾を受ける場合がある。

　もっとも、総ての頻度の副詞類が程度の副詞の限定を受けうるわけではない。まず、度数の副詞が、一部の稀な使用例を除いて、程度の副詞による限定・修飾を受けないものとして取り出される。

　（4）＊彼はとても十数回ほどその本を読んだ。

などが示すように、度数の副詞は、程度の副詞によって限定・修飾されることはない。

　（2）の「ヒンパンニ」や（3）の「マレニ」は、頻度の副詞であった。頻度の副詞は、程度の副詞によって限定・修飾される可能性を持っていることになる。もっとも、頻度の副詞の総てが、程度の副詞に限定・修飾されうるわけではない。「イツモ、常ニ」の類は、問題にしている間隔のどこを取っても、事態が存在することを表し、程度性や度合い性を持っていない。この類が程度の副詞によって修飾されることはない。事実、

　（5）＊彼は相当いつも彼女に会っている。

などは、逸脱性を有している。

　程度の副詞によって修飾を受けうる可能性があるのは、一定期間における事態生起の多寡性や生起間隔の隔たりの短さ・長さを表す、事態生起の間隔の長短に関わる頻度の副詞である。このタイプは、生起の多寡性や隔たりの長さという程度性や度合い性を持つ意味を担っていることによって、程度の副詞の修飾を受けうる。事実、（2）の「ヒンパンニ」や（3）の「マレニ」は、この種のタイプの頻度の副詞である。さらに言えば、「ヒンパンニ」が高頻度、「マレニ」が低頻度の副詞であった。高頻度も低頻度も、程度の極端なものであった。極端であることにより、程度の副詞によって、その程度性を際立たせることが、自然でありかつ効果を持つことになる。それに対して、「タビタビ」や「時々」「時折」といった中頻度のタイプは、頻度が中程度であることによって、その中という程度性を程度の副詞によって際立たせる必要性や効

果が、基本的に生じない。事実、「?きわめてたびたび彼に会った」や「??ごく時々彼に会った」などは、適格性に欠ける。

　既に触れたように、度数の副詞は、事態生起の回数の絶対数・全体量を表していることによって、程度の副詞の修飾を受けなかった。ただ、度数の副詞にあっても、「何度モ」のような絶対数が不定であるものは、その不定である絶対数・全体量を多回性のものとして捉えることによって、

　　（6）　そういったことは、<u>めちゃくちゃ</u>何度もあった。

などのように、程度の副詞を受けうることがないわけではない―事実、「<u>めちゃ</u>何度も…」といった表現は、それなりに耳にする―。こういった現象も、「何度モ」「何回カ」といった絶対数不定の度数の副詞の、他の度数の副詞からの取り出しの妥当性を示している。

7　再発を表す副詞

　頻度の副詞のさらに周辺に位置する副詞として、再発を表す副詞と仮称したものについて極々簡単に触れておく。これも、事態生起の回数的あり方に関わるものである。たとえば、

　　（1）　「あのウチには<u>また</u>何か起こりますよ」（坂口安吾「能面の秘密」）
　　（2）　ちょっと首を傾げて、何気なく恩田の方を向いた羽島は、その青黒い横顔を一目見るなり、<u>またも</u>眉をひそめた。
　　　　　　　　　　　　　　　　　　　　　　　　（夏樹静子「特急夕月」）
　　（3）　室内は<u>ふたたび</u>真っ暗になった。　　（鮎川哲也「割れた電球」）
　　（4）　わたしが<u>再度</u>鈴木十郎に会ったのはその日の翌る日のことである。
　　　　　　　　　　　　　　　　　　　　　　　　（鮎川哲也「割れた電球」）
　　（5）　「…。そして<u>もう一度</u>電話連絡をするのを待てといっている」
　　　　　　　　　　　　　　　　　　　　　　　　（山村正夫「厄介な荷物」）

などがこの例である。「また」の類には、上掲の「またも」以外に「またしても」などがある。（5）の「もう一度」は、度数性と再発性を併せ持つ存在である。

＜再発を表す副詞＞とは、事態の発生・存在が既にあり、さらにそれに加えて、事態が生起することを表したものである。この種のものが表す事態生起の回数的あり方とは、以前における発生を受けての再発といったものである。以前における事態存在に加えて、さらに新たな事態生起を表す、というあり方で、事態の外側から、事態生起の回数的あり方を特徴づけてはいるものの、度数そのものを表しているのでもないし、ましてや頻度を表しているわけでもない。後で少し触れるが、テイル形のアスペクト的意味の現れなどにおいても、両者とは少しばかり異なっている。

8　繰り返し期間の副詞

　事態生起の回数性に関わる副詞的成分として、最後に、繰り返し期間の副詞と仮称したものについても極々簡単に見ておく。これには、「毎日、毎日毎日、毎朝、毎晩、毎夜、毎月、毎年、…」「年々、年々歳々、日々、日毎に、年毎に、…」などがある。後者は、時間関係の副詞の一種、時間の中における事態の進展を表す副詞の＜進展時間型＞と重なる。繰り返し期間の副詞としても進展時間型の副詞としても使われる、ということである。
　いくつか例を挙げておく。たとえば、
（１）　毎日、私は三十分、夫のグチをきかされるのである。
　　　　　　　　　　　　　　　（田辺聖子「ほとけの心は妻ごころ」）
（２）　（北村は）毎夜必ず帳簿に目を通す。（川辺豊三「公開捜査林道」）
（３）　しかし、母は毎年同じセリフを子供にきかせる羽目になった。
　　　　　　　　　　　　　　　　　　　　　（李恢成「砧をうつ女」）
（４）　年々歳々花相似たれども、歳々年々人同じからず。
　　　　　　　　　　　　　　　　　　　　　（田辺聖子「感傷旅行」）
（５）　海外ではきれいな生活が保証されるとは限らないから、日々ストレスを感じる。　　　　（市野義夫「産業医からの警告」）
（６）　豚は一年ごとに場所を移して飼わなければならない、と北京へ行

く前に父親が教えてくれた。　　　　　　　　　　　　（加藤幸子「夢の壁」）

などがこれである。上掲のように、＜繰り返し期間の副詞＞とは、繰り返し生起する事態の、その繰り返しの単位となる期間—時間帯を含めて—を差し出しながら、事態の繰り返しを表すものである。（２）の「毎夜」は、単位となる期間が「日」であり—その点では「毎日」と同じ—、時間帯が「夜」である。これらは、繰り返しというあり方で、事態の回数性を特徴づけている。また、期間を表すことで、時の状況成分にもつながっていく。

9　頻度の副詞類と文の時間的特性

　ここで少しばかり、頻度の副詞や度数の副詞などを含むことによって、文のテンスやアスペクト的特性がどのようなあり方を呈するのか、といったことを、ごく簡単に見ておく。

9.1　頻度の副詞の場合
　まず、頻度の副詞が出現している文について考えていく。頻度の副詞が共起することによって、事態は繰り返し事象を表すことになる。事態が繰り返し事象を表すとは、ル形（タ形）で繰り返し事象を表すということである。たとえば、
　（１）　遠くで、時折、爆竹を鳴らす音がする。
　　　　　　　　　　　　　　　　　　　　　（唐十郎「佐川君からの手紙」）
　（２）　稲垣：左目が悪い。そのためにゴロは常にからだの右側で捕った。
　　　　　　　　　　　　　　　　　　　　　　（井上ひさし「闇に咲く花」）
などは、その例である。ル形が繰り返し事象を表すということは、事態が潜在化していくということでもある—もっとも、（１）は顕在的な事象の繰り返しを表しており、ル形の繰り返しでは珍しいタイプである—。事態の繰り返しが潜在的であることの現れとして、
　（３）　いつも彼は十一時半に警察を出、車で五分ほどの官舎に帰り、昼

食をとり、午後三時近くになって署へ戻る。

(北杜夫「クイーン牢獄」)

のような「習慣」を表すものや、

（４）　あいつは、時々、こういうことをやるのだ。

(庄司薫「赤頭巾ちゃん気をつけて」)

のような「特性」の表現などが存する。

　また、ル形で繰り返され反復する事態が表されることによって、ル形は、動きの動詞であっても、現在を表しうる。たとえば、

（５）　最近、大学の先生と女子学生の間の乱脈な関係が、しばしば問題になるし、それを裏づけるような事件も実際いくつか発生している。

(渡海英祐「死の国のアリス」)

などは、ル形が現在を表していることをよく示している例であろう。

　また、よく知られているように、テイル形は、そのアスペクト的意味の一つとして、繰り返しを表した。したがって、これも既に知られているように、頻度の副詞が出現することによって、ル形(タ形)とテイル形(テイタ形)との対立が希薄化・中和化してくる。事実、

（６）　「割安・割高」という言葉が、株の世界ではしょっちゅう｛使われる／使ワレテイル｝。

(朝日新聞・1989.3.13)

（７）　マルチニは、たびたび喜劇の小道具として｛使われている／使ワレル｝。

(山口瞳「酒呑みの自己弁護」)

などの、それぞれの例において、ル形で現れているものをテイル形に、テイル形で現れているものをル形に変えても、繰り返し事象を表す、それぞれの文の意味に変更は生じない。「この所、不祥事がよく発生する」「この所、不祥事がよく発生している」なども、ル形とテイル形の対立の中和現象を示している。また、既に挙げた（１）（２）を、「時折、爆竹を鳴らす音がしている」「常にからだの右側で捕っていた」に変えても、文意は変わらない。

　もっとも、頻度の副詞を含む繰り返し事態であれば、総てがル形とテイル形で表せるわけではない。＜動きの最中＞や＜結果状態の持続＞の繰り返

しを表すのは、テイル(テイタ)形であって、ル(タ)形では表せない。
　（8）　私が訪ねていくと、しばしば彼は子供を叱っていた。
　（9）　私が訪ねていくと、しばしば彼は子供を叱った。
　（10）　私が訪ねていくと、いつも門は大きく開いていた。
　（11）　私が訪ねていくと、いつも門は静かに開いた。
（8）は動きの最中の繰り返し、（10）は結果状態の持続の繰り返しを表している。これをタ形にしてしまうと、（9）（11）のように、丸ごとの事態の繰り返しになってしまう。事実、
　（12）　部屋に帰っても、常に誰かがぼくを見張っていました。
　　　　　　　　　　　　　　　　　　　　　（安倍公房「イソップの裁判」）
のテイタ形をタ形にはできない。これは、（12）が動きの最中の繰り返しを表しているからである。

　テイル形は、動きの最中であれ、結果状態の持続であれ、事態が基準時に実現していることを表す。それは、繰り返しにあっても同じである。テイル形の繰り返しは、顕在化した実現済み事態を含む現在に続く繰り返しを表す。たとえば、
　（13）　ホテルとしての効率がわるいため、経営のことで、始終ごたごたしている。　　　　　　　　　　　　　（山口瞳「酒呑みの自己弁護」）
　（14）　「妹がいつもお世話になっております…」　　（古井由吉「杳子」）
などの「ゴタゴタシテイル」「オ世話ニナッテオリマス」を、「ゴタゴタスル」「オ世話ニナリマス」にすると、座りが悪くなる。座りが悪くなるのは、（13）（14）が、顕在化した実現済みの事態を発話時以前に含んで、繰り返しが成り立っていることによる。顕在化した実現済みの事態を含んでの、現在に続く繰り返し事態は、テイル形であってル形では表すことは難しい。したがって、逆に、
　（15）　［グランド開きの前に］このグランドじゃあ、活発な子供はよく怪我をする。
　（16）　［グランド開きの前に］＊このグランドじゃあ、活発な子供はよく

怪我をしている。

のようなことが生じる。(15)が示すように、ル形では、まだ一度も実現したことのない—今後生起すると思われる—潜在的な事態の繰り返しを表しうるが、テイル形は、(16)が示すように、実現した事態を一度も含まない繰り返しを表すことはできない。

ただ、(16)でテイル形が出現できないのは、未来における繰り返しだからではない。もっとも、「僕は今後しばしば彼と話し合いをする」「??僕は今後しばしば彼と話し合いをしている」が示すように、未来における繰り返しをテイル形が表しにくいことは、事実である。しかし、テイル形が未来における繰り返しを表せないわけではない。事実、

(17) 「多分、十年後も戦争をやってるよ。核兵器ができて、全面戦争ができなけりゃ、今度みたいな局地戦を。アフリカか、中近東か、インドシナか。いつも地球のどこかで、人間の膿みたいに戦火が吹き出している」　　　　　　　　　　　（「田久保英夫「深い河」）

のテイル形は、未来における事態の繰り返しを表している。これが可能なのは、基準時を未来のある時に置き、その基準時に顕在的に実現している事態を含む繰り返しを表しているからである。

したがって、逆に、

(18) 目標がはっきりした「中二階」的基礎研究は論文になりやすい。しかし、科学では、しばしば一見無関係な発見や技術が一挙に懸案事項を解決する。　　　　　　　　　　　　　　　　（アエラ・1993.5.25）

のような、潜在性の強い繰り返し—たとえば傾向や法則などを表す文—では、ル形であって、テイル形は使いがたい。

9.2　度数の副詞の場合

次に、度数の副詞を含む場合を、ごく簡単に見ておく。度数の副詞が表す事態生起の回数は、限界づけられていて、開かれてはいない。したがって、頻度の副詞が出現している場合と異なり、動き動詞のル形は、未来の事態を

表す。
　（1）　更に何度かドアを叩く。　　　　　（綾辻行人「迷路館の殺人」）
　（2）　まだあと二回くらい、かたちが変わるらしい。

（庄野潤三「小えびの群れ」）

などのル形は、未来を表している。ル形のテンス的意味の現れに対しても、やはり、「何度モ」といった絶対数不定のタイプは、異なった振る舞い方をする可能性を有している。たとえば、

　（3）　「同じ夢ばかり見るんです、朝から何度も」

（唐十郎「佐川君からの手紙」）

のル形は、現在を表しうる。（3）のル形が現在を表すことには、「同ジ夢バカリ」の「バカリ」の使用も関わっている―「彼は漫画ばかり読む」は彼の習慣・癖を表し、ル形が現在を表す―が、（3）から、「バカリ」を抜いた「同じ夢を見るんです、朝から何度も」のル形も現在を表しうる。これは、「何度モ」が、現在に続き未来に開かれた事態生起を妨げないからである。

既によく知られていることではあるが、テイル形の文に度数の副詞が現れると、テイル形の意味は、＜経験・完了＞になってしまう。

　（4）　同大統領は現憲法の「1期だけ」という規定に従い、未練なく退陣することを何度も表明している。　　　　　（朝日新聞・1987.3.9）
　（5）　「姉はたぶん四、五回『夜明けの―』を見ているはずです」

（小林久三「赤い落差」）

などのテイル形は、事実、経験・完了を表している。これは、事態生起の回数は、限界づけられていて、開かれてはいないことによっている。

9.3　再発を表す副詞・繰り返し期間の副詞の場合

最後に、再発を表す副詞と繰り返し期間の副詞がテイル形を取った時、そのアスペクト的意味の現れがどうなるかについて、極々簡単に触れておく。たとえば、

　（1）　「また、大勢集まって、お友達ごっこしてるんでしょ」

(鎌田敏男「金曜日の妻たちへ(下)」)
　（２）　「また、金魚が死んでいる」　　　（吉行淳之介「食卓の光景」）
などのように、再発を表す副詞では、テイル形は、繰り返しではなく、動きの最中であれ結果状態の持続であれ、一回的な顕在的な事態の持続を表す。頻度の副詞や度数の副詞のそれとは異なっている。

　それに対して、
　（３）　エリート証券マンであり、毎日、何千万、何百万のお金を扱っている笠原が、ただ金をとるだけでは殺人はおかさないだろう。
　　　　　　　　　　　　　　　　　　　　　　　　　（山村美紗「恐怖の賀状」）
　（４）　日々おびただしく消費している塩分を外から補えば疲労はいくらかやわらぐものと思われた。　　　　（野呂邦暢「草のつるぎ」）
などのように繰り返し期間の副詞では、テイル形は繰り返しを表す。その振る舞いは、頻度の副詞と同じであり、度数の副詞とは異なっている。これは、事態生起の回数性が、度数の副詞とは異なり、頻度の副詞と同じく、開かれていて限界づけられていないことによっている。

　以上、頻度の副詞とその周辺に位置する副詞的修飾成分について、少しばかり詳しく見てきた。

参考文献

沖(加藤)久雄1983 「小さな程度を表す副詞のマトリックス」『副用語の研究』(明治書院)

奥田靖雄1985 『ことばの研究・序説』(むぎ書房)

奥津敬一郎1983 「変化動詞文における形容詞移動」『副用語の研究』(明治書院)

川端善明1964 「時の副詞(上・下)」『国語国文』33巻11・12号

川端善明1983 「副詞の条件」『副用語の研究』(明治書院)

工藤　浩1983 「程度副詞をめぐって」『副用語の研究』(明治書院)

工藤　浩2000 「副詞と文の陳述的なタイプ」『日本語の文法3 モダリティ』(岩波書店)

工藤真由美1995 『アスペクト・テンス体系とテクスト』(ひつじ書房)

国立国語研究所1991 『副詞の意味と用法』(大蔵省印刷局)

佐治圭三1969 「時詞と数量詞」『月刊文法』2巻2号

佐野由紀子1998 「程度副詞と主体変化動詞との共起」『日本語科学』3号

鈴木重幸1979 「現代日本語の動詞のテンス」『言語の研究』(むぎ書房)

鈴木康之1979 「規定語と他の文の成分との移行関係」『言語の研究』(むぎ書房)

高橋太郎1985 『現代日本語動詞のアスペクトとテンス』(秀英出版)

竹内美智子1973 「副詞とは何か」『品詞別日本文法講座5 連体詞・副詞』(明治書院)

中北美千子1996 「結果の副詞の適格性に関与する意味的要因」『日本語教育』89号

新川　忠1979 「「副詞と動詞とのくみあわせ」試論」『言語の研究』(むぎ書房)

新川　忠1996 「副詞の意味と機能－結果副詞をめぐってー」『ことばの科学7』(むぎ書房)

仁田義雄1976 「「文の文法」から「文を越える文法」へ」『佐藤喜代治教授退官記念国語学論集』(桜楓社)

仁田義雄1980 『語彙論的統語論』(明治書院)

仁田義雄1982 「動詞の意味と構文」『日本語学』1巻1号

仁田義雄1983 「結果の副詞とその周辺」『副用語の研究』(明治書院)

仁田義雄1983 「動詞に係る副詞的修飾成分の諸相」『日本語学』2巻10号

仁田義雄1987 「テンス・アスペクトの文法」『ソフトウェア文章のための日本語処理の研究－8』(情報処理振興事業協会)
野田尚史1984 「副詞の語順」『日本語教育』52号
花井　裕1980 「概略表現の程度副詞」『日本語教育』42号
堀川智也1993 「ニ格名詞の結果を表す「結果の副詞」について」『日本語教育』80号
宮島達夫1983 「情態副詞と陳述」『副用語の研究』(明治書院)
森山卓郎1985 「程度副詞と動詞句」『京都教育大学国文学会誌』20号
矢澤真人1983 「情態修飾成分の整理」『日本語と日本文学』3号
矢澤真人2000 「副詞的修飾の諸相」『日本語の文法1 文の骨格』(岩波書店)
山田孝雄1936 『日本文法学概論』(宝文館)
ロザリンド・ソーントン1983 「形容詞の連用形のいわゆる副詞的用法」『日本語学』2巻10号
渡辺 実(編)1983 『副用語の研究』(明治書院)
S.Greenbaum1969 *Studies in English Adverbial Usage* Longman (郡司利男・鈴木英一監訳『英語副詞の用法』1983,研究社出版)
C.S.Smith1991 *The Parameter of Aspect* Kluwer Academic Publishers

あとがき

　本書は、副詞的修飾成分を取り扱ったものである。ただ、モダリティの領域で働くと思われる副詞については、取り扱わなかった。これについては、それなりの研究の蓄積があると思ったからである。したがって、取り扱い対象は、命題内で働く副詞的修飾成分である。また、命題内の副詞を対象にしたものの、中心は動詞述語に係っていくものであった。もっとも、他の述語に係るものを一切排除したというわけではない。ただ、副詞的修飾成分が豊かに現れる述語は、ほかならぬ動詞述語である。その意味で、動詞述語を中心にしたとは言え、本書は、命題内修飾成分の主要な部分を扱ったことにはなる。

　副詞的修飾成分は、語彙性が高く、多様で雑多な存在である。私の狭い見聞の範囲では、命題内で働く副詞的修飾成分をまとめて全体的に扱ったものを、あまり見ない。その意味では、本書は、命題内で働く副詞的修飾成分全体への考察の試みであり、そのほんの一歩である。本書が、命題内副詞的修飾成分への本格的な研究のきっかけにでもなってくれれば、と期待している。上述したように、命題内副詞的修飾成分は、語彙性が高く、多様で雑多な存在である。言い換えれば、文法的に扱いにくい存在である。用例集めからしてそうであった。文法形式であれば、電子的な手段で多量で多様な用例を集めることは、さほど難しくない。語彙性の高いものであれば、なかなか機械的に一括収集は難しい。昔ながらの手作業に頼ることが多かった。また、考察そのものやその結果に体系性・組織性を与えることが、やはりそう簡単ではなかった。それに努めたものの、いかほど目的が達成できたかは、はなはだ心もとない。

　1970年代の終わり頃、渡辺実氏から、「やりやすい所だけをやっていたん

ではダメ。副詞のような扱いにくいものの文法研究もやらなくては」といった趣旨の話を聞いた。1970年代末に京大の渡辺研で研究会が開かれ始めた。文部省の科研をもらい、副用語に関する研究会が四年ほど行われた。私にとっては、楽しい思い出である。私も、それに対する成果・報告として、1983年に「結果の副詞とその周辺」を書き、また「動詞に係る副詞的修飾成分の諸相」をも物した。やはり、モダリティや動詞をめぐって生じる文法現象が、私の関心の中核にあったが、副詞的修飾成分について何か書こうという気持ちは、それ以後ずっとあった。用例を集め、遅々たる歩みではあるが、分析を断続的に行いながら今日に至った。当然他の領域への関心が高かったり、この間いろいろな事があったとは言え、20年以上気にかかっていたものへの成果としては貧しいものである。

『新日本語文法選書』の一冊として、『副詞的表現の諸相』を書くことを決めてからも、かなりの時間が経った。本書の具体的な執筆に取りかかってからでも、雑事等で遅れ遅れになり、二年少しが経った。その間、辛抱強く待って下さった出版社の好意に、まずお礼を言いたい。選書の編集・出版の最終的な責めを負う私としては、本書ならびに本選書配本の遅延に対して、出版社、読者の寛恕を乞うのみである。

学問を続けていくには、いろいろな人の支えと学恩が必要である。研究者としてスタートし始めた頃から賜った渡辺実さんの学恩に感謝申し上げたい。

2002年1月　大阪にて

仁田義雄

用語索引

あ

相手　21
アスペクト　16
ありか　6, 21
あり方に関わる副詞　34, 44, 45, 48, 51
あり様限定　160
ありようの多様性を持たない様変化　66
勢いの強さ　86
勢いの強さを表す動き様態の副詞　86, 87, 88
勢いの弱さ　88
勢いの弱さを表す動き様態の副詞　88, 90
行き先　6
イ形容詞　17, 146
移行・派生型の程度副詞　156, 157
位置変え　63
位置変わり　63
位置変化　63, 65
位置変化動詞　60, 63
位置変化動詞の取る結果の副詞　64
一項述語　19
一項動詞　5
「イツモ」「常ニ」の類　264
意図性　83
意図的であるもの　132

異例性　157, 158
異例性に属する移行・派生型の程度の副詞　165
ヴォイス　16
ヴォイスの層　37, 131
受身のテイル形　55
動き　57, 76, 149, 265
動きが実現した結果の局面　49
動きとともに現れる主体状態のありよう　83
動きに内属する諸側面の帯びるありよう　78
動きの勢い・力の強さ　77
動きの勢い・強さ　84, 85, 89, 90, 91, 92
動きの勢い・強さの一種である動きの程度量性　94
動きのエネルギーの総量としての回数性　100
動きのエネルギー量　98
動きのエネルギー量としての主体・対象の数量性　98
動きの回数性　100
動きの軌跡　70
動きの結果の局面　51
動きの最中　55, 58
動きの最中の繰り返し　294
動きの時間的なありよう　78
動きの質・様　85, 113
動きの速度の遅さ　109
動きの多回性　100

動きの強さ・烈しさ　48, 71, 158
動きの程度量性　97
動きの展開過程に内属する側面　68
動きの展開過程の局面　48, 51, 53, 69
動きの展開中に現れる形態・様子的なありよう　113, 114
動きの早さ　48, 84, 85, 89, 100, 101, 102, 103,
動きの早さとしての所要時間　111, 112
動きの様態の副詞　80, 81
動きの量限定　185, 186, 192
動きの量の限定　163, 164
動きの連続性　101
動き様態の副詞　36, 37, 80, 84
動き量の限定　38
運動の繰り返し　244, 245, 246

か

概括・概略的な程度量　168
概括的把握の絶対数指示の度数の副詞　280
解説　7
階層関係　155
下位的構成要素　3
概略・概略的な程度量の副詞　196
格成分　6
間接成分　10
完全性　96
基因　21

擬声語　118
軌跡・方向性に関わるもの　120
擬態　118
規定成分　9, 10, 14, 31
起動に関わる時間関係の副詞　106
起動への時間量　206, 229, 237, 246, 253
起動への時間量を表す副詞　246, 247
共演成分　6, 8, 10, 15, 16, 18, 19, 20, 21, 24, 31, 63, 72, 73, 114
共演成分の組み合わせ　21, 22, 23
極性・全体性　168
僅少所要型　246, 247, 249
空間的なゆく先　72
繰り返し期間の副詞　263, 291, 292, 296, 297
繰り返し事象　292
経過域　21
経過の早さ　102
経過の早さの遅さ　103
経験・完了　296
形容詞　17
形容詞述語　15, 16, 17, 22, 266
形容詞文　21, 22, 26, 28, 31
形容動詞　17
結果状態の持続　55, 58
結果状態の持続の繰り返し　294
結果の局面　49, 53, 68, 69
結果の副詞　3, 33, 34, 35, 37, 40, 43, 45, 46, 49, 50, 51, 52, 55, 57, 60, 66, 69, 72, 73, 76, 79, 115, 155, 260

結果の副詞的修飾成分　3
結果の副詞を取りうる他動詞　55, 56
結果の副詞を取りうる動詞　58
結果の副詞を取りえない他動詞　55, 56
結果の副詞を取りえない動詞　58
結果の副詞を取ることはない自動詞　59
結果の副詞を取る自動詞　56, 59
結果の副詞を取る他動詞　54, 55, 56
結果の副詞を取る動詞　53
原因の状況成分　29
限定的な程度量　168
限定的な把握　199
限定的把握の絶対数指示の度数の副詞　280
厳密な直線型　227, 229
構成要素　2, 3, 9
高程度性の程度限定　159
肯否　16
高頻度　267, 268, 273, 289
高頻度を表す副詞　267
誤行為　136
個体の数量限定　185, 192, 193
事柄的意味　3, 4, 8, 18, 31
事柄的意味の中核　24
事柄的意味のレベル　5, 6, 9

さ

最少回数　280
最上級　166

再発を表す副詞　263, 290, 291, 296, 297
様変え　63
様変わり　63
様変化　63, 65
時間関係の副詞　34, 35, 39, 40, 41, 76, 78, 102, 112, 155, 201, 202, 204, 205, 229, 260
時間の中における事態の進展　205, 206, 229, 241
時間の中における事態の進展を表す副詞　241
姿勢維持の側面　61
姿勢変化動詞　60, 61, 62
姿勢変化動詞が取る結果の副詞　62
姿勢変化の側面　61
事態　34
事態起動までの所要時間　249
事態参画者　4
事態実現までへの心理的な長さ・遥かさ　253
事態生起の回数的なあり方　261, 277
事態生起の回数の全体量　277
事態生起の頻度的・回数的なありよう　77
事態成立の完全性　198
事態成立の近似度　198
事態存続の時間量　205, 229
事態存続の時間量を表す副詞　229
事態の繰り返し・反復　275
事態の実現性　97

事態の生起回数の多寡性　277
事態の存続の時間量　206
事態の反復・繰り返し　282
シタコトガアル　285
「シタコトガアル」の構文　286, 287
質・様性の高い動きの勢い・強さ　93
自動詞　46
習慣　293
周期性期間＋度数の副詞　283
周辺的な頻度の副詞　276
主語　4, 7, 9, 18, 22, 23
主語（成分）　9
主語めあて　137, 138, 140
主語めあての副詞　131
主体・対象の数量性　99
主体運動　59
主体運動（主体非変化）動詞　57
主体運動動詞　57, 58
主体状態の副詞　36, 37, 80, 83, 84, 131, 132
主体の意図性　132
主体の状態・態度のありよう　131
主体の状態のありよう　49
主体の状態のあり様　83
主体の心的状態　132, 137
主体の態度的なありよう　138
主体の付帯的な様子　84, 132, 139, 140
主体変化　56
主体変化動詞　57, 58, 59
主体や対象のありよう　68

主体や対象の数量規定　38, 163, 164
手段的な基因　21
述語　4
述語（成分）　9
述語成分　10, 15, 16, 18, 31,
述語文　10
循環型　203, 205, 226, 227, 228
純粋程度の副詞　162, 163, 164, 165, 169, 171, 184, 185, 188
純粋程度の副詞と共起する動詞　172, 173
純粋程度の副詞の中心的用法　169
状況成分　6, 9, 10, 15, 16, 24, 31
生じたあり様　121
状態　57, 149
状態性　266
状態性の事態　273, 274, 282
状態動詞　172
情態副詞　1, 43
情態副詞成分　43, 44
叙述事態　4, 6
叙述事態のレベル　5, 6, 9
心的活動動詞　176
心的状態　83
心的動作の基因　30
進展時間型　241, 244, 291,
進展様態型　241, 242, 243
数量規定　163
数量限定　184
数量詞　167, 191, 193, 195

数量名詞　163
スルコトガアル　285
「スルコトガアル」の構文　286, 287
生起間隔　265
生起の絶対数ゼロ　281
接続成分　9, 10, 11, 12, 31
接続相　16
絶対数指示の度数の副詞　279
絶対数の不定の度数の副詞　277, 287
絶対数不定の度数の副詞　290
絶対数を概括的に指示する度数の副詞　287
絶対数を限定的に指示する度数の副詞　287
絶対的時点の時の成分　205, 225
節的存在の様態の副詞　140
先行事態から時間間隔　252
先行事態との時間間隔　251
全体(数)量に対する割合のありよう　193
層状構造　41
層状の構造　33
相対名詞　148
層的構造　33
属性・状態の程度限定　150, 162
属性・状態への様態言及　150
属性や状態の程度限定　151
速度の遅いタイプ　109, 110, 111
速度の早いタイプ　107, 110
存続量が極大　231

存続量の極少　229, 236
存続量の少　229, 234
存続量の大　229, 230
存続量の中程度　229, 232, 234

た

対象　5, 6, 21, 114
対象の状態のありよう　49
対象の数量限定　185
対象非変化他動詞　54, 55, 56, 71
対象変化他動詞　53, 54, 55, 56
態度・感情の担い手　20
態度・感情の向けられる対象　20
態度の現れに関わる動きを表す動詞　177
題目　7, 22, 23
他動詞　47
単位的な動きの複数生起　282
着脱動作を表す再帰動詞　50
中期所要型　247, 251, 253
中頻度　268, 270
中頻度と低頻度の間に位置するような頻度性　271
中頻度を表す副詞　268
長期所要型　247, 253
直接成分　10
直線型　205, 226
陳述副詞　1, 43
通達機能のレベル　7, 9

程度限定　184

程度性　146, 147

程度性を持つ単語類　148

程度の副詞　34, 37, 38, 45, 78, 79, 162

程度副詞　1, 43, 145,

程度副詞（相当）　161

程度副詞の基本・中心　148

程度量の副詞　33, 34, 37, 40, 76, 145, 162, 260

程度量の副詞の下位的タイプ　162

程度量の副詞の機能分担　164

丁寧さ　16

低頻度　271, 273, 289

低頻度を表す副詞　271

テイル形　293, 294, 295, 296, 297

テイル形のアスペクト的意味　55

出どころ　21, 73

telic（限界的）　59

展開過程の局面　49

展開過程の局面に内属する側面　80

典型的な量の副詞　191

テンス　16, 33

テンスの層　34

道具・手段の表現　120

動作性名詞　28

動作主　6, 7, 19, 20, 21,

動作の量性・多回性　275

動作を受ける対象　20

動詞述語　2, 15, 16, 18, 265

動詞述語文　16

動詞文　2, 5, 9, 18, 21, 31

動詞文の構造　33

時の状況成分　24, 25, 26, 34, 41, 201, 202, 203, 204, 261, 262

時の表現　25

特性　293

独立語文　10, 13

独立成分　9, 10, 13, 31

所の状況成分　24, 27, 28, 29,

度数の副詞　40, 262, 277, 295

度数の副詞と状態性の事態　283

取り掛かりの段階の動きの早さ　106

取り掛かりの早さ　13, 102, 105, 110

な

ナ形容詞　17, 146

二格対象の結果状態　52

二項動詞　5

認識（判断）のモダリティ　33

は

ハダカ格の主語　13

発生・付随する音　113

発生音　114

発話・伝達的機能　5

発話・伝達のモダリティ　33

発話時以後　216, 217

発話時以前　213, 214

発話時点そのもの　211
発話時を基準にする時の成分　204, 207
発話時を含む時間帯　207, 210
場面　28
判定詞　17
非意図的であるもの　133
比較構文　166
比較表現　148
非空間的なゆく先　72
非限界変化動詞　173, 174
引っ付き動詞　52
引っ付け動詞　52
否定文脈で使われる程度に関わる副詞　166, 167
評価性　157, 158, 159
評価性に属する移行・派生型の程度の副詞　165
評価的な捉え方をした動き様態の副詞　82, 83, 125, 127
評価的な捉え方をした副詞　138
評価的な捉え方をした様態の副詞　126, 127
頻度の副詞　34, 40, 41, 44, 76, 77, 156, 202, 203, 259, 261, 262, 276, 292
頻度の副詞のタイプ　263
頻度の副詞類　259
頻度の副詞類と文の時間的特性　292
頻度の副詞類のタイプ　262
頻度の副詞類への程度限定　288
副次的共演成分　23

副詞の三分類説　43
付随音　116
付帯状態　68
不定時以後　223, 224
不定時以前　221, 222, 223
不定時を基準にする時の成分　204, 218
不定時を含む時間帯　218
文　3, 5, 7
分節化　4
分節化の多重性　3
文の成分　2, 3, 9
文法カテゴリ　16, 33
並列成分　9, 10, 15, 31
変化　57
変化の進展性　241, 242
変化の漸次的進展性　242, 243, 244, 245
変化の程度性拡大　241, 243
補語　4, 9, 18
補語（成分）　9

ま

まともの受動（直接受動）　16
丸ごとの事態の繰り返し　294
密着性から発するもの　91
名詞述語　15, 16, 17, 18, 22, 23, 266
名詞文　21, 23, 26, 28, 31,
明晰性に関わるもの　91
命題（言表事態）　33
命題内修飾成分　9, 10, 13, 15, 16, 24, 31, 75

命令　5

モダリティ　16

モダリティ（言表態度）　33

モダリティ（言表態度）の層　11

モダリティ修飾成分　9, 10, 11, 31

モダリティ的意味　15

や

ゆく先　21, 50, 63, 64, 72

ゆく先格を表す共演成分と結果の副詞の近さ　74

様態の副詞　33, 34, 36, 37, 40, 41, 45, 47, 48, 49, 51, 54, 57, 60, 61, 69, 75, 76, 77, 78, 155, 260

様態の副詞と結果の副詞との共存　51

様態の副詞の意味―統語的特徴　79

様態の副詞のタイプ　80

予想・想定との比較　168

ら

ランク・シフト　14

量・あり様的限定　161

量程度の副詞　162, 163, 164, 166, 167, 180, 184, 185, 187, 188, 189

量程度の副詞による数量限定　184

量程度の副詞による程度限定　180

量程度の副詞の形態的特徴　188

量の副詞　37, 38, 98, 162, 163, 167, 184, 185, 188, 189, 191

量副詞　145

塁加性　166

ル形　292, 293, 294, 295, 296

ル形とテイル形の対立の中和現象　293

連文情報　11, 15

連文的機能　11

語彙索引

あ

愛想よく　138
あえて　133
青く　72
青白く　71
仰向けに　60
あかあかと　122
赤く　35, 52, 79, 113
明るく　127
あくる日　224
朱に　58
朝　203
浅く　95
朝早く　25
あした　217
あしたあたり　204
明日は　216
足早に　108
あつく　95
姉と二人っきりで　140
あの一週間ばかり前に　222
あの頃　203
あの頃は　41
あのとき　214
あの晩は　214
あの日は　214

あの翌日　202, 223
飴色に　31, 46
妖しく　126
誤って　136
あら　13
ありありと　91
ある朝　220
あるとき　220
ある日　220
淡く　96
慌てて　138
あんなに　161
勢いよく　60, 90
いきなり　248
往きの車中で　27
いくどか　278
幾度も　278
幾分　31
いくら　161
いくらか　161, 181
いささか　181
意識的に　133
依然　257
いそいで　105
急いで　80, 105, 106
急ぎ　105
急ぎ足で　108
いたずらに　128
徒に　128
一、二度　279

一、二度だか 287
一時的に 236
著しく 170, 172, 174, 175
一度 280
一度も 281
一日に一回 283
一年ごとに 291
銀杏返しに 73
一回 280
一気に 111
一向に 167
一昨夜は 214
一週間に二三度 284
一瞬 236, 237
一生 232
一生懸命 57, 129
一心に 129
一線に 121
いったん 280
一時 235
いっとき 236
いつになく 158
いっぱい 38, 162, 192
一拍 237
一分後 225
いっぺん 280
一ぺんも 281
いつまでも 231
いつも 203, 264, 265, 266, 288, 292, 294, 295

いまごろ 213
今頃 212, 213
今しばらく 233
今時分 212, 213
いま少し 234
未だ 257
いまに 216
今に 216
今の処 211
いやいや 137
嫌々 6
いやに 159
いよいよ 244
異様に 158
うかうかと 133, 134
うかつに 133
うすく 95
薄く 65, 95
うっかり 75, 83, 133, 134
うつぶせに 60
うれしそうに 57
うん 13
うんうん 115
永遠に 232
永久に 232
えいっと 116
X形に 47
N以来 239
Nカラ 238, 239
NカラNニカケテ 239

NカラNノ間　239
NカラNマデ　239
Nマデ　238, 239
Nマデデ　240
Nマデニ　239, 240
えらく　159
おいおい　243
追々と　243
大急ぎで　105
大きく　31, 64, 65, 94, 95
大勢　184
オズオズと　138
おそらく　11
おそるおそる　137
恐ろしく　158
おっつけ　252
おとなしく　138
おぼろげに　97
思いがけなく　136
重く　96
おもしろいことに　11
思わず　135
おりおり　276
オレンジ・ジュースの色に　66

か

カーンと　119
かすかに　97, 154
がたがたと　100

固く　44, 87
堅く　87
カチッカチッと　116
ガチャンと　118
かちんかちん　119
かちんかちんに　46
がっしりと　93
かつて　215
かなり　146, 162, 180, 183, 184
かなりの　189
かねがね　216
かねて　216
がぶがぶ　98
からからと　80, 116
ガラガラと　37
からからに　46
ガラッと　116
ガラリと　96
からんころんからんころん　115
がりがりに　45
軽く　36, 47, 80, 88
かろうじて　97
軽やかに　90
乾いた声で　119
ガンガン　119
カンカンと　114
頑強に　88
完全に　198, 199
簡単に　130
簡単には　130

●索引　313

期間＋デ 240
きちんと 55, 91
きつく 88
きっぱり 91
きびしく 88
きゃっきゃっと 115
キューッと 124
急に 35, 106, 247
きゅうに 247
ぎゅっと 93
今日 208
強硬に 88
器用に 126
きょうは 207
今日は 24, 207, 208
極端に 145
極度に 171
去年は 214
きらきら 123
ギラギラ 123
きれいに 52, 55, 70, 96
きわめて 145
極めて 155, 164, 170, 173, 174, 175
近年 210
銀灰色に 46
グイと 47
偶然 135
ぐさりと 124
口々に 99
くっきりと 91

ぐつぐつ 69
くっくッと 115
グッスリ 97
ぐっと 80, 92
グッと 260
ぐでんぐでんに 46
くどくどと 100
くねくね 70
〜クライ（ニ） 150, 151
ぐるぐる 100
黒く 71
詳しく 130
怪訝な気持ちで 139
けさは 208
けたたましく 93
結構 146, 180
〜ゲニ 142
ゲラゲラ 115
ケロリと 96
元気に 57
現在 210
現在は 211
厳重に 88
五、六度は 285
故意に 133
強引に 129
轟々と 93
五回 262, 280
黄金色に 66
濃く 95

ごく 288	ゴロゴロと 114
刻一刻と 246	コロリと 111, 118
刻々と 246	こわごわ 137
殻つぶしの豚みてえに 66	こんご 217
克明に 130	こんどの日曜日に 228
ごくりと 117	今晩 208
午前九時十分 24	今夜 208
午前八時三十分に 24	
ごそごそ 116	
こそこそと 124	さ
木端微塵に 46	最近 210, 261, 293
コテンパンに 97	最近は 210
今年は 208	際々 276
子供たちと大して変わらない姿で 139	歳々年々 291
ことん、と 118	再度 290
こなごなに 37, 46	さかんに 268
コナゴナに 57	昨日 214
この間 215	昨夜 213
このあと 217, 224	さして 161
このごろ 202, 211	昨今 262
この頃 212	サッサと 110
この時 219	早速 202, 250
このところ 212	さッと 110
この夏 228	ざぶんと 117
この日 219−220	さほど 161
この前 215	寒々と 127
好んで 137	左右に 120
小走りに 108	さわやかに 126
細かく 54	三々五々 99
小指ほどの大きさに 47	燦々と 93

ざんじ　234
暫時　234
三十余年前のある日　220
三度ばかり　44
三枚に　73
四、五回　296
四、五日して　253
幸せに　68
しおらしく　83, 138
しかし　12
じきに　250
至急　247
しきりと　275
しきりに　202, 261, 275
しくしくと　124
繁く　276
紫黒色に　44
仔細に　130
ジジジジと　118
始終　267, 268, 294
静かに　93, 94
事前に　223
次第次第に　242
しだいに　242, 243
次第に　39, 242
シタゴトク　142
シタフウニ　143
シタママ(デ)　142
シタミタイニ　142
しっかり　92

しっかりと　91
じっくりと　112
しつこく　129
シツツ　141
じっと　101, 112
シテ　141
時点＋デ　241
シナガラ　141
しばし　41, 234
しばしば　40, 41, 43, 77, 203, 259, 269, 274, 286, 293, 294, 295
しばらく　35, 40, 232, 233, 260
しばらくして　252
しばらくの間　233
しばらくは　40
渋々　137
若干　181
じゃぶじゃぶ　117
十一日の朝　24
十数回　279
週に一度　283
十二月十七日午後五時半ごろ　204
十年たっても　253
じゅうぶん　190
充分　190
十分　190
しゅっと　117
瞬間　237
瞬時　237
順々に　99

生涯　232
詳細に　130
少々　181, 183, 186
少々の　189
将来　217
徐々に　242
しょっちゅう　43, 259, 268, 274, 285, 293
白く　52, 122, 123
ジロッと　92
真紅に　66
慎重に　129
垂直に　120
ずいぶん　146, 155, 156, 180, 183, 184, 185, 186, 191
ずい分　186
ずいぶんと　180
数回　279
スーツケースひとつの身軽な身体で　139
ずうっと　230
数度　279
数年して　253
数年前　221
すかさず　250
すぐ　40, 102, 205, 249
すぐに　13, 249
ズケズケと　93
すげなく　127
すごい勢いで　90
すごく　159

すこし　260
少し　38, 146, 181, 187, 234, 235
少しずつ　244
少しの間　235
すこしは　188
すこぶる　146, 170, 171, 173
凄まじい勢いで　90
ズタズタ　69
スタスタと　107
ズタズタに　54, 68
すっかり　96
すっきり　96
スックと　111
すっと　111
ずっと　77, 205, 230, 238, 260, 264
ズッと　230
素敵に　160
すでに　202, 258
素直に　138
図抜けて　158
すばやく　106
素早く　106
すばらしく　159
スベスベと　122
スポッ、スポッと　117
すらすら　107
スルスルと　80, 107
するどい力で　90
鋭く　88
スルママ(ニ)　142

スルヨウニ 142
せいーぱい 129
せかせかと 108
セズニ 141
せっかちに 108
石膏細工のように 58
せわしく 108
忙しく 126
全員 162, 193
先刻 213
漸次 243
前日 221
全部 193
全力で 90
そう 161
相当 146, 156, 163, 180, 183, 288
相当に 180, 183
〜ソウニ 143
そーっと 61
即座に 250
そして 12
ソシテ 12
そそくさと 108
そそくさとした仕草で 139
そっけなく 82, 126
即刻 250
そのうち 252
その後 224
そのころ 202
その頃 218

その前年 221
そのとき 219
その時 218
そのときは 218
その時は 219
その途端 251
その晩 218
その日 218
その前に 222
その夜の十一時頃 202
ソレカラ 12
それとも 12
ぞろぞろ 98
そろそろと 111

た

大至急 248
たいそう 171, 174
だいたい 198
だいぶ 38, 180, 183, 184, 185, 187
大部分 193
大変 146, 169, 170, 171, 177, 179, 182
たいへん 175
大変に 170, 172, 182
平行に 120
たえず 267, 274
高く 63
高々と 64
だから 12

たくさん　31, 162, 191, 192
巧みに　127
だしぬけに　249
多少　146, 181, 187
直ちに　250
直チニ　13
たちどころに　250
たちまち　77, 250
たった　11
たった今　213
たったったっと　124
たっぷり　38, 162, 163, 192
たっぷりと　192
立て続けに　113
たびたび　269, 286, 293
たまたま　135
たまに　77, 271, 274
たまにしか　272
たまには　271
たまらなく　159
頼りなく　82, 126
だらしなく　127
だらしなく　128
たらたらと　98
だらだらと　109
たわわに　98
だんだん　205, 242, 243
淡々と　128
だんだんと　242
小さく　46, 67, 95

近いうちに　252
近ごろ　210
近頃は　210
ちかぢか　217
近々　217
力一杯　90
力なく　90
力まかせに　90
力をこめて　90
乳色に　46
ちびりちびりと　109
ちゃんと　91
中学生のころ　227
ちょいちょい　269
長期　231
長時間　203
ちょうど　199
ちょくちょく　269, 271
ちょっと　37, 146, 181, 183, 184, 186, 235
ちょっと間に　235
ちょっとの間　235
ちょっとは　188
ちょっぴり　162, 164, 181, 185, 187
チョロチョロ　124
チラチラと　101
ちらっと　112
チラッと　47, 92, 101
ちらと　112
チラと　112
つい　134

ついに　254
遂に　254
痛烈に　88
束の間　236
次ニ　12
月に三、四回　283
次の日も　224
つくづく　94
拙く　127
常々　276
つねに　266
常に　264, 266, 292, 294
つまり　12
強い赤色に　122
強い力で　90
強く　87
つるつるに　113
ツルツルに　58
ていねいに　129
丁寧に　52
てきぱきと　107
でこぼこに　46
徹底的に　96
徹頭徹尾　161
でっぷり　66
手速く　108
輾転　100
当日に　220
当時は　215

どうぞ　11
とうとう　254
唐突に　106, 248
当分　233
当分の間　233
当夜　220
遠く　64
ときおり　262
時折　270, 292
ときたま　203, 271, 285
時たま　271
時たまにしか　272
ときどき　262, 269
時々　43, 269, 270, 274, 285, 293
時に　271
ときには　271
時には　271
独身のころに　227
ドクドク　47, 98
年毎に　245, 246
年とともに　246
とたん　250
とっさに　106, 248
どっさり　192
突如　248
突然　248
とっとと　110
とてつもなく　157
とても　40, 146, 155, 162, 169, 171, 172, 174, 176

途方もなく 157
とめどもなく 101
とり急いで 102
ドロドロに 55, 58
トンと 47
ドンと 118
どんどん 100, 243
どんなに 161

な

内心で 27
長い間 231
長いこと 231
長い時間 231
長く 231
長々と 62, 111
永年 232
長らく 202, 231
泣きそうな顔で 139
斜に 120
斜めに 121
なにかの拍子に 134
何気なく 83, 135
何回か 278
何回となく 281
何回も 278, 285
なんと 161
何度 279
何度か 277, 281, 296

何度となく 278
何度も 277, 287, 296
何度も何度も 40, 278
二、三回 282
二、三十羽の大部隊で 140
二、三日すると 253
二回 280
二回くらい 296
にこっと 75, 80
日曜日に 228
二度三度 259
二度ほど 40, 279, 287
二年後には 225
二分後 225
乳白色に 58
にわかに 249
ねえ 11
熱心に 129
年々 39, 245
年々歳々 245, 259, 291
ノロノロ 109
のろのろと 109
のんびりと 41, 109

は

ハアハア 117
ばかに 159
激しい勢いで 90
はげしく 75, 80, 86

激しく　54, 86
ばさっと　99
裸足で　139
パタッと　110
ぱたぱたと　116
ばたりと　116
はっきりと　91
ばったり　60
パッと　47, 110
ハデに　82, 126
はなはだ　170
甚だ　146, 170
華やかに　126
ハハハと　115
早く　104, 105
速く　104
早口で　108
ばらばらと　98
バリバリと　115
はるかに　148
比較的　181
引キ続キ　12-13
ぴくりと　101
日毎に　245, 246
緊と　93
ひしひしと　97
ぴしゃりと　118
非常に　78, 145, 156, 162, 164, 169, 171, 172, 173, 174, 175, 176, 177, 179, 182, 288

びしょびしょに　46
ひたすら　113
ぴたりと　92
ひっきりなしに　101
必死に　129
ぴったり　91
ひどく　37, 44, 155, 159
一呼吸　237
ひとしきり　113
ひと月ほど前　222
日々　245, 246, 291, 297
日々刻々と　245
日ましに　246
百万べんも　280
ひゅう、と　114
ひょいと　111
平たく　62
ビリッと　34
ビリビリ　69
ビリビリと　117
昼に　228
昼間　228
ひんぱんに　156, 275, 288
頻繁に　275
不意に　247
深く　95
深ぶかと　64
不気味に　75, 82, 126
ぶくぶく　66
ぶくぶくと　117

ぶくぶくに 50
不承無承に 137
ふたたび 259, 290
二つに 46, 47
二日たっても三日たっても 253
プツッと 111
ぷつりと 96
ふと 134
冬 228
ぶらぶら 109
ふらりと 136
ペコンと 80
ベトベトに 55
への字に 47
へらへら 115
ペラペラ 119
へんに 160
ポカポカ 54
ボカボカに 54
ポキッと 51
誇らしげに 62
ほそく 55
ほそぼそと 97
ぼそぼそと 119
ポッキリ 117
ぽつりと 99
ぽつりぽつりと 109
〜ホド(ニ) 150, 151
ほどなく 251
ポトリと 116

ほとんど 198
ほぼ 196, 197, 198
ぼろぼろに 50
ぼろぼろ 99
ボロボロに 34
ポンと 118
ほんのり 153
ほんのりと 153
ほんのわずかの間 236
ぼんやり 97

ま

毎年 291
毎日 263, 291, 297
毎夜 291
まざまざと 93
まじまじと 100
マジマジと 93
ますます 243
また 262, 290, 296, 297
まだ 255, 256
またも 290
間違って 136
真っ赤に 40, 67
真赤に 69, 260
まっ黒に 58
まっしぐらに 121
まっしろに 71
真っ白に 50

●索引 323

まっすぐ　47 62
真っ直ぐ　70
真直ぐ　120
まっすぐに　62
真っ二つに　51, 113
まま　276
まもなく　251
間もなく　251
真夜中　228
まるく　55
まるまる　35, 66
丸々と　46
まれに　272, 288
まれにしか　272
まれにみる　272
みごとに　127
見事に　127
みすみす　136
三たび　280
みっちり　96
緑色に　71
妙に　160
みるみる　244
みるみる中に　244
無意識に　136
昔　215
むかしむかし　215
無限大に　161
むしゃむしゃ　124
無性に　157

無数に　193
空しく　126
胸を反らせ　62
目立って　158
めちゃくちゃ　290
めちゃくちゃに　158
めったに　40, 272, 274, 286
もう　255, 257
もう一度　290
もうもうと　99
猛烈に　88, 157, 158
目下　211
目下のところ　211
もっと　147
物凄い勢いで　90
もはや　258
もんどりうって　60

や

やがて　252
優しく　82
やたらと　157
やたらと感慨ぶかげな雰囲気で　139
やたらに　158
やっと　254
やにわに　248
山のように　70
やや　155, 156
ややあって　252

軟かに　71

柔らかに　89

やんわりと　89

夕方にでも　228

悠長に　109

ゆっくり　36, 40, 102, 103

ゆっくりと　31, 37, 47, 75, 80, 102, 103, 104

ゆったりと　61

容易に　130

〜ヨウニ　151, 152

ようやく　254

よく　160, 161, 268, 285, 294

翌日の午後には　223

翌日の午後は　224

翌年　224

横向きに　61

よちよちと　124

四つんばいで　139

世にも　161

よろこんで　36

喜んで　75, 83, 131, 137

弱く　89

弱々しく　90

四度も五度も　280

ら

来月　217

来年の春　217

爛々と　93

立派に　74

わ

わざと　36, 37, 83, 131, 132

わざとらしく　132

わざわざ　132

僅かに　186

わずかの間　236

わっと　111

わりと　146, 180

シリーズ編者	新日本語文法選書3　副詞的表現の諸相
	仁田義雄・益岡隆志・田窪行則
著者	仁田義雄（にった・よしお）
	略歴　1946年　大阪府生まれ
	東北大学文学研究科博士課程単位取得中退
	大阪大学名誉教授
	著書　『語彙論的統語論』（明治書院 1980）
	『日本語のモダリティと人称』（ひつじ書房 1991）
	『日本語文法研究序説』（くろしお出版 1997）　ほか多数
編集担当	福西敏宏（くろしお出版）
装　丁	小林はる代
組　版	開成堂印刷株式会社
印　刷	モリモト印刷
発　行	くろしお出版
	〒102-0084　東京都千代田区二番町4-3
	TEL：03-6261-2867
	FAX：03-6261-2879
	URL：www.9640.jp
	2002年6月15日　第1刷発行
	2020年1月30日　第3刷発行
	ISBN978-4-87424-254-4　C3081
	©NITTA Yoshio

くろしお出版

わかりやすい日本語
■野村雅昭／木村義之[編]／A5判／本体2,800円＋税

医療・福祉・放送などの現場の日本語、標識・看板や災害時の伝達手段としての日本語など、様々な日本語について、文の構造、語彙の選択、表記の揺れなどを「わかりやすさ」の観点から検証、日本語の今と今後のあるべき姿を考える。

ワークブック　日本語の歴史
■岡﨑友子／森勇太[著]／B5判／本体1,500円＋税

日本語の歴史について上代から現代まで学べる書き込み式ワークブック。全30講。各講見開き2ページで構成。基礎から応用まで含み、幅広い学習者に対応。用語解説や文献紹介も適宜補われている。解答・切り取って使える課題付き。

日本語学の教え方
教育の意義と実践
■福嶋健伸／小西いずみ[編]／A5判／本体2,200円＋税

今後の日本語学界の未来は「良い日本語学教育」にかかっている！　では「良い日本語学教育」とは何か。それを議論するきっかけとして、各執筆者が考える日本語学教育の意義、そしてそれを踏まえた授業実践を紹介。関係者必読の書。

日本語文法練習帳
■山田敏弘[著]／B5判／本体1,200円＋税

学校文法をもとに、現代日本語の文法を丁寧に解説。作文の誤りを直したり、古典文学や身近な作品を読み解いたり、多様な問題を解きながら、役立つ文法を楽しく学べる。『国語教師が知っておきたい日本語文法』のワークブック編。

国語教師が知っておきたい日本語音声・音声言語 改訂版
■山田敏弘[著]／A5判／本体1,600円＋税

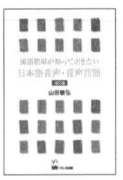

平成24年度に施行された新学習指導要領に合わせて、初版より一部の内容を書き換えた改訂版。国語教師が、日本語の音声の特徴を正しく理解し、コミュニケーション方法の知識を得ることで、より児童に伝わる授業に。

国語教師が知っておきたい日本語文法
■山田敏弘[著]／A5判／本体1,600円＋税

学校の文法がつまらなく思えるのはなぜだろうか？　覚えなければならない性質の強すぎる文法を見直し、知識としてだけでなく考えるため土台としての文法を提案する日本語文法入門書。

Tel 03-6261-2867　Fax 03-6261-2879　Mail kurosio@9640.jp　http://www.9640.jp

くろしお出版

24週日本語文法ツアー
■益岡隆志[著]／A5判／本体2,200円＋税

日本語文法全体を眺める作業をツアーに例え、著者自らがガイドになり、各名所を解説。学問的にも優れた日本語の啓蒙書。小社刊『基礎日本語文法』と併読することにより、より理解が深まる。

基礎日本語文法・改訂版
■益岡隆志/田窪行則[著]／A5判／本体2,200円＋税

説明文を簡潔に、見た目をすっきりとするよう心がけた日本語文法の教科書のベストセラー。「動詞」「形容詞」「助動詞」などの節をさらに「基本的性格」「分類」などに細分化。文法知識を体系的整理するのに便利。

はじめての人の日本語文法
■野田尚史[著]／A5判／本体2,200円＋税

日本語の文法について易しく述べた初心者向け教科書。各テーマの最後に付いた「復習」「発展」「研究」は必要に応じて利用でき、初心者向けでありながら、レポートや卒業論文のテーマの参考にもなる。

新日本語文法選書 1
「は」と「が」
■野田尚史[著]／A5判／本体3,000円＋税

「は」と「が」が文の主題を表すかという対立をポイントとして分析。「象は鼻が長い」構文「かき料理は広島が本場だ」構文「富士山が見えるよ」構文など、具体的な例文による分類がわかりやすいと好評を博している。

新日本語文法選書 2
複文
■益岡隆志[著]／A5判／本体3,000円＋税

複文全般にわたる簡潔ながら要を得た分析・記述を提供する。文の階層レベルという捉え方を一つの核として、様々な複文の問題に統一的な説明を与える。【目次】従属節の類型／従属節と文の概念レベル／従属節の従属度

新日本語文法選書 4
モダリティ
■宮崎和人/安達太郎/野田春美/高梨信乃[著]／A5判／本体3,000円＋税

モダリティの表現手段（形式）と意味組織の関係を体系的に記述。研究者によって様々に定義されるモダリティを、4人の著者が相補的に共有し統一しながら、モダリティとは何かを網羅。

Tel 03-6261-2867　Fax 03-6261-2879　Mail kurosio@9640.jp　**http://www.9640.jp**

くろしお出版

現代日本語文法1　第1部総論　第2部形態論

■日本語記述文法研究会［編］／A5判／本体2,800円＋税

【目次】『現代日本語文法』の立場と構成／（第1部）文法とは何か／文の基本構造／文法カテゴリー／文の成分／（第2部）形態論の概観／品詞／活用／語形成／（巻末）シリーズ総索引

現代日本語文法2　第3部格と構文　第4部ヴォイス

■日本語記述文法研究会［編］／A5判／本体2,800円＋税

【目次】（第3部）格と構文の概観／さまざまな格／名詞をつなぐ助詞／補助動詞構文／さまざまな構文／あり方の副詞的成分／（第4部）ヴォイスの概観／受身／使役／ヴォイスと関連する構文

現代日本語文法3　第5部アスペクト　第6部テンス　第7部肯否

■日本語記述文法研究会［編］／A5判／本体2,800円＋税

【目次】（第5部）アスペクトの概観／スル形とシテイル形／アスペクトに関わる形式／アスペクトに関わる副詞的成分／ほか（第6部）テンスの概観／主文末における非過去形・過去形／ほか（第7部）肯否の概観／否定の形式／ほか

現代日本語文法4　第8部モダリティ

■日本語記述文法研究会［編］／A5判／本体2,800円＋税

【目次】モダリティの概観／表現類型のモダリティ／評価のモダリティ／認識のモダリティ／説明のモダリティ／伝達のモダリティ

現代日本語文法5　第9部とりたて　第10部主題

■日本語記述文法研究会［編］／A5判／本体2,800円＋税

【目次】（第9部）とりたての概観／累加を表すとりたて助詞／対比を表すとりたて助詞／限定を表すとりたて助詞／極限を表すとりたて助詞／評価を表すとりたて助詞／ほか（第10部）主題を表す「は」／ほか

現代日本語文法6　第11部複文

■日本語記述文法研究会［編］／A5判／本体2,800円＋税

【目次】複文の概観／補足節／名詞修飾節／条件節／時間節／目的節／様態節／等位節・並列節

現代日本語文法7　第12部談話　第13部待遇表現

■日本語記述文法研究会［編］／A5判／本体2,800円＋税

【目次】（第12部）談話の概観／指示／接続表現／応答表現と間投表現／語順／談話における文法カテゴリー／文体とジャンル／（第13部）待遇表現の概観／敬語／丁寧体と普通体／待遇的意味をもつそのほかの表現／待遇表現の運用

Tel 03-6261-2867　Fax 03-6261-2879　Mail kurosio@9640.jp　http://www.9640.jp